Macht und Ohnmacht

im Kanzleramt

Johannes Frischmann

MACHT UND OHNMACHT IM KANZLERAMT

Seifert Verlag

Umwelthinweis:

Dieses Buch und der Schutzumschlag wurden auf chlorfrei gebleichtem Papier gedruckt. Die Einschrumpffolie – zum Schutz vor Verschmutzung – ist aus umweltverträglichem und recyclingfähigem PE-Material

1. Auflage

Umschlaggestaltung: Davor Kujundzic, unter Verwendung zweier Fotos von Jakob Glaser

Druck und Bindung: EuroPB s.r.o., Příbram

ISBN: 978-3-904123-94-5

Printed in the EU

INHALTSVERZEICHNIS

Für meine Frau
und meine drei Kinder

… und alle Pressesprecher,
die im Spannungsfeld zwischen
politischer Arbeit und medialer Realität
jeden Tag ihr Bestes geben

VORWORT

Man würde meinen, es wäre schon alles gesagt. Wurden doch bereits genug Bücher über Sebastian Kurz und die türkise ÖVP geschrieben, Dokumentationen gedreht und TV-Diskussionen geführt. Keine Ära wurde so umfassend seziert, beleuchtet und bis ins letzte Detail analysiert, kritisiert, gelobt, vernichtet und auch gewürdigt.

Gesprochen und geschrieben wurde gewiss schon sehr viel über den jüngsten Regierungschef der Welt. Der Großteil davon stammt von Leuten, die nicht immer unmittelbar dabei waren. Viele stützen ihre Geschichten auf Erzählungen, Weitererzähltes, Medienberichte oder gar Gerüchte, ja sogar Abgeschriebenes, ohne selbst jemals dabei gewesen zu sein. Wenige waren wirklich nahe.

Daher möchte ich meine Beobachtungen und Eindrücke über die wohl prägendste und zugleich auch die am meisten polarisierende politische Persönlichkeit der vergangenen Jahre in Österreich wiedergeben. Ich beanspruche keinesfalls, ein absoluter Kurz-Kenner zu sein. Im Vergleich zu vielen anderen war ich allerdings bei einer Reihe von Ereignissen und Momenten seiner Kanzlerschaft an seiner Seite. Deshalb soll es auch eine Reise in den Maschinenraum der politischen Arbeit von Sebastian Kurz und seinem Team werden. Nicht nur das. Ich möchte *meine* Geschichte erzählen. Was ich gesehen, erlebt, gespürt und gefühlt habe. Was sich abseits von Pressekonferenzen, Interviews und öffentlichen Auftritten hinter den Kulissen abgespielt hat, wie Entscheidungen und politische Vorhaben entstanden sind, wie wir die Nächte im Kreisky-Zimmer verbracht haben, welche Höhen und Tiefen wir gemeinsam und auch jeder für sich alleine durchlebten, wie feindlich das politische Geschäft für das eigene Privat- und Familienleben ist und welch hohen persönlichen Preis man dafür bezahlt, um für eine bestimmte Zeit das Land mitzugestalten und am Duft des bittersüßen Parfums der Macht schnuppern zu dürfen.

Ich habe es immer als große Ehre und Geschenk empfunden, für dieses wunderschöne Land und seine Menschen arbeiten zu dürfen. Nie hätte ich es mir erträumt, als einfacher ÖVP-Zettelverteiler aus einer kleinen Tiroler Gemeinde in der österreichischen Innenpolitik beruflich so hoch hinaufzukommen, dass sich für mich einmal das große braune Holztor mit der bekannten Adresse Ballhausplatz 2 öffnet und ich die Schwelle des bis dahin rot geführten Bundeskanzleramtes als Pressesprecher eines bürgerlichen Regierungschefs überschreiten werde. Und ebenso hätte ich es mir in meinen schlimmsten Träumen nie vorstellen können, dass ich einmal mit meinen paar Habseligkeiten in einem Karton unterm Arm das Kanzleramt wieder verlasse, als Beschuldigter in einem Strafverfahren, und ich mich so fühle, als wäre ich plötzlich der Staatsfeind Nummer 1.

„Macht und Ohnmacht im Kanzleramt" soll vor allem diese Zeit, meine Jahre im Kanzleramt, aber auch die schmerzhafte Phase danach sowie meine mühsame Rückkehr als fast gebrochener Mensch in ein neues Leben, aber vor allem in das Dasein eines dankbaren Ehemanns und glücklichen Vaters von drei großartigen Kindern beleuchten.

Der Schritt, meine Erlebnisse festzuhalten und mich gleichzeitig den Menschen zu öffnen, ist wohlüberlegt, weil ich die Hemmnisse und Gefahren genau kenne. Zum einen neigen Männer dazu, keine Gefühle zeigen zu dürfen, und zum anderen habe ich trotz meines Jobs als Pressesprecher nie die Öffentlichkeit oder das Scheinwerferlicht gesucht, ganz im Gegenteil. Und drittens: Die Kritiker werden wie immer hyperventilieren – ein besonderes Phänomen in Österreich, seit Sebastian Kurz Staatssekretär wurde und seine politische Karriere steil nach oben ging. Aber auch schon unter der Kanzlerschaft von Wolfgang Schüssel war das nicht anders.

Die Idee, ein Buch zu schreiben, musste aber in mir reifen. Zwei Anlässe ermutigten mich schließlich, in die Tasten zu klopfen, um meine ganz persönliche Geschichte niederzuschreiben. Zum einen waren es die vielen positiven und anerkennenden Rückmeldungen in der Nacht und den Tagen nach der Kinopremiere der Doku „Kurz – der Film". Urlaubsbedingt konnte ich bei der großen Premierenfeier nicht persönlich dabei sein. Die wenigen Interviewsequenzen, in denen ich in der Filmdokumentation vorkomme, berührten offenbar viele der über 700 Premierengäste und ermutigten mich, mehr daraus zu machen. Der zweite und viel wichtigere Grund ereignet sich aber wenige Tage später. Es ist der 10. September 2023, ein Sonntag.

Früher als sonst bin ich wach, sitze allein am Küchentisch und trinke meinen Kaffee. Mein Blick richtet sich an diesem Morgen auf das Sims des Wohnzimmerkamins, auf dem eine kleine eingerahmte Parte meines verstorbenen Vaters steht. An diesem Sonntag war sein 25. Todestag. „Schon ein Vierteljahrhundert", sage ich leise vor mich hin und hadere damit, dass die Bilder und Erinnerungen an Papa nach so vielen Jahren immer unklarer geworden sind. Dieses diffuse Bild schmerzt, vor allem auch deswegen, weil es praktisch kein gemeinsames Foto von meinem Vater und mir gibt, während ich im Zeitalter der Handykamera hunderte schöne gemeinsame Bilder mit meinen Kindern habe.

Aber nicht jedes Bild von mir steht im schönen Licht. Es gibt viele negative Geschichten über mich im Internet und auf den Nachrichtenportalen. Darüber muss ich seit drei Jahren sehr viel mit meinen Kindern sprechen. „Papa, musst du ins Gefängnis?" ist eine dieser Fragen, die man sich von seinen Kindern wohl niemals erwartet und die sich immer wieder wie ein harter Schlag in die Magengrube anfühlt. Ich habe mich dem gestellt. Auch deswegen, um diesem öffentlich verrissenen Bild von mir wieder gewisse Schärfe zu geben.

Jeder Mensch und alle, die im politischen Geschäft tätig sind, haben ihren eigenen Blick auf die turbulenten innenpolitischen Jahre der jüngeren Vergangenheit. Von der Migrationskrise 2015, dem Stichwahl-Desaster zwischen Alexander Van der Bellen und Norbert Hofer bei der Bundespräsidentenwahl 2016, einer großen Koalition, die nicht mehr groß war, über Türkis-Blau, Ibiza, dem grünen Koalitionsversuch bis hin zur Corona-Pandemie und Hausdurchsuchungen mit Rücktritten.

Über all diese Vorgänge und Ereignisse kann sich jeder selbst seine Meinung bilden, und das ist auch gut so. Auch ich habe meinen eigenen Blick auf viele dieser Dinge. Darauf möchte ich in diesem Buch eingehen. Aber vor allem möchte ich erklären, wie politisches Handwerk funktioniert, wie mühsam Politik manchmal sein kann, wie fantastisch es ist, mit Teamwork das Land weiterzubringen und andere Menschen zu begeistern. Ich möchte aber auch mit der Mär der „Message Control" aufräumen und auf Fehler eingehen, die mir oder uns zweifelsohne passiert sind. Vor allem möchte ich aufzeigen, dass in der Politik keine Maschinen oder Roboter am Werk sind, sondern Menschen. Männer und Frauen. Mit Stärken und Schwächen. Mit Talenten und Handicaps.

Auch wenn ich die Last eines laufenden Strafverfahrens Tag und Nacht in mir und neben mir mittrage, blicke ich heute innerlich aufgeräumt, selbstkritisch, aber vor allem sehr glücklich auf eine aufregende Zeit zurück. Politik mag zwar ihre Schattenseiten haben und ein hartes, wenn nicht sogar brutales Geschäft sein – ich war selbst Teil davon. Allerdings überwiegt bei mir die Sonnenseite, weil ich jeden Tag mit Begeisterung in die Arbeit ging und mit jeder Faser meines Körpers für dieses Land leidenschaftlich geglüht habe.

Ich war und bin ein Politikfreak, ein „political animal", habe Politik seit meiner Jugendzeit inhaliert und alles dem Dienst des Landes und der ÖVP untergeordnet. Trotz der juristischen Folgen schaue ich mit Zufriedenheit und Freude in den Rückspiegel meiner über 20-jährigen Tätigkeit im politischen Geschäft. Vor allem deshalb, weil mein Leben in dieser Zeit um viele Freunde bereichert wurde und ich diese wunderbaren Menschen ohne die ÖVP und die Politik nie kennengelernt hätte. Seien es Daniela Kampfl, Josef Lettenbichler, Manfred Wegleiter, Margreth Falkner, Florian Tursky und Maria Kuprian aus meinen Jahren in Innsbruck. Ich denke an meine ersten bundespolitischen Gehversuche in Wien im ÖVP-Parlamentsklub und später im Finanzministerium – Martha Penz, Caroline Abbrederis, Roman Kunyik sowie Michaela Berger, Philipp Abbrederis und Claudia Türtscher.

Mit meinem Wechsel ins Team von Sebastian Kurz kamen 2017 noch viele weitere Menschen hinzu. Bernhard Bonelli, Axel Melchior, mein Tiroler Landsmann Etienne Berchtold, der wohl beste außenpolitische Kanzlersprecher, den Österreich jemals hatte. Oder Elli Köstinger, Vera Regensburger, Kristina Rausch, Gerald Fleischmann, Gernot Blümel, Rupi Reif, Viktor

Niedermayr, Paul Olsacher, Eva Landrichtinger, Markus Burscha, Xandi Pröll, Kathrin Glatz, Lisa Wieser, Laura Sachslehner, Arno Melicharek, Alexander Schallenberg, Stefan Steiner und natürlich Sebastian Kurz und viele andere.

Ja, es kann auch eine Art Freundschaft mit Medienvertretern entstehen, ohne die Professionalität im Job sowie die Aufgaben und Rollen eines jeden Einzelnen aus dem Blick zu verlieren und zu respektieren. Ich nenne diese Personen an dieser Stelle bewusst nicht, denn ich möchte sie nicht dem Tribunal namens Twitter, jetzt X, aussetzen. Die Betroffenen wissen es aber selbst sehr genau, wie gerne ich mit ihnen im Hamerlingpark bei einer Dose Bier, im Irish Pub zum Champions-League-Schauen oder beim Dalmatiner zum Fischessen sitze.

Eine bis heute besondere und sehr intensive Freundschaft entstand mit Markus „Maggo" Gorfer. Er hat mich einst in Innsbruck für den Job des Pressesprechers begeistert. Aus dieser Zeit ist eine so enge Bande entstanden, dass wir uns nicht nur in Tirol für ein paar Jahre und zwischendurch auch in Wien eine Wohnung teilten, sondern er auch bei meiner Hochzeit als Trauzeuge an meiner Seite stand.

Sie alle sind auch jene, die sich mit mir über Erfolge gefreut und mich als meine stärksten Kritiker immer herausgefordert haben, aber vor allem in den bittersten Stunden für mich da waren und den Wert der Freundschaft erst so richtig ausgefüllt haben. *Das* werde ich diesen Menschen nie vergessen.

Die wohl größte Erfahrung in jenen dunkelsten Tagen und Wochen meines beruflichen Lebens war, dass die Begriffe Familie und Liebe eine neue Bedeutung erhielten und mich vor einem größeren Elend bewahrten.

Schon während meiner ganzen Jahre in Wien hat mich meine Frau uneingeschränkt unterstützt. Man glaubt, das sei in einer Partnerschaft selbstverständlich, ist es aber überhaupt nicht. Wenn der Ehemann Montag früh um 5.00 Uhr das Haus Richtung Wien verlässt, er erst wieder am Freitagabend heimkommt und auch am Wochenende nur mit dem halben Kopf anwesend ist, dann braucht er eine sehr geduldige und verständnisvolle Ehefrau. Meine Frau Anja hat mir alle beruflichen Freiheiten gewährt, während sie sich im fernen Baden-Württemberg um unsere gemeinsamen drei Kinder kümmert und nebenher auch noch erfolgreich eine eigene Physiopraxis führt. Dieser Rückhalt hat nach den Hausdurchsuchungen und meinem Beschuldigtenstatus eine neue Dimension erreicht. Sich vollkommen öffnen zu können, seinen Gefühlen freien Lauf zu lassen und in ihren Armen auch weinen zu dürfen, haben dazu geführt, dass ich mich nach 12 Jahren Ehe ein zweites Mal so richtig in sie verliebt habe. Sie und mein Vater hätten sich bestimmt gut verstanden, leider konnten sie einander nie kennenlernen.

Das harte Politikleben und Menschsein haben mich in den vielen Jahren immer fasziniert. Beides ist möglich, und das eine schließt das andere nicht aus. In all der Zeit habe ich immer versucht, trotz des politischen Höhenfluges und Erfolgs, aber auch des enormen Drucks, stets der zu sein, der ich war. Ein nach Harmonie und Ausgleich suchender Mensch, geerdet und eingebettet in eine wunderbare Familie, der sich auch 20 Jahre nach seiner Auswanderung aus dem schönen Tiroler Ötztal seiner Heimat immer noch tief verbunden fühlt und die in seiner Kindheit mitgegebenen Tugenden des Elternhauses nie vergessen hat.

Das Geschriebene beruht auf meinen persönlichen Wahrnehmungen, Erinnerungen und Empfindungen. Ich habe bestmöglich versucht, die Zeit zu rekonstruieren und mit Quellen zu belegen. Sollten sich dennoch Fehler eingeschlichen haben, so war es keine böswillige Absicht.

Mein Buch ist weder eine Abrechnung noch eine hagiografische Würdigung von Ereignissen und Personen. Auch als Versuch einer Rehabilitierung ist es nicht zu verstehen. Es soll ein Blick durch das Schlüsselloch sein, in eine der aufregendsten politischen Zeiten der jüngeren Geschichte unseres Landes und in das Seelenleben eines engen Kanzler-Mitarbeiters. Aber vor allem ist es die simple Geschichte von „Frischi", wie ich in Wien genannt werde, mit einem Weckruf, Politik und Medien nicht zu verfluchen oder zu verteufeln, sondern durch meine eigene Geschichte ein Stück weit besser zu verstehen.

6. OKTOBER 2021, 6:02 UHR

Jeder kennt das: Es klingelt der Wecker, und man hat das Gefühl, gerade aus dem absoluten Tiefschlaf gerissen zu werden – kein Halbschlaf mit abwechselndem Hin- und Herwälzen im Bett. Man schläft richtig tief, ist absolut entspannt, fernab von Lärm und jeder Hektik. Gerne würde man noch weiterschlafen, aber die Arbeit ruft.

Doch an diesem Morgen des 6. Oktober 2021, kurz nach sechs Uhr früh, ist es nicht mein Handywecker mit dem gewohnten Klingelton, sondern ein verstörendes Sturmläuten, das mich aus dem Schlaf reißt. Es fühlt sich an, als würde direkt neben mir im Bett eine Sirene losgehen. Meine Augenlider schießen genauso schnell in die Höhe wie mein Puls und mein Adrenalin. Und der Lärm will nicht aufhören. Nur äußerst selten setzt der Ton meiner Wohnungsglocke aus. Im Dunkeln taste ich mich zur Bettkante und richte mich auf. Mit den Händen fahre ich mir übers Gesicht und durch die Haare. Immer noch klingelt es ununterbrochen an der Tür zu meiner Wohnung, die ich erst vor wenigen Tagen neu bezogen und eingerichtet habe. Ich suche im dunklen Zimmer nach meiner hellgrauen Jogginghose, finde sie und schlüpfe hinein, ebenso in ein T-Shirt. Auch meine Brille kommt mir zwischen die Finger. Endlich finde ich den Lichtschalter. Die Hausglocke ist immer noch auf Dauermodus Krawall gestellt. In diesen Sekunden ahne ich noch schlaftrunken, dass möglicherweise gerade das eintritt, was mir bereits seit einem Monat Journalisten nahezu täglich sagen beziehungsweise zutragen: eine Hausdurchsuchung.

Schon Anfang September, kurz nach der Wiederwahl von Sebastian Kurz zum ÖVP-Chef am ÖVP-Bundesparteitag in St. Pölten und meiner Rückkehr aus dem Familienurlaub, erhalte ich den ersten Anruf eines Journalisten, der mich über das Gerücht anstehender Hausdurchsuchungen im „Umfeld von Sebastian Kurz" informiert. Ob ich etwas wüsste, ist die Frage. Ich bin perplex, verneine, sehe weder einen Anlass noch Grund dafür. Was folgt, sind in den darauffolgenden Wochen nahezu täglich derartige Anrufe. Es sind am Ende vier Journalisten, die teilweise gleichzeitig, dann wieder abwechselnd fast täglich den ganzen September hindurch und auch Anfang Oktober bei mir anrufen und wissen wollen, „ob sie heute schon bei mir waren". Gemeint ist natürlich die Wirtschafts- und Korruptionsstaatsanwaltschaft (WKStA) mit einer Anordnung zu einer Hausdurchsuchung. In Erinnerung bleibt mir ein besonderer Satz eines Medienvertreters, als er an einem dieser Tage schon um halb acht Uhr morgens anruft und gleich im ersten Satz, noch vor einer Begrüßung, meint: „Ah, du bist noch erreichbar und nimmst den Anruf an. Also waren sie noch nicht bei dir."

Noch mehr Brisanz erhalten diese Gerüchte, als mich Mitte September ein guter Freund aus dem Schwarzen Kameel, Wiens erster Adresse für politische Gerüchte jeglicher Art, anruft. Er berichtet mir, Ohrenzeuge eines Gesprächs gewesen zu sein, dessen Geschichte gerade in politmedialen Kreisen zirkuliere.

Das Kameel, wo sonst, ist mein erster Gedanke. In diesem wunderschönen Lokal nach der Arbeit die großen Runden drehen und sämtliche Gerüchte der Wiener Politblase inhalieren, war nie mein Ding. Mein Platz ist bis auf sehr seltene Ausnahmen nicht die Theke oder ein warmes Plätzchen unter einem der vielen Heizstrahler im Schanigarten des Kameel, sondern mein Schreibtisch im Kanzleramt. Networking überlasse ich gerne den anderen. Vielleicht ist das ein Fehler. Aber freundliche Nasenlöcher machen und überall mitgrinsen, mitnicken, zuprosten und den persönlichen Senf zu Dies und Das geben, nein, das war und ist nicht meine Welt. So gut mir die Brötchen im Kameel schmecken und auch ich dort schöne Abende verbringe, fühle ich mich mit einem kleinen Bier am Stammtisch meines Stammbeisls immer viel wohler.

Aber was ist das neueste Gerücht? „Du, Frischi, mir haben gerade zwei Leute erzählt, dass ein Chefredakteur in einer kleinen Runde gemeint hat, dass es ‚den Kurz in drei Wochen nicht mehr geben wird'. Er wisse das aus zuverlässiger Quelle, weil demnächst Hausdurchsuchungen anstehen würden." – „Wer sagt und erzählt das?", antworte ich. „Ich möchte die Namen der Personen nicht nennen. Aber ich versichere dir, es sind gut vernetzte Politikinsider, nicht aus unserem Umfeld, und die erzählen mir nie einen Blödsinn."

Das Gefühl zu haben, dass Teile der Medien oder einzelne Akteure in derart sensiblen Fragen mehr wissen als die Betroffenen, macht mich stutzig. Es ist nichts Geringeres als die Tatsache, dass eine oder mehrere Personen aus dem Kurz-Umfeld möglicherweise juristisch verfolgt werden und bestimmte Leute außerhalb der zuständigen Behörde etwas wissen und vor allem mehr wissen, obwohl sie es gar nicht wissen sollten. Und wie kommen sie zu diesem Wissen? Wo ist hier der Rechtsstaat, der ansonsten immer so hochgehalten wird?

Also stehen da jetzt die Ermittler vor meiner Wohnungstür? Die Hausglocke, die immer noch nicht zur Ruhe gekommen ist, lässt keinen klaren Gedanken zu. Im Vorraum mache ich das Licht an. Vor mir die weiße Wohnungstür. Ich schaue vorsichtig und noch immer nicht ganz bei Sinnen durch den kleinen runden Türspion in den Gang. Ein ganzes Rudel von fremden Personen erfasst mein verschlafenes Auge. Die Heiligen Drei Könige sind es jedenfalls nicht.

Ich hole tief Luft, drehe meinen Schlüssel im Schloss nach rechts und öffne die Tür. Auf den Lärm der Glocke folgt völlige Stille. „Guten Morgen, Herr Frischmann!“, hallt es mir von einem Mann bestimmt entgegen, der mir zur Begrüßung den Österreichischen Bundesadler auf einer Medaille gefühlt drei Zentimeter vor die Nase entgegenstreckt.

Tatsächlich. Die Anrufe der Journalisten bewahrheiten sich. Ab diesem Augenblick spielt sich für mich alles nur noch wie in einem schlecht gemachten Hollywood-Film ab.

Dieser Mittwoch, der 6. Oktober 2021, wird mein längster Tag und brennt sich wie ein schwarzes Siegel in meine Seele. Dieser Tag ist ein Wendepunkt in meinem Leben – beruflich wie privat.

Ohne lange zu diskutieren, lasse ich die Damen und Herren in meine Wohnung eintreten. Es sind zwei Staatsanwälte und rund fünf Beamte der Bundeskriminalpolizei. In der Küche drückt mir einer der Staatsanwälte die Durchsuchungsanordnung in die Hand. Es ist ein dickes Dokument mit über 100 Seiten. Zunächst fragen sie nach meinem Handy. Ich schiebe es über die Küchenanrichte hinüber. Sie verlangen meinen Entsperrungscode, den ich ihnen aber nicht sage. Auch wenn ich nichts zu verbergen habe, befinden sich auf dem Handy Chats mit meiner Frau, meiner Familie und vielen Freunden sowie tausende Familienfotos. Von unseren Urlauben, von Weihnachten und vielen anderen Familienfeiern wie Kindergeburtstagen, Hochzeiten oder Taufen. Das ist privat und soll privat bleiben. Und es wäre nicht zum ersten Mal, dass von abgenommenen Handys privateste Details in der Öffentlichkeit auftauchen.

Ich äußere die Bitte, meine Rechtsvertretung anrufen zu dürfen, was mir auch gewährt wird. Nachdem schon wochenlang das Gerücht der Hausdurchsuchung die Runde macht, habe ich mir auf einem Post-it die Nummer von Werner Suppan, dem Anwalt der ÖVP, notiert. Mit dem Handy eines Beamten erreiche ich Suppan und bitte ihn, jemanden zu schicken.

Ich bin immer noch verwirrt, und der Staatsanwalt fragt mich, weshalb ich nicht die Untersuchungsanordnung durchlese. Ich halte ihm das 105-Seiten-Konvolut entgegen und denke mir, wohl ein schlechter Witz. Währenddessen ist die Hausdurchsuchung schon voll im Gang. Aus der Küche beobachte ich, wie im Schlafzimmer ein Beamter meinen weißen Ikea-Schmutzwäschesack auf mein Bett ausschüttet und meine Schmutzwäsche ausbreitet. Zwischen benutzten Unterhosen, gebrauchten Socken und verschwitzten Hemden macht sich der Beamte auf die Suche nach Unterlagen, elektronischen Geräten und Datensticks. Was für eine Erniedrigung.

Alle Beamten sind sehr freundlich. Die andere Staatsanwältin erblickt ein Foto meiner drei Kinder, das an der Wand hängt. Sie fragt mich, wer diese Kinder sind. Ich antworte, dass es meine zwei Söhne und meine Tochter sind. „Wo sind die Kinder?“, fragt sie mich. „Daheim“, antworte ich. „Aber wir sind doch bei Ihnen daheim.“ Ich erkläre ihr, dass ich mit meiner Familie in Deutschland lebe und mich nur zum Arbeiten in Wien aufhalte.

Dass die Staatsanwaltschaft nicht weiß, dass ich mit meiner Familie in Deutschland lebe, verwundert mich im Nachhinein. In den Ermittlungen bezieht sich die WKStA auch auf das Buch „Inside Türkis“ von Journalist Klaus Knittelfelder. Er widmet in diesem Buch auch meiner Arbeit ein ganzes Kapitel. Knittelfelder schreibt darüber, wie mein herausforderndes Leben zwischen Beruf und Familie funktioniert. Übrigens: Ein paar Wochen später schreibt eine Falter-Journalistin einen Artikel[1] unter anderem über mich. Sie übernimmt Detailinformationen über mein Familienleben und meine Arbeit, die man nur aus dem Knittelfelder Buch kennt und publiziert den Beitrag – ohne die tatsächliche Quelle der umfangreichen Arbeit von Klaus Knittelfelder anzugeben –, als wäre es ihre eigene Recherche gewesen.

Ich bin froh, dass meine Frau und meine Kinder bei der Hausdurchsuchung nicht dabei sind. Wir stehen zu siebt oder zu acht in meiner 40-Quadratmeter-Wohnung. Später steht im Protokoll zur Hausdurchsuchung, dass Beamte aufgrund des Platzmangels auf den Balkon oder den Gang ausweichen müssen. Auch mein Kellerabteil wird von einer Staatsanwältin und einem Beamten durchsucht. Meine Angaben, dass sich dort nur zusammengelegte Umzugskartons und ein alter TV befinden, reichen nicht aus. Sie wollen es sich persönlich anschauen. Also machen wir auch einen Abstecher in den Keller der neuen Wohnanlage und finden dort zusammengelegte Umzugskartons und ein altes TV-Gerät.

In der Zwischenzeit ist auch der Anwalt eingetroffen. Er nimmt mich zur Seite, und wir besprechen kurz die Situation. Ich bin sehr gefasst, aber auch ein Stück weit orientierungslos. Es ist noch schwer zu begreifen, was hier gerade passiert. Ich weiß nur eines, dass ich irgendwie funktionieren muss. Mein Angebot an die Beamtenschaft, ihnen einen Kaffee zu machen, wird dankend von allen abgelehnt.

Die Durchsuchung zieht sich bestimmt über mehr als eineinhalb Stunden, ich verliere jedes Zeitgefühl. Es wird vor Ort ein Protokoll aufgesetzt, mit der Auflistung aller Dinge, die aus der

Wohnung mitgenommen werden. Das sind mein Handy, ein alter iPod sowie ein Datenstick, den sie in einer Schachtel mit Handykabeln und anderen Utensilien finden. Es entsteht eine kurze Diskussion, ob auch mein alter WLAN-Router ebenfalls mitgenommen wird. Die Staatsanwältin vermutet, dass auch dort eventuell Datenmaterial vorhanden sein könnte. Der IT-Techniker vom Bundeskriminalamt winkt allerdings ab, und der Router bleibt in der Wohnung.

„Jetzt, Herr Frischmann, bitte ich Sie, mit ins Büro zu fahren", erklärt mir die Staatsanwältin. Ich stimme nickend zu, glaube aufgrund ihrer Aussage allerdings, dass es zur WKStA zur Einvernahme gehen soll. Der Anwalt klärt mich rasch auf, dass damit mein Büro im Kanzleramt gemeint ist und dort die Hausdurchsuchung fortgesetzt wird. Die Beamten verlassen die Wohnung und fahren ins Kanzleramt voraus. Ich ziehe mich um und stehe im Bad. Es ist totenstill, und mir steht im Spiegel ein Mann gegenüber, der gerade dabei ist, in sich zusammenzubrechen.

Mit dem Taxi fahren der Anwalt und ich Richtung Bundeskanzleramt. Im Auto wird mir langsam bewusst, was für eine Lawine hier gerade losgetreten wird. Es ist ein Mittwoch, und an diesem Tag findet im Kanzleramt immer die wöchentliche Ministerratssitzung mit anschließender Pressekonferenz statt. Das heißt, das Kanzleramt ist an diesem Tag voll von Medienvertretern. Es ist also schon absehbar, dass irgendjemand etwas mitbekommt. Dem ist aber vorerst nicht so. Sehr diskret werden die Ermittler in den Vorraum meines Büros gebracht und warten dort, bis ich eintreffe.

Mein Büro ist ein großer, hoher Raum aus der Zeit von Fürst Metternich. In einem Eck befindet sich ein stillgelegter offener Kamin, und von der Mitte der Decke hängt ein riesiger Luster, keine ideale Bürobeleuchtung. Vier Schreibtische stehen in der Mitte des Raumes, und sie bilden das Herzstück unserer Kommunikation. Den Raum teile ich mir mit meinen Kollegen Etienne Berchtold, Rupi Reif und Arno Melicharek. Bevor wir das Büro betreten, erklären die Staatsanwälte, dass sie nur mein Arbeitsbereich interessiert. Ich begleite sie zu meinem Schreibtisch, zeige ihnen meinen Rollschrank und auch noch einen anderen kleinen Kasten an der Seite, den ich benutze. Meinen Büro-Umzugskarton aus Finanzministerium-Zeiten zeige ich ihnen auch. Es werden tatsächlich nur diese Bereiche durchsucht. Man findet nichts Brauchbares. Natürlich interessieren sich die Ermittler auch für meinen Dienstlaptop, den ich starte und mit Passworteingabe entsperre. Ich schiebe ihn zum Staatsanwalt und dem Beamten hin, damit sie sich alles holen können, was sie brauchen. Zu verbergen habe ich nichts.

In der Zwischenzeit sind auch der Generalsekretär und der Personalchef des Kanzleramtes eingetroffen. Meine volle Kooperation mit der Staatsanwaltschaft scheint nicht unbedingt einwandfrei zu sein, da offensichtlich über mein Notebook auf mehr Daten zugegriffen werden kann, als in der Untersuchungsanordnung definiert ist und somit auch in die Rechte anderer Mitarbeiter eingegriffen werden kann. Diese Diskussion, die sich in die Länge zieht, überlasse ich den Beamten.

Erst jetzt habe ich Zeit, die Durchsuchungsanordnung kurz durchzuschauen. Schon auf den ersten beiden Seiten schrecke ich auf und muss erkennen, dass auch bei meiner Mutter in Tirol, in meinem Elternhaus, eine Hausdurchsuchung angeordnet wurde und wohl parallel stattfindet. Mir fährt das wie ein Stromschlag durch den ganzen Körper. Was zum Teufel hat meine 77-jährige

Mutter mit meiner Arbeit in Wien zu tun? Mein Tiroler Patriotismus fällt mir hier leider auf den Kopf. Mir ist es in all den Jahren nämlich nie in den Sinn gekommen, meinen Hauptwohnsitz von Tirol nach Wien zu verlegen. Davor soll mich der Blitz treffen. Also steht im Melderegister immer noch die Adresse meines Elternhauses, und für die Ermittler ist dieses Ziel natürlich naheliegend.

Ohne Handy ist es schwer, jemanden zu erreichen. Über Umwege gelingt es mir, meine Frau in Deutschland anzurufen. Ich bringe am Telefon kaum ein Wort heraus, bin verwirrt. Meine Frau behält kühlen Kopf, wie immer. „Hör mir jetzt gut zu: Wir haben drei Kinder, und wir alle sind gesund. Alles andere ist Nebensache. Wir stehen das durch, egal was passiert. Ich liebe dich."

Mamas Handynummer ist die einzige, die ich mir merken kann, weil ich ihr vor vielen Jahren den Handyvertrag abgeschlossen und eine leicht zu merkende Nummer für sie ausgewählt habe. Mit dem Handy einer Kollegin rufe ich sie an. „Mama, ich bin's, Johannes", sage ich leise. „Was ist los in Wien, bei uns hier läuft eine Hausdurchsuchung." – „Ich weiß, Mama." Soweit es mir möglich ist, versuche ich sie am Telefon zu beruhigen. Sie redet sich bei mir in Rage. Ihr Leben lang habe sie gearbeitet und Kinder erzogen. Sie habe sich nie etwas zuschulden kommen lassen, weiß gar nicht genau, worum es da überhaupt geht. Das ganze Haus werde durchsucht, berichtet sie mir aufgeregt. Nicht nur ihre Wohnung, sondern auch die Wohnung meiner Schwester und jene meines Neffen – alles wird auf den Kopf gestellt. Dann legt sie los mit einer Wutrede auf die WKStA. Die Staatsanwältin würde bei der Hausdurchsuchung rotzfrech mit ihr umgehen. Als meine Mutter während der Hausdurchsuchung vor Aufregung Atemprobleme und Herzrasen bekommt, soll die Staatsanwältin laut Erzählung süffisant zu ihr gesagt haben: „Wir haben alle Zeit der Welt, Frau Frischmann. Dann rufen wir eben einen Notarzt, wenn Sie einen brauchen."

Mein Elternhaus ist groß. Jahrzehntelang betreibt meine Mutter eine Gästepension. Die zweite Etage mit den acht Gästezimmern ist mittlerweile zu einer Wohnung für meine Schwester umgebaut. Mein Neffe bezieht die Ferienwohnung im Erdgeschoss, die ebenfalls früher vermietet wurde. Im voll mit Eichenholz vertäfelten Frühstücksraum, den einst mein Vater einbaute, macht sich die Staatsanwaltschaft breit, um die Hausdurchsuchung zu protokollieren. Sie durchsuchen sogar den Dachboden. Damit man überhaupt dorthin kommt, muss meine Mutter zuerst eine Leiter organisieren. Ich selbst war noch nie auf dem Dachboden. Im ganzen Haus gibt es von mir praktisch nichts zu finden. Von Beginn an versuchen das meine Mutter und meine Schwester der Staatsanwältin zu erklären. Aber vergeblich. Mein Jugendschlafzimmer wurde schon längst in ein Bügelzimmer und Abstellraum umfunktioniert. Die einzigen Überreste aus meiner Zeit daheim sind die Tiroler Schützentracht, die mir längst nicht mehr passt, und ein paar Skischuhe. Sonst nichts.

Dennoch nehmen sie das Tablet meines 15-jährigen Patenkindes und Datensticks von der Arbeit meines Neffen mit. Heute frage ich mich immer noch, was die Ermittler wohl am Tablet einer 15-Jährigen, die ich nur dreimal im Jahr sehe, zu finden glauben.

Die Staatsanwältin will auch meiner Mutter das Handy abnehmen. Das ist der Punkt, an dem Mama zu Höchstform aufläuft, so wie ich sie von früher kenne. Die Diskussion mit der Staatsanwältin muss zu einem Rollentausch geführt haben, denn nun stellt meine Mutter die Fragen. Ob dann sie, die Staatsanwältin, die Verantwortung übernimmt, wenn mit ihr daheim etwas passiert und sie niemanden anrufen kann, da sie allein im Haushalt wohnt. Der überschießende Umgang mit meiner Mutter scheint nun auch der Staatsanwältin einzuleuchten. In ihrer Unsicherheit greift sie zum Telefon und hält Rücksprache mit der Staatsanwaltschaft in Wien. Das Handy wird schließlich nicht einbehalten und meiner Mutter wieder ausgehändigt.

Mama ist wirklich außer sich. Sie ist schwer am Telefon zu beruhigen. Ich entschuldige mich bei ihr mehrmals für das, was gerade passiert. Es tut mir in der Seele weh, dass sie so etwas in ihrem hohen Alter und völlig unverschuldet über sich ergehen lassen muss. Ich bitte sie, trotz der Aufregung, ruhig zu bleiben und gegenüber den Ermittlern kooperativ zu sein.

Bei meiner eigenen Durchsuchung in Wien geht nach wie vor nichts weiter. Immer noch muss geklärt werden, was die Staatsanwälte auf meinem Notebook machen dürfen und was nicht, weil ich auch Zugriff zu einem gemeinsamen Laufwerk mit anderen Mitarbeitern habe, was mir bis dahin gar nicht bewusst beziehungsweise bekannt war. Diese Art von Netzwerken interessiert Pressesprecher nicht. Meine Dokumente, wie Presseunterlagen, Pressetexte oder Textentwürfe, habe ich immer in einem Ordner auf dem Desktop abgespeichert.

Bundeskanzler Kurz ist an diesem Tag beim EU-Westbalkangipfel in Slowenien. Im Kanzlerbüro hat sich bereits das Team mit den Anwälten versammelt. Stefan Steiner, der selbst auch betroffen ist, hat seine Hausdurchsuchung bereits hinter sich und sitzt schon, vertieft in die Durchsuchungsanordnung, am Besprechungstisch und macht sich Notizen. Ich taumle in meiner Orientierungslosigkeit nur einmal durch das Kreisky-Zimmer, wo mir ein Handy in die Hand gedrückt wird. Ich höre die Stimme von Kurz am Telefon. „Frischi, wie geht es dir?“ – „Es geht“, antworte ich. An den Rest des kurzen Telefonats kann ich mich nicht mehr erinnern.

Ich bin fix und fertig, brauche frische Luft und frage die Staatsanwälte, ob ich für ein paar Minuten in den Innenhof des Bundeskanzleramtes gehen kann. Es ist kein Problem, ein anderer Beamter schließt sich mir an, damit er eine Zigarette rauchen kann, und wohl auch, um mich zu beobachten. Das Gespräch mit dem Kriminalbeamten im Hof ist erhellend. Er meint, dass sie für solche Hausdurchsuchungen immer erst am letzten Drücker hinzugezogen werden. Aber so etwas wie heute habe er in seiner langjährigen Arbeit noch nie erlebt. Das sei alles übertrieben und überzogen. Ich weiß nicht, was ich mit dieser Information anfangen kann. Da ich auf einen Schlag jedes Vertrauen in fremde Menschen verloren habe, zucke ich einfach nur mit den Schultern.

Mittlerweile wird mir ein neues Handy bereitgestellt. Ich bin nicht in der Lage, für die Apple-ID ein neues Benutzerkonto anzulegen. Hilflos tippe ich am Handy herum, bis mir eine Kollegin die Arbeit abnimmt, eine private Mailadresse anlegt, das Handy neu aufsetzt und mir gleich die wichtigsten Handynummern speichert. Die Tragweite der Vorgänge der letzten Stunden wird mir immer klarer. Das wird kein Sturm im Wasserglas, sondern ein Tsunami. Es muss in der Zwischenzeit schon zehn oder halb elf sein, als alle Dinge geklärt sind, was von meinem Notebook runtergezogen werden darf und was nicht. Wenn es nach mir ginge, könnten sie alles haben.

Die Ermittler sind schon dabei, ihre Sachen zu packen und abzuschließen, als mich die Staatsanwältin beim Verlassen meines

Büros fragt, wie lange ich mein Handy schon habe. „Seit circa zwei Wochen“, antworte ich. Nun beginnt ein neuer Spießrutenlauf. Wieso ich erst ein zwei Wochen altes Handy habe, warum es getauscht wurde und wo das alte Handy nun sei, fragt sie mich. Ich erkläre, dass bei uns alle dreiviertel Jahre aus Sicherheitsgründen die Handys getauscht und neu aufgesetzt werden. Später fällt mir noch ein, dass ich drei Wochen zuvor für vier Tage bei der UN-Generalversammlung in New York mit dabei gewesen war. Nach solchen längeren Reisen wird auch hin und wieder das Handy getauscht oder neu aufgesetzt, weil man sich in unzählige unsichere WLAN-Verbindungen einwählt.

Ich habe mir beim Handytausch nichts gedacht, zumal es für mich nicht neu ist. Es ist höchstens lästig und nervig, weil es wahnsinnig viel Zeit in Anspruch nimmt, von Handysignatur über die verschiedensten App-Anmeldungen bis hin zum Bankkonto wieder alles neu einzugeben und einzustellen. Das alte Handy habe ich meiner Assistentin gegeben, und die hat es über die Hauspost an die zuständige IT-Stelle zurückgeschickt. Dieses Handy muss nun auch herbeigeschafft werden. Es dauert gewiss eine weitere Stunde, bis man herausfindet, wo sich das Handy befindet, und es schließlich an die Ermittler übergeben wird. Es war zurückgesetzt und wahrscheinlich nutzlos.

Generell achte ich immer darauf, dass ich regelmäßig SMS und sinnlose Konversationen lösche. Es ist seit Jahren fast schon ein Ritual, dass ich freitags beim Heimflug im Flugzeug Chats und E-Mails lösche, die ich nicht mehr brauche. In so einer Arbeitswoche sammeln sich tausende SMS und Mails an. Ja, tausende! Nach dem Hackerangriff auf die ÖVP im Wahlkampf 2019, aber vor allem nachdem das Außenministerium Anfang 2020 über mehrere

Wochen einem großangelegten IT-Angriff[2] von außen ausgeliefert war und es auch intern immer wieder Berichte von versuchten Hackerangriffen auf Systeme und Einrichtungen des Bundes gab, waren auch wir angehalten, so wenige Mails und SMS wie möglich an unseren Geräten zu verwalten. Dennoch habe ich über die Jahre speziell von Medienvertretern den einen oder anderen „Leckerbissen" empfangen. Diese SMS habe ich an einen sicheren Ort abgelegt. So wie das Ensemble des Burgtheaters in Kooperation mit der Tageszeitung „Der Standard"[3] aus den berühmten Schmid-Chats vorgelesen hat, könnte auch ich mit einer Lesung ein ganzes Programm gut füllen und besonders jene Redaktionen in Unruhe versetzen, die sich sonst immer Unabhängigkeit, Objektivität und Seriosität an die Brust heften. Aber in Anlehnung an Bundespräsident Alexander Van der Bellen: So bin ich nicht.

Die beiden Staatsanwälte und die Mitarbeiter des Bundeskriminalamtes verabschieden sich freundlich bei mir, ich reiche ihnen die Hand. Ich gehe zurück in mein Büro, das nun leer steht. Hinter mir schließe ich die Tür, gehe zum kleinen Schrank, hole eine noch verschlossene Schnapsflasche heraus. Es ist ein Tiroler Edelbrand, den mir Landeshauptmann Günther Platter das Jahr zuvor zu Weihnachten geschenkt hat. Jedes Jahr bedankt sich der Landeshauptmann zum Jahreswechsel mit einem kleinen Präsent bei den Tiroler Mitarbeitern in den politischen Büros in Wien. Einmal ist es ein Karton mit Köstlichkeiten aus Tirol, ein anderes Jahr eine Espressotasse in den Landesfarben Rot-Weiß, die mit dem Tiroler Landesadler verziert ist, eine Sonderkollektion von Gmundner Keramik.

Ich nehme den Verschluss von der Schnapsflasche und setze zu einem tiefen Schluck an. In einem Zug halbiere ich die Flaschenfüllung. Schnapstrinken war nie meine Stärke und erinnert mich an meine Schützenfeste aus früheren Zeiten. Diesmal verziehe ich weder das Gesicht noch spüre ich dieses Brennen im Rachen. Das Hochprozentige fließt durch meinen Hals wie Wasser. Den Rücken gegen die Wand gelehnt, gleite ich auf den Boden und breche in Tränen aus. Was ist da heute passiert, frage ich mich. Ich weiß nicht, wie mir geschehen ist.

In der Zwischenzeit ist schon längst der Krisenmodus im Team und in der Partei ausgebrochen. Immer mehr Leute finden sich im Kanzlertrakt zusammen, während der Bundeskanzler selbst sein Programm in Slowenien abspulen muss. Nach der Ministerratssitzung stoßen Klubobmann Gust Wöginger, Finanzminister Gernot Blümel sowie Landwirtschaftsministerin Elli Köstinger dazu. Blümel zieht mich zur Seite. Gernot und ich kennen uns zwar seit vielen Jahren. Gemeinsam zu tun haben wir aber erst, als Kurz 2017 die Partei übernimmt und Blümel nach der Wahl dem ÖVP-Team bei den Koalitionsverhandlungen angehört und schließlich als Kanzleramtsminister gemeinsam mit uns ins Bundeskanzleramt einzieht. Unser Verhältnis ist sehr professionell und doch etwas distanziert. Umso mehr überrascht es mich, dass er ausgerechnet jetzt mit mir reden möchte. „Frischi, ich weiß ganz genau, wie es dir jetzt geht und was sich in dir abspielt. Ich habe das alles auch bei meiner eigenen Hausdurchsuchung schon erlebt. Ich kann dir nur einen Tipp geben: Blende alles aus, was sich nun in den Medien abspielen wird, sonst wirst du wahnsinnig. Die Familie und die Partnerschaft sind jetzt das Wichtigste, das zählt. Wir sind für dich da. Wenn du Hilfe brauchst und wenn du auch nur reden willst, dann melde dich." Blümels Sätze wirken diesmal nicht so, wie bei seinen vielen Pressekonferenzen, die immer recht sachlich und nüchtern ablaufen. Auch sein Blick ist ein anderer. Kein von Disziplin getragener Auftritt, sondern ein fürsorglicher und wärmender Blick. Ein fast brüderlicher Moment.

Blümel hat durchaus Erfahrung damit. Er selbst ist ebenfalls Zielobjekt von WKStA-Ermittlungen in einer anderen Angelegenheit. Die Hausdurchsuchung und das fehlende Notebook – auf das er selbst die Ermittler aufmerksam macht – macht, das angeblich im Kinderwagen seiner Frau „Spazierenfahren" war, füllen tagelang die Titelseiten und Nachrichten. Von Häme im Netz bis zu Rücktrittsaufforderungen der Opposition reicht die Palette des Shitstorms gegen Blümel. Zwei Jahre später werden alle Ermittlungen gegen ihn eingestellt, und es stellt sich heraus, dass der Kinderwagen nur eine mediale Ente war, aber von allen bereitwillig aufgegriffen wurde. Die Berichterstattung über die Verfahrenseinstellung erfolgt zum Großteil in den Randspalten und Kurzmeldungen, wenn überhaupt. Das Wild ist erlegt, die Trophäe hängt schon längst. Wieso also noch mal zum Halali gegen jene blasen, die wieder einmal voreilig ein Urteil gefällt haben?

Bereits um die Mitte des Vormittags kommt die Medienmaschinerie in Fahrt. Die Hausdurchsuchungen sind noch nicht einmal abgeschlossen, da sind erste – die üblichen – Medienvertreter bereits im Besitz der Untersuchungsanordnung und konfrontieren die ÖVP mit der Angelegenheit. Und interessant: So schnell kann man keine 105 Seiten lesen, um dermaßen flott die journalistisch wichtigsten Passagen herauszuarbeiten. Wie gelangen solche Unterlagen an die Medien? Von Beschuldigten wohl sicher nicht, denen bereits um 6 Uhr früh Handys und andere elektronische Geräte abgenommen worden sind. Deren Anwälte haben auch kein Interesse und besonders in dieser Phase auch anderes zu tun, als Medien zu kontaktieren. Wer also dann? Es soll sich an dieser Stelle jeder Leser selbst seine Meinung bilden …

Um 10:23 Uhr läuft über den Nachrichtenticker der Austria Presseagentur (APA) die ALARM-Meldung: „U-Ausschuss – Hausdurchsuchung in ÖVP-Zentrale in Wien". Zwölf Minuten später erfolgt um 10:35 Uhr eine weitere EILT-Meldung mit einer aktualisierten Überschrift. „U-Ausschuss – Hausdurchsuchungen in Wiener ÖVP-Zentrale und BKA". Wieder 13 Minuten später, um 10:48 Uhr, werde ich erstmals in einer APA-Meldung namentlich erwähnt, und es wird vermeldet, dass unter anderem bei mir eine Hausdurchsuchung stattfindet. Diese Meldungen erscheinen zu einem Zeitpunkt, an dem bei mir noch immer die Hausdurchsuchung läuft, in Wien und in Tirol.

Ich bekomme von all dem wenig mit, weil ich mit vielen anderen Dingen beschäftigt bin. Vor allem mit mir selbst. Wie die Mittags- und Nachmittagsstunden verlaufen, daran kann ich mich nur noch in Bruchstücken erinnern. Zum zweiten Mal greife ich jedenfalls zu meinem neuen Handy und rufe meine Frau an. „Was sagen wir den Kindern und unseren Freunden?", frage ich sie. „Überlass das mir. Ich kriege das schon hin." Wie beim ersten Telefonat klingt meine Frau auch jetzt unerschütterlich. Vielleicht liegt das daran, dass sie einen Gesundheits- und Sozialberuf ausübt und sich schon größere und viel schlimmere menschliche Tragödien vor ihren Augen abgespielt haben. Für mich ist das nach jeder Arbeitswoche auch einer der schönsten Momente. Immer wenn ich Freitagabend nach Hause komme, sitzen wir an unserer Küchentheke und trinken ein Glas Wein. Wir beide erzählen uns dann, was die vergangenen Tage so passiert ist. Unterschiedlicher können die Welten nicht sein. Hier die Ehefrau, Mutter und

Physiotherapeutin, die mir die Kindergarten-, Schul- und Freizeiteskapaden unserer drei Sprösslinge schildert sowie berührende Geschichten ihrer Arbeit mit Patienten erzählt. Und auf der anderen Seite berichte ich vom Kopftuchverbot über Steuerreform bis hin zu einem unerwarteten Handshake mit Arnold Schwarzenegger und meinem plötzlichen Aufenthalt mit Angela Merkel und Emmanuel Macron allein in einem Raum. Es sind aber die Geschichten meiner Frau, die Tiefgang und Lebenserfahrung mit sich bringen. In den unzähligen nächtlichen Sitzungen im Kanzleramt denke ich sehr oft an meine Frau und ihre Welt. Ihre Geschichten werden für mich über die Jahre zu einem Kompass, der mich durch den Dschungel an politischen Themen navigiert, mit denen ich als Pressesprecher tagtäglich konfrontiert werde. Die menschliche Komponente spielt in der politischen Tageshektik und im Wettlauf von Politik und Medien um die beste Schlagzeile eine untergeordnete Rolle. Vielleicht habe ich es in der langen Zeit verabsäumt, meiner Frau das Gefühl zu geben, welchen unschätzbaren Wert ihre Arbeit für unsere Familie, aber auch für meinen Beruf in Wien hat. Jedenfalls hat mich ihre Art und ihr Zugang geprägt. Sie ist und bleibt ein Glücksfall für mich.

Auch bei meiner Mutter ist die Hausdurchsuchung mittlerweile vorbei, und sie sitzt nun pausenlos vor dem TV und verfolgt die Nachrichtensendungen, in denen es sich nur noch um ein Thema dreht. Ihre Aufregung hat offenbar nachgelassen, aber sie wirkt etwas erschöpft, als ich sie erneut anrufe. Kein Wunder, nach diesem Vormittag. Als ich am Telefon ihre Stimme höre, bildet sich plötzlich ein riesiger Knoten in meinem Hals. Ich bin nicht fähig, auch nur ein einziges Wort herauszubringen. „Johannes", „Johannes", sagt sie mehrmals. Schließlich merkt sie, dass ich einfach nicht in der Lage bin zu reden. „Weine nicht, Johannes. Weine nicht", sagt sie nun mit einer anderen Stimme. Sie klingt jetzt so wie früher, wenn eben eine Mutter ihren Sohn zu trösten versucht. Mama spricht mir zu. Ihre Sorge ist groß, und ich weiß, dass es für sie eine enorme Belastung ist, wahrscheinlich noch heute. Sie leidet mit, als mein Name, mein Foto und natürlich auch Chats von mir über den Bildschirm flimmern und in den Zeitungen stehen.

Über Gust Wöginger kontaktiere ich den Bürgermeister meiner Heimatgemeinde. Jakob Wolf und mich verbindet eine langjährige enge politische Freundschaft, die auch den einen oder anderen Stresstest besteht. Wolf ist seit 1998 Bürgermeister – für mich damals die Initialzündung, politisch aktiv zu werden und mich zu engagieren. Lange Zeit werde ich immer als logischer Wolf-Nachfolger im Dorf gehandelt. Zuerst zweiter Vizebürgermeister und dann später einmal Bürgermeister, so der Plan beziehungsweise die Zusage. Mir selbst ist diese Diskussion immer etwas unangenehm, geradezu peinlich. Heute staune ich oft, wie bei manchen Übergaben immer noch hofstaatlich gedacht wird. Gott sei Dank gibt es Wahlen, wo demokratisch darüber entschieden wird. Es ist auch ein Stück weit die Geschichte von der berühmten Karotte vor dem Esel, der junge Parteifunktionäre gerne verfallen, damit der eigene Parteinachwuchs bei Laune gehalten wird. Gekränkt hat mich das nie, vielmehr habe ich es als gute Lehrschule empfunden, und es hat mich in meiner eigenen Meinungs- und Willensbildung gestärkt. Ausgerechnet ein sehr knappes Wahlergebnis bei der Gemeinderatswahl 2004 bringt mich zum Entschluss, dem Ort politisch den Rücken zu kehren. 30 ungültige Stimmzettel sind dafür am Wahlabend ausschlaggebend. Weil auf dem Feld der Vorzugsstimme handschriftlich von den Wählern nur „Frischmann" eingetragen wird und leider fünf Kandidaten mit dem Nachnamen „Frischmann“ auf unserer Bürgermeisterliste kandidieren, sind diese 30 Stimmen nicht zuordenbar und daher ungültig. Unterm Strich fehlen mir zwei Stimmen für ein Direktmandat, obwohl ich in absoluten Stimmen intern von Platz sieben auf Platz drei vorrücke. Die Enttäuschung ist groß, ja, ich bin sogar bitter enttäuscht. Zugleich ist es aber auch ein Segen. Denn nie würde ich sonst ein paar Jahre später nach Wien wechseln und mir den Traum von Bundespolitik erfüllen.

Wolf ist mittlerweile viele Jahre Klubobmann für die ÖVP im Tiroler Landtag. Der Kontakt zwischen uns ist nie abgebrochen, wir unterstützen uns gegenseitig. Er ist ein Politprofi und Politfuchs durch und durch. Ich bitte ihn, dass er bei meiner Mutter vorbeischaut. Er ist Jurist und könnte ihr doch die Dinge ein wenig erklären und sie beruhigen. Gerade an diesem Tag findet allerdings die zweitägige Landtagssitzung in Innsbruck statt, und der Bürgermeister hat keine Chance, die Sitzung zu verlassen. Als Klubobmann ist er unabkömmlich.

Ich suche Ersatz. Roland Schöpf, ein langjähriger und enger Freund, springt ein. Ich muss ihm am Telefon nicht lange die Sachlage erklären und bitte ihn, meine Mutter zu besuchen. Er weiß sofort, worum es mir geht. Einen ganzen Abend lang kümmert er sich um Mama und hört ihr vor allem zu. „Einen sicheren Freund erkennt man in einer unsicheren Lage“, schrieb schon Cicero vor 2100 Jahren. Ich mache diese Erfahrung und bin dafür meinem Kumpel ewig dankbar.

Für mich bricht in diesen Stunden eine Welt zusammen. Es ist eine Welt, für die ich seit meinem 19. Lebensjahr mit Begeisterung, Leidenschaft und Feuer arbeite. Dem Land zu dienen, einen

Beitrag für die Allgemeinheit zu leisten, für andere da zu sein, das war in den vielen Jahren mein persönlicher Anspruch und meine Motivation. Nun droht alles in Schutt und Asche zu fallen. Der mentale Absturz und der seelische Schmerz, der sich im Verlauf des Nachmittags und der darauffolgenden Tage immer stärker in meinem Körper ausbreiten, verspürte ich in meinem Leben vorher nur einmal: beim Tod meines Vaters.

Am späten Nachmittag kehrt auch Kurz vom EU-Westbalkan-Gipfel in Slowenien zurück. Keine Krise hat ihn bisher aus der Fassung gebracht. Auch diesmal nicht. Wir versammeln uns im Kanzlerzimmer. Jeder hat bereits seinen Stammplatz eingenommen. Auf die Sache fokussiert, nimmt Sebastian an der Spitze des großen Besprechungstisches Platz. Diesmal sind angesichts der Sachlage mehr Mitarbeiter dabei, zusätzlich werden weitere Stühle herbeigeschafft.

Stefan Steiner und Anwalt Werner Suppan geben einen Erstüberblick. Es wird kurz diskutiert, bis Sebastian der Reihe nach jedem Mitarbeiter Aufträge erteilt. Bis auf eine Ausnahme. Ich fasse keinen Auftrag aus. „Frischi, du schaust aus wie ein Häufchen Elend, magst nicht heimgehen?", so Kurz zu mir. Ich verneine. Das Letzte, was ich jetzt brauche, ist die Einsamkeit in meiner Wohnung. Und ich will nicht dorthin zurückkehren, wo noch Stunden zuvor die WKStA alles durchsucht hat.

Kurz geht noch am selben Abend in die ZIB2 und stellt sich dort den Fragen von Martin Thür. Das entspricht unserer generellen Medienstrategie. Auch wenn es heiß wird, verstecken wir uns nicht. Kurz ist fast ein wenig enttäuscht, dass diese Sendung nicht von Armin Wolf moderiert wird. Mehr dazu später.

Ich reiße mich noch mal zusammen und helfe bei der Interviewvorbereitung mit. Wieder schlüpfe ich für zwei Stunden in den Kampfanzug, den ich mir in Krisensituationen schon öfter emotional übergezogen habe. Ich sehe mich aber nicht in der Lage, Kurz zum ORF und ins Studio zu begleiten, so wie es sonst immer der Fall ist. Rupi Reif, mein Tischnachbar im Büro, und besonders in der Corona-Krise eine wichtige Säule unserer Kommunikation, springt für mich ein. In der Wohnung von Kurz verfolge ich am Sofa das ZIB2-Interview. Der Kanzler versucht sachlich die Dinge einzuordnen und zu erklären, was in der Aufgeregtheit der Medien in diesen Tagen nicht leicht ist. Die Aussage von Kurz, dass die im Raum stehenden Vorwürfe im Finanzministerium aufgeklärt werden müssen, wird von einigen Journalisten übelgenommen und so interpretiert, als würde sich Kurz in der ZIB2 von mir distanzieren und mich zum Sündenbock machen. Ich habe das nicht so gesehen. Nach dem ZIB2-Interview kommt auch Kurz nach Hause. In kleiner Runde besprechen wir noch mal den Tag. Kurz zieht sein Handy heraus und zeigt uns eine SMS. Thomas Schmid schreibt Kurz und gratuliert ihm zum ZIB2-Auftritt. Schmid schreibt in der Textnachricht, dass es sich so abgespielt hat, wie es Kurz in der ZIB2 erklärt hat. Ein halbes Jahr später will Schmid davon nichts mehr wissen und versucht mit einem umfangreichen „Geständnis" den Kronzeugenstatus zu erlangen.

Spät nach Mitternacht komme ich erschöpft und sehr müde nach Hause. Im dunklen Gang suche ich den Lichtschalter und erwische den Schalter für die Hausglocke. Der lange Tag endet so, wie er begonnen hat. Mit einem grellen Klingelton, einem Schuss Adrenalin und einem rasanten Pulsanstieg. Selbst heute, drei Jahre nach der Hausdurchsuchung, schrecke ich immer auf, wenn es an meiner Tür klingelt und ein Lieferservice Essen zustellt. Der Klingelton macht mich fertig. Eines habe ich mir felsenfest vorgenommen: Sollte irgendwann einmal dieses Strafverfahren vorbei sein, suche ich mir eine neue Wohnung.

VOM DORF IN DIE HAUPTSTADT

Minus neun Prozent. Im Juni 2008 – ich bin Pressesprecher der Tiroler ÖVP – wird die Landtagswahl zu einer desaströsen, wenn auch erwarteten Niederlage. Das Ende der jahrzehntelangen Allmacht der ÖVP im „Heiligen Land“ ist bereits Wochen vor dem Wahlsonntag absehbar, nur nicht bezifferbar.

Schon Tage vor der Wahl am 8. Juni wird es um den Spitzenkandidaten, Landeshauptmann Herwig van Staa, immer stiller. Erste Parteigranden gehen auf Distanz. Ihm wird übel mitgespielt. Am Wahlsonntag begleite ich van Staa und seine Frau in Mieming ins Wahllokal. Bei der Stimmabgabe übt man sich noch in Zweckoptimismus – innerlich weiß jedoch jeder, dass der Tag schlecht enden wird. Was van Staa bei all den kommenden Stimmverlusten nie verliert, ist sein christlicher Glaube. Zwar gilt der Landeshauptmann als sehr impulsiv, aber bis heute ist mir kein Politiker in der ÖVP begegnet, der so sozial eingestellt ist und auch danach handelt wie Herwig van Staa.

Mit ihm durch das Land zu fahren, ist in den 2000er-Jahren zwar anstrengend, aber immer lehrreich und manchmal auch amüsant. Als doppelter Doktor und promovierter Volkskundler hat er an jeder Ecke des Landes immer etwas zu erzählen. Sein Netzwerk ist nicht groß – es ist riesig. Es gibt keinen Bezirksbesuch ohne Zwischenstopp bei einer Kirche oder einem Stift. Gleichzeitig hat er immer Zeit und vor allem Verständnis für die Moderne, die Wissenschaft, Kunst und Kultur. Wer heute durch Innsbruck geht, sieht überall Herwig van Staas Spuren, die er dort als Bürgermeister von 1994 bis 2002 hinterlassen hat. Er hat nicht nur die hochverschuldete Landeshauptstadt finanziell saniert, sondern auch der Stadt an der Nordkette einen Hauch von Internationalität gebracht. Die neue Bergiselschanze, die Hungerburgbahn – beide von der irakischen Stararchitektin Zaha Hadid geplant –, die Rathausgalerien und die Sozial- und Wirtschaftswissenschaftliche Fakultät (SoWi) sowie das Management Center Innsbruck (MCI) sind nur einige von vielen Projekten, die stark mit der Person und dem Wirken von Herwig van Staa und seiner Nachfolgerin und Wegbegleiterin Hilde Zach verbunden werden müssen.

Auf Landesebene schlachtet er als Landeshauptmann eine bis dahin als heilig geltende Kuh in Tirol: die Fusion der Tourismusverbände. Für Nicht-Tiroler mag das harmlos klingen. Aber für das Land, das Jahr für Jahr gut ein Drittel aller Gästenächtigungen Österreichs für sich verbuchen kann, ist ein derartiges Vorhaben ein Minenfeld von enormer politischer Sprengkraft. Gegen starken Widerstand aus vielen Landesteilen setzt er durch, die bisher eigenständig agierenden Tourismusverbände in den 276 Gemeinden regional zusammenzufassen, sodass heute nur noch 34 Tourismusmarken in Tirol auftreten. Für van Staa ist klar, dass sich im internationalen Wettbewerb langfristig nur ein Zusammenschluss mehrerer Verbände zu einer regionalen Marke bewähren kann. Heute weiß jeder in Tirol, dass dies eine der wichtigsten Reformen war und Regionen beziehungsweise Tourismusmarken wie „Ötztal", „Paznaun-Ischgl" oder „Kitzbüheler Alpen" besser und schlagkräftiger auftreten als einzeln kämpfende Kleingemeinden.

Energiesicherheit und niedrige Strompreise sind in Tirol nicht erst nach dem Angriffskrieg Russlands auf die Ukraine und der darauffolgenden Energiekrise ein Thema. Van Staa erkennt bereits 18 Jahre davor die Notwendigkeit, sich von Abhängigkeiten loszulösen und die eigenen Ressourcen und Potenziale zu nutzen, um den Wirtschaftsstandort und die Arbeitsplätze attraktiv zu halten. Und das zu einer Zeit, in der Themen wie Klimawandel und saubere Energieerzeugung noch nicht so prominent in der Öffentlichkeit diskutiert werden wie heute. Wo sonst ist die topografische Lage für den Bau von Wasserkraftwerken so gut geeignet, wenn nicht in Tirol? Also beauftragt das Land Tirol den Landesenergieversorger TIWAG, die Optionen für den Bau von Wasserkraftwerken auszuloten. Schließlich werden kurz vor Weihnachten 2004 im sogenannten Optionenbericht 16 Varianten mit Standorten präsentiert, wo Tirol seine Potenziale zur Energiegewinnung noch stärker ausnutzen könnte. Was folgt, ist ein riesiger Sturm der Entrüstung. Das Florianiprinzip schlägt voll zu: Wasserkraft ja, aber nicht vor unserer Haustüre oder in unserem Tal, lautet das Credo. Umgesetzt wird praktisch nichts, bis auf die Erweiterung eines bestehenden Kraftwerks. Stattdessen wird später mit dem Ausbau des Gasnetzes zum Teil bis in die hintersten Winkel Tirols vorangetrieben und Gas über tausende Kilometer aus anderen Ländern ins Herz der Alpen importiert. Bei allen Bedenken, wie zum Beispiel dem massiven baulichen Eingriff in die Natur und der ökologischen Verträglichkeit, finde ich es persönlich sehr schade, dass wir in Tirol diese Chance in einem gesunden und verträglichen Ausmaß nicht richtig nutzen. Schuld am kritischen Meinungsbild trägt in hohem Maße das Auftreten der TIWAG. Ideen von Gemeinden für regionale Kleinwasserprojekte wie zum Beispiel im hinteren Ötztal werden vom Landesenergieversorger massiv (und rechtlich) bekämpft, um die eigenen Großprojekte durchzusetzen. Der geradezu überheblich agierende Stromversorger kommuniziert derart schlecht, dass der Reputationsschaden des Unternehmens bis in die Gegenwart anhält. Daher verstehe ich auch die vielen und massiven Bedenken in der Bevölkerung.

Van Staas größter politischer Erfolg ist mit Sicherheit der Bau des Brennerbasistunnels. Politik ist in diesem Fall nicht nur ein Bohren dicker Bretter, sondern das Bohren eines langen Tunnels. Ihm gelingt es, mit oft wenig Unterstützung aus Wien, etwas möglich zu machen, was viele lange Zeit für undenkbar halten: die Realisierung des größten Verkehrsprojekts Europas zur Entlastung der vom Transit geplagten Bevölkerung entlang der Inntalfurche und im Tiroler Wipptal. Van Staa gelingen hier zwei Dinge auf einen Schlag. Mit dem Projekt rücken Nord- und Südtirol weiter enger zusammen, und er beweist mit diesem Vorhaben, dass verantwortungsvolle Politik nicht bis zum nächsten Wahltag reicht, sondern über Generationen. Ich würde es Herwig van Staa wünschen, wenn er noch persönlich das Band zur Eröffnung durchschneiden und das Jahrhundertprojekt für den Bahnverkehr freigeben kann. Das hätte er sich verdient.

Es werden aber auch Fehler gemacht. Grobe Fehler. Das Thema Agrargemeinschaften – ebenfalls ein Tiroler Spezifikum, bei dem es um nicht weniger als die einstige Übertragung von gut einem Fünftel der Tiroler Landesfläche an sogenannte Agrargemeinschaften geht – holt die Tiroler ÖVP Jahrzehnte später ein. Die Brisanz wird von der Partei in ihrer emotionalen Bedeutung bei der Bevölkerung total unterschätzt. Gerade die ÖVP, die sich sonst immer das Thema Eigentum auf die Fahne heftet, gerät bei der Causa Agrargemeinschaften ordentlich ins Strudeln. Hier die, für die Partei wichtigen Bauern, dort die Gemeinden mit den vielen bürgerlichen Bürgermeistern, da ein tobender Fritz Dinkhauser, bekannt geworden als polternder Tiroler Arbeiterkammer-Präsident, später ÖVP-Parteiabspalter und Kandidat bei der Landtagswahl mit einer eigenen Liste. Ein toxischer Cocktail für die Tiroler Schwarzen.

Auch am Wahlsonntag lässt es sich der Landeshauptmann nicht nehmen, nach der Stimmabgabe sein Programm abzuspulen. Wir besuchen ein Schützenfest in Karres, im Bezirk Imst, mittags geht es weiter zum Stift Stams, wo die Landestrachtenwallfahrt auf dem Programm steht. Aus allen Teilen Tirols treffen hunderte Menschen ein. Den Nachmittag verbringt er mit seiner Familie bei sich zu Hause. Als erste Gemeindeergebnisse vorliegen, bekomme ich telefonisch aus Innsbruck eine erste Hochrechnung durchgegeben. Am Küchentisch notiere ich die Zahlen auf einen Zettel.

Es ist jener Küchentisch, an dem immer schon ab den frühen Morgenstunden Tirolerinnen und Tiroler Platz nehmen und van Staa oder seine Frau sich deren Sorgen und Anliegen anhören oder ihnen beim Ausfüllen von Formularen helfen. Das hat Tradition in diesem Haus, ist doch van Staas Frau Luise die Tochter des legendären Tiroler Landeshauptmanns Eduard Wallnöfer. Heute unvorstellbar: Van Staas Festnetznummer steht im Telefonbuch. Luise nimmt über den Tag Anrufe von besorgten Menschen entgegen. Manche rufen nur an, weil sie jemanden zum Reden brauchen. Wenn van Staa selbst daheim ist, nimmt er sich persönlich Zeit für die Gespräche am Telefon, meist mit wildfremden Menschen. Politik wie früher, denke ich mir, wenn ich ihn manchmal morgens abhole und schon „Gäste“ am Frühstückstisch sitzen, ehe wir wieder einmal zu einer Tour durch Tirol aufbrechen.

Wenn es ins Tiroler Außerfern oder nach Osttirol geht, dann muss immer das „normale“ Autokennzeichen des Dienstwagens durch das offizielle Tiroler Landeshauptmann-Kennzeichen „T 1“ ausgetauscht werden.

Es soll sichtbar sein und sich herumsprechen, wenn der Tiroler Landeshauptmann in einem der beiden etwas „abgelegenen“ Bezirke weit weg von Innsbruck unterwegs ist. Als wir wieder einmal in einem dieser Bezirke unterwegs sind, fahren wir zu einem Tourismustermin durchs Tannheimer Tal. Mitten in Tannheim müssen wir im Ort die Fahrt stoppen. Drei Kinder spielen auf der Straße. Van Staa hat für Kinder immer im Handschuhfach Andreas-Hofer-Münzen zum Verschenken dabei. Er spricht die Kinder an, und sie fragen ihn, wer er sei. Van Staa beginnt mit den Kindern ein Ratespiel. „Wisst ihr, was das ‚T 1‘ am Auto bedeuten könnte?“ Die Kinder grübeln. „Denkt mal scharf nach.“ Plötzlich scheint einer der Buben die Lösung gefunden zu haben und reißt wie ein Schüler im Unterricht seine Hand hoch. „Ich weiß es.“ „Na, da bin ich jetzt aber gespannt“, sagt der Landeshauptmann. „Es heißt ‚Tannheim 1‘“, sagt der Bub voller Überzeugung. Für ein paar Sekunden ist der Landeshauptmann sprachlos. Zuerst will er versuchen, das Nummernschild zu erklären, dann aber winkt er lachend ab, gibt dem Buben recht und schenkt allen dreien eine Münze inklusive Widmung.

Ich sitze immer noch am Küchentisch und habe fast wortlos die Zahlen aus Innsbruck entgegengenommen. Mir schnürt es den Hals zu, weil mir die undankbare Rolle zuteilwird, van Staa in Anwesenheit seiner Familie den Trend mitzuteilen. Ich betrete die Stube, und ich blicke in sein fragendes Gesicht. „Na, Hansi, was sagen die Zahlen?“ Bis heute nennt mich van Staa „Hansi“. Wie es zum Spitznamen gekommen ist, ist mir nicht mehr in Erinnerung, aber er stammt aus meiner Schulzeit und meinen Anfängen bei der Jungen ÖVP Tirol. „Herr Landeshauptmann, es wird ein Verlust von rund 10 Prozent“, sage ich mit zittriger Stimme. „Steht beim

Ergebnis zumindest noch der Vierer vorne?" „Aktuell schon, aber der Vierer wackelt." Mitzuerleben, wie ihm gerade seine größte politische Niederlage durch Haut und Knochen fährt, macht mich als junger Mitarbeiter sehr betroffen. Aber so ist das Spiel. Das ist Politik. Wahltage bringen immer Wahlgewinner und Wahlverlierer hervor. Und diesmal trifft es die Tiroler ÖVP und Herwig van Staa. Die Wählerinnen und Wähler bekommen an solchen Tagen immer nur die Bilder aus TV-Studios und Wahlkampfzentralen zu sehen. Was sich aber wirklich abspielt, was in den Wahlkämpfern und Spitzenfunktionären vorgeht, egal ob bei Sieg oder Verlusten, diese Bilder finden selten bis nie den Weg in die Öffentlichkeit. Vielleicht ist es auch besser so. Aber es sind genau diese buchstäblichen Augenblicke, die die Politik greifbarer, verständlicher und vor allem menschlicher machen würden.

Wie sehr der Satz „Feind, Todfeind, Parteifreund" im politischen Geschäft zutrifft, erlebe ich wenige Minuten später. Als innerhalb der Tiroler ÖVP die bevorstehende Wahlniederlage erste Kreise zieht, klingelt das Telefon im Hause van Staa. Es meldet sich ein hochrangiger, bereits pensionierter Landesbeamter und Hofrat, der einst im Jahr 1991 selbst versucht hat, Chef der Tiroler Volkspartei zu werden. Seine Beliebtheit bei der Parteibasis hielt sich in bescheidenen Grenzen, denn er brachte es damals von den 491 Delegiertenstimmen lediglich auf 17 Stimmen. Das hält den Hofrat und ehemaligen Gemeindeverbandspräsidenten dennoch nicht zurück, in der Stunde der Niederlage zum Hörer zu greifen und spöttisch van Staa und seiner Familie ein paar Dinge auszurichten. Wie niederträchtig und respektlos.

Als die Wahlniederlage mit der ersten Hochrechnung um 17 Uhr amtlich ist, sind wir bereits in Innsbruck. Es wäre nicht das erste Mal in den Reihen der Tiroler ÖVP, dass es zu einer „Nacht der langen Messer“ kommt. Es ist klar, dass nach so einem Wahlergebnis nichts sein wird wie bisher. Das Sonderbare: Ausgerechnet das engste Umfeld und enge Vertraute von van Staa in seiner eigenen Landesregierung fallen ihm in den Rücken. Als sich van Staa um 21.45 Uhr in einer Liveschaltung aus dem Landhaus den Fragen von Armin Wolf in einer ZIB Spezial stellt, bin ich der Einzige, der ihn noch begleitet.

Nach zwei Wochen und der Fixierung der Koalition mit der SPÖ übergibt van Staa das Amt des Landeshauptmanns und die Funktion des Tiroler ÖVP-Chefs an Innenminister Günther Platter. Platter ist jener Politiker, durch den ich 1999 bei der Nationalratswahl als freiwilliger Helfer meine erste überregionale Wahlkampfluft atme und in die Junge ÖVP eintrete. Bis zu seinem Rückzug als Landeshauptmann 23 Jahre später habe ich ihn in jedem Wahlkampf auf irgendeine Weise unterstützt. Ich fahre sogar extra von Wien nach Tirol, um bei Wahlkampfaktionen mitzuhelfen. Zu meiner Überraschung will mich Günther Platter nach van Staas Rücktritt als seinen Pressesprecher ins Landhaus holen. Fast zeitgleich erhalte ich ein Jobangebot aus Wien. Im Parlamentsklub der ÖVP wird ein Pressemitarbeiter gesucht. Bei einem Tirol-Besuch von ÖVP-Klubobmann und Altkanzler Wolfgang Schüssel sei ich positiv aufgefallen. Noch am gleichen Tag steige ich ins Auto und fahre nach Wien zu einem Gespräch.

Familiär wird das zur Herausforderung. Meine Frau, damals noch Freundin, ist im siebten Monat schwanger mit unserem ersten Sohn. Eigentlich soll sie in den kommenden Wochen von Deutschland zu mir nach Tirol ziehen. Doch plötzlich die Jobperspektive in Wien. Meine Frau weiß, wie leidenschaftlich und gerne ich in der Politik arbeite. Sie legt mir keine Steine in den Weg. Für uns beide ist aber klar, dass ein kompletter Umzug nach Wien nicht in Frage kommt, weil unser Kind auf dem Land und nicht in der Großstadt aufwachsen soll. Also bleibt mir nur eines übrig: Die Wochenendbeziehung mit meiner Frau wird fortgesetzt. Sie bleibt aufgrund ihres familiären Umfelds in Deutschland, und ich beginne Woche für Woche zwischen Wien und Stuttgart zu pendeln. Bis heute. Es sind mittlerweile an die 1200 Flüge geworden. Stolz bin ich auf diesen ökologischen Fußabdruck, von dem damals noch weniger die Rede ist als heute, nicht. Aber anders sind meine zwei Welten, die private in Deutschland und die berufliche in Österreich, nicht zu vereinbaren.

Mitte Juli 2008 verlege ich also meinen beruflichen Lebensmittelpunkt in die Bundeshauptstadt und meinen privaten in ein kleines 1000-Einwohner-Dorf in der Nähe der Daimler-Metropole Sindelfingen im deutschen Baden-Württemberg. Ein letztes Mal lade ich meine Mutter und meine zwei Schwestern zum Abendessen ein, bevor ich tags darauf von der 3500-Seelen-Gemeinde Umhausen im schönen Ötztal nach Wien aufbreche. Der Abschied fällt mir nicht leicht. Ich bin geprägt vom Dorfleben, bin bis heute Mitglied einer Reihe von Vereinen, und alle meine Freunde leben in dem Ort, wo ich meine Kindheit verbracht habe und aufgewachsen bin. Daheim zu sein, das ist für mich nach wie vor immer noch eines der schönsten Gefühle. Aber auf der anderen Seite ist da immer mein Wunsch, nach Wien zu gehen. Für meine Mutter ist es schwer loszulassen.

Durch den frühen Krebstod meines Vaters 1998 ist die Familie enger zusammengerückt. Ich bin sozusagen der einzige Mann im Haus. Mein Leben muss ich recht früh selbst in die Hand nehmen.

Mir wird leider kein großes Erbe in den Schoß gelegt, sondern Altlasten, die wir jahrelang gemeinsam Stück für Stück abtragen. Ich empfinde das rückblickend nicht als Belastung, sondern als einzigartige Prägung – dass man sich im Leben den Herausforderungen stellen und man immer etwas leisten und hart arbeiten muss.

Als ich mich am Abreisetag von meiner Mutter verabschiede, versuche ich meinen Wechsel nach Wien runterzuspielen und erkläre, dass Wien „ja nicht weit weg ist“. Mit Tränen in den Augen antwortet sie: „Ich weiß, dass du immer schon gehen wolltest und Wien dein großes Ziel ist. Pass auf dich auf und mach keinen Blödsinn.“ Der letzte Satz gehört wohl zum Standard-Vokabular einer verantwortungsvollen Mutter. Dass mich diese Aussage 13 Jahre später einholen wird, kann ich mir damals nicht annähernd vorstellen. Und so erwische ich mich heute oft dabei, wenn Zweifel aufkommen, bei der Frage, ob ich wirklich versagt und meine gesamte Familie enttäuscht habe.

Ein Jahr später heirate ich in Tirol. Herwig van Staa kommt zu unserer Hochzeit. Der Kontakt bleibt über die Jahre aufrecht, wenn auch nicht intensiv. Wenn wir uns sehen, kommt bei ihm immer ein breites Lächeln, gefolgt vom gewohnten „Jo, Haaansi, wie geht's dir? Was machen deine Kinder?“ So auch im Juli 2024, als ich ihn im Stift Stams treffe und über mein Buchprojekt einweihe. Herwig van Staa war ein Politiker vom alten Schlag. Seine menschliche Seite kam in der Öffentlichkeit leider zu kurz. Er war einer von den Guten.

„DU BIST DER ERSTE, DER ABSAGT“

Es ist ein warmer Tag Ende Mai 2017. Wie jeden Montag treffen sich am Nachmittag alle Pressesprecher aus der ÖVP, dem Parlamentsklub, den Teilorganisationen und den ÖVP-geführten Ministerien zur wöchentlichen Pressesprechersitzung. Das Format ist mir vertraut, seit meinem Start als Pressereferent im ÖVP-Parlamentsklub im Jahr 2008. Fast vier Jahre lang habe ich den Parlamentsbetrieb kennengelernt, ehe ich 2012 für zwei Jahre nach Innsbruck zurückgekehrt bin, um in einer Werbeagentur für die Tiroler ÖVP die Wahlkampagne für die Landtagswahl 2013 mit vorzubereiten. 2014 zog es mich schließlich wieder nach Wien. Seitdem sitze ich im Finanzministerium. Zuerst bei Finanzstaatssekretär Jochen Danninger und nun schon seit fast drei Jahren als zweiter Pressesprecher bei Finanzminister Hans Jörg Schelling.

Die Pressesprechersitzung ist die wöchentliche Abstimmungsrunde innerhalb der ÖVP. Ziel des Treffens ist, dass die Partei und die Ressorts bei ihren medialen Vorhaben aufeinander abgestimmt sind. Damit soll verhindert werden, dass zum Beispiel zwei Minister am gleichen Tag zur gleichen Zeit eine Pressekonferenz geben oder bei Querschnittsmaterien beziehungsweise ressortübergreifenden Themen koordiniert vorgegangen wird. Es gibt Phasen, da funktioniert dieses Ansinnen, und es gibt Zeiten, da ist jede Sitzung überflüssig, zumal jeder Pressesprecher in erster Linie „seinem“ Minister verpflichtet ist und jeder Sprecher darauf fokussiert ist, dass sein Chef medial am besten vorkommt.

Geleitet wird die Besprechung immer vom Kommunikationschef der Partei sowie dem Pressesprecher des Parteiobmanns beziehungsweise des ÖVP-Vizekanzlers. Ich habe also über die Jahre viele Kolleginnen und Kollegen an der Spitze dieses Sitzungsformats kommen und gehen sehen.

Das Setting ist an diesem Tag anders. Eröffnet wird die Sitzung nicht mehr vom Sprecher des zurückgetretenen Parteiobmanns und Vizekanzlers Reinhold Mitterlehner, sondern von Gerald Fleischmann. Fleischmann kenne ich schon seit einigen Jahren, habe aber nie direkt oder intensiv mit ihm zu tun gehabt. Er ist Sprecher von Außenminister Sebastian Kurz. So läuft man sich gelegentlich montags bei der Sprechersitzung über den Weg, wo über ein „Servus" hinaus selten weitere Worte gewechselt werden.

Sebastian Kurz hat wenige Wochen zuvor mit einem 7-Punkte-Plan als Bedingung die Volkspartei übernommen. Dieser Plan ist, rückblickend betrachtet, revolutionär und gibt der Volkspartei nicht nur einen neuen Anstrich, wie manche Kritiker und Zyniker meinen, sondern auch in der Substanz als Organisation einen enormen Modernisierungsschub. Durchgriffsrecht für den Parteiobmann, Letztbefugnis bei Listenerstellung oder Regierungsbildung, Reißverschlussprinzip bei Kandidatenreihungen. In Zukunft werden also Listen abwechselnd mit Frauen und Männern besetzt. Und das in der bisher von den Ländern und Männern dominierten Volkspartei. Wie wohltuend und erfrischend.

Man befindet sich gerade in der Phase der ersten Wahlkampfplanungen, der Vorbereitung des Parteitages am 1. Juli in Linz mit der offiziellen Kür von Kurz zum neuen Parteiobmann, und man beschäftigt sich mit der Frage, wie die Regierungsarbeit unter anderen Vorzeichen überbrückt wird. Mitterlehner ist weg, Kurz neuer Parteichef und Justizminister Wolfgang Brandstetter wird bis zur Wahl und der Bildung einer neuen Regierung das ÖVP-

Regierungsteam als Vizekanzler unter Bundeskanzler Christian Kern anführen.

Mit dem Rücktritt von Reinhold Mitterlehner und der Übernahme der ÖVP-Obmannschaft von Sebastian Kurz geht auch auf Mitarbeiterebene ein Ruck durch die Reihen. Ja, sogar Erleichterung. Der Frust ist weg und die gestiegene Motivation kann man überall spüren. Ob es nur dem Zufall geschuldet ist oder strategisch geplant war, Fleischmann verlegte jedenfalls ab dem ersten Tag in seiner Verantwortung diese wöchentliche Sitzung von der ÖVP-Zentrale in der Wiener Lichtenfelsgasse direkt ins Café Pavillon im Wiener Volksgarten mit Blick auf das Bundeskanzleramt. Bei einem SoZi (Soda-Zitron) oder Radler lässt sich die aktuelle politische Lage und die operativen Dinge gleich besser diskutieren als in einem stickigen Sitzungsraum im Moloch namens ÖVP-Bundespartei. Moloch deshalb, weil man als Mitarbeiter angesichts der schlechten Atmosphäre in der ÖVP um diese Zentrale gerne einen Bogen machte.

Für mich ist zu diesem Zeitpunkt die weitere Lebensplanung eine völlig andere. Als ich mit Arbeitskollegen am 10. Mai 2017 im Finanzministerium im Pressebüro vor dem großen TV-Bildschirm stehe und die Rücktrittsrede von Reinhold Mitterlehner mitverfolge, werden meine persönlichen Vorhaben durchkreuzt. Eigentlich wollte ich bis zum Ende der regulären Legislaturperiode Ende 2018 im Finanzministerium bleiben und mich dann in die Privatwirtschaft verabschieden. Erste Bewerbungen sind geschrieben, und mit einigen deutschen Unternehmen befinde ich mich bereits in Kontakt. Sollte sich früher etwas ergeben, würde ich auch vorzeitig abspringen. Nun bin ich gezwungen, dieses Vorhaben tatsächlich ein Jahr vorzuziehen. Ich will aus mehreren

Gründen das politische Geschäft verlassen. Erstens bin ich schon lange genug in der politischen Kommunikation tätig, zweitens will ich die Gelegenheit nutzen und einen Neustart in Deutschland versuchen. Die wöchentliche Pendlerei zwischen Stuttgart und Wien ist nämlich nicht nur für meine Familie eine Belastung, sondern setzt auch mir persönlich immer wieder zu. Und drittens ist die ÖVP zu diesem Zeitpunkt dabei, sich bei mir als politische Heimat zu verabschieden. Der ständige großkoalitionäre Zwist, der Stillstand und die basarähnlichen Tauschgeschäfte in der Regierung sind nicht meins. Die ÖVP ist nur noch Erfüllungsgehilfe der roten Kanzlerpartei, verliert immer mehr an Profil und opfert am Altar des Machterhalts ihre eigenen Positionen. Der Zuspruch in der Bevölkerung schwindet, der letzte Sieg bei einer Wahl im Bund oder auf Landesebene liegt lange zurück, und auch ich kann mit diesem Kurs unter Mitterlehner wenig anfangen. Mit Ausnahme des Wahlsiegs von Wolfgang Schüssel bei der Nationalratswahl 2002 gehöre ich zur „Generation Wahlniederlage“. Aber so schlimm wie in den Jahren 2016 bis Mitte 2017 ist die Stimmung in der Partei noch nie gewesen. Jeder weiß und spürt es – in der Partei, in den Ministerien, in den Ländern und auf Funktionärsebene in den Gemeinden –, aber niemand spricht es klar und deutlich aus: So kann es nicht weitergehen, eine Veränderung ist dringend notwendig.

So endet an diesem schönen Montag im Mai die Pressesprechersitzung wie üblich nach rund einer Stunde. Auf dem Rückweg ins Finanzministerium klingelt mein Handy. Am Display leuchtet der Name von Gerald Fleischmann auf. Sein Anruf überrascht mich, weil er mich selten bis nie anruft und wir bisher keine inhaltlichen Berührungspunkte hatten. Er hält sich kurz und knapp und kommt gleich zur Sache. „Wir brauchen im Wahlkampf einen Pressesprecher für Sebastian und hätten gerne dich in dieser Funktion."

Ich entgegne ihm, dass ich gerade von ihm etwas überrumpelt werde, ich mit meiner Zeit in der Politik abgeschlossen habe und im Begriff bin auszusteigen. Außerdem habe ich bisher noch wenig mit Sebastian Kurz zu tun gehabt, kenne ihn wie der Rest des Landes auch nur aus den Medien, mit Ausnahme von ein paar wenigen Begegnungen bei Parteiveranstaltungen oder Ministerratssitzungen, wo es über ein Händeschütteln hinaus nie zu einem näheren Kennenlernen kam. Nur zweimal laufen wir uns in kleinerer Runde über den Weg. Beim After-Work-Drink mit Arbeitskollegen aus dem Finanzministerium ist auch seine Freundin Susanne dabei. Beide Male kam er am Abend von einer Auslandsreise zurück und holte sie ab. Dort wurden ein paar Worte getauscht. Ich lehne daher umgehend das Angebot ab. Fleischmann lässt nicht nach und meint, ich solle doch bitte zumindest eine Nacht darüber schlafen.

Im Finanzministerium spiele ich sofort mit offenen Karten. Als ich meinen unmittelbaren Vorgesetzten im Kabinett, Kabinettschef Thomas Schmid, darüber unterrichte, weiß er bereits von der Abwerbe-Absicht des Kurz-Teams Bescheid. Das ist nichts Ungewöhnliches, da bei solchen Personalwechseln immer eine Ebene höher „vorgefühlt" wird. Schmid ist wenig begeistert, dass ich das BMF verlasse, und dies möglicherweise sogar recht zügig. Das Presseteam des Ministers ist gerade am Zerfallen, weil auch die Kollegin aussteigen möchte. Er wirkt daher anfangs auf mich ein, das Angebot abzulehnen und abzusagen. Finanzminister Schelling sieht es pragmatisch und meint, dass es für meine persönliche

Weiterentwicklung auch eine gute Chance wäre, mich zu beweisen; er aber die Entscheidung mir alleine überlasse.

„Bist du dir sicher, dass du das nicht machen möchtest?", meint meine Frau am Telefon. Ich frage sie, was das soll. Ob sie nicht will, dass ich endgültig die Zelte in Wien abbreche, nach neun Jahren das wöchentliche Vielfliegerprogramm ad acta lege und endlich nach Hause komme – ganz nach dem Motto: Friends and Family statt Miles and More. Außerdem heißt Wahlkampf noch mehr Arbeit und noch weniger Familienleben. „Ich kenne dich", meint sie in ihrer oft trockenen und ungeschminkten Analyse. Sie kennt mich wirklich, dennoch bleibe ich skeptisch.

Eine schlaflose Nacht vergeht, bis am nächsten Tag Gerald Fleischmann einen neuen Anlauf nimmt. Ich bleibe weiter hart. Woran es liegt, bohrt Fleischmann nach. „An der Bezahlung?" – „Nein", erwidere ich. „Oida, an was dann? Wir haben die Chance, eine Wahl zu gewinnen, und du kannst Teil des Erfolgs werden! Wann hast du das letzte Mal eine Wahl gewonnen?", wird Fleischmann leicht pathetisch und hat eigentlich nicht ganz unrecht.

Wenig später „eskaliert" meine Absage eine Stufe nach oben. Diesmal habe ich Axel Melchior am Ohr, der bereits in der ÖVP-Bundespartei seine neue Rolle als Bundesgeschäftsführer eingenommen hat. „Du, Frischi, möchtest du der erste Mitarbeiter sein, der uns absagt?" Der Einser-Schmäh von Melchior zieht plötzlich bei mir. Es bleibt aber weiter bei einem unverbindlichen Gespräch. Als letzte Waffe wird auch noch Kurz' Freundin Susanne auf mich angesetzt. Wir kennen uns aus dem Finanzministerium und verstehen uns gut. Sie arbeitet in der Abteilung Öffentlichkeitsarbeit, und somit haben wir auch bei Pressekonferenzen, Presseaussendungen oder Veranstaltungen immer wieder miteinander zu tun.

Bis ich überhaupt mitbekomme, dass Susanne die Freundin von Sebastian ist, vergehen im Ministerium bestimmt zwei Jahre der gemeinsamen Zusammenarbeit.

Wir treffen uns im Treppenhaus des erst vor wenigen Jahren komplett renovierten Ministeriums zwischen der Johannesgasse und der Himmelpfortgasse im ersten Wiener Bezirk.

Sie meint, dass sie sich nie einmische, aber nun habe sie Sebastian aus einer Sitzung angerufen und nachgefragt, was mit mir los sei. Er bittet sie, mit mir nochmals zu sprechen. Ich merke, dass die Last immer größer wird. Innerlich spüre ich, dass es absolut gegen meine Prinzipien geht, wenn ich die verbleibenden Monate bis zur neuen Regierung im Finanzministerium nur die Zeit absitze, während gleichzeitig erstmals die Möglichkeit besteht, nach 15 Jahren die ÖVP wieder zur Nummer 1 zu machen. Warum also nur als Zaungast zuschauen und nicht mithelfen, damit Sebastian Kurz die Wahl gewinnt? Es ist weniger die Aufbruchsstimmung rund um Kurz, die mich bei meiner Entscheidung ins Wanken bringt, sondern vielmehr der Gedanke, dass die SPÖ durchaus bei der Wahl das Kanzleramt verlieren könnte. Die jahrelange Demütigung als Juniorpartner in der Regierung hat auch bei mir Spuren hinterlassen. Sowohl was die inhaltliche Arbeit betrifft als auch die Art der (Regierungs-)Kommunikation, von der ich felsenfest überzeugt bin, dass man sie um Welten besser machen kann.

Alle drängen mich, und am besten sollte ich gleich in der darauffolgenden Woche meine Arbeit in der ÖVP-Bundespartei aufnehmen. Der Haken an der Sache ist, dass meine Frau gerade dabei ist, die Koffer für den Urlaub zu packen. Seit Jahren nutzen wir an Pfingsten die zweiwöchige Ferienzeit in Baden-Württemberg für den Familienurlaub. Trotz der Dringlichkeit bestehe ich auf meinen Urlaub, der schon seit Monaten gebucht ist. Das Reiseziel ist immer gleich. Ein Campingplatz in Südfrankreich.

Ungefähr zur gleichen Zeit bekomme ich aus Tirol mehrere Anrufe, bei denen mir ÖVP-Funktionäre anbieten, dass ich selbst als Kandidat für die Nationalratswahl ins Rennen gehen soll. Meine Bezirkspartei, eine starke ÖVP-Teilorganisation sowie die Landespartei würden diese Idee unterstützen, wird mir signalisiert. Es klingt verlockend, und ich höre mir die Gespräche an. Allerdings merke ich sofort, dass ich lediglich als Kandidat zur Verhinderung eines anderen Kandidaten dienen soll, der eigentlich schon am Sprungbrett steht. Da dieser aber schon mehrmals in der Partei durch Anecken aufgefallen ist, hat er nicht nur Freunde in der Tiroler ÖVP. Wir beide kennen uns schon seit vielen Jahren und klären die Sachlage direkt. Nur anzutreten, um jemand anderen zu verhindern, ist nicht mein Zugang. Außerdem, und davon bin ich heute noch fest überzeugt, hat sich der andere Kandidat aus meiner Nachbargemeinde die Nominierung und das Mandat verdient, weil er über die Jahre ein fleißiger Kämpfer für die ÖVP war. Auch Kurz selbst unterstützte seine Kandidatur.

Bevor wir Freitagabend Richtung Süden aufbrechen, berate ich das Jobangebot noch einmal mit meiner Frau. Das erste Mal, seit ich in Wien arbeite, stellt sie mir eine Bedingung: „Egal wann ihr wählt und was passiert, am 15. September ist die Einschulungsfeier von Leo. Da bist du daheim, sonst gibt's Ärger!" Schließlich sage ich nach fünf Tagen der Abwägung zu und werde Ende Juni für die Wahlkampagne 2017 Pressesprecher des Spitzenkandidaten Sebastian Kurz, ohne jemals zuvor mit ihm darüber gesprochen zu haben. Der Urlaub in Südfrankreich ist schön, nur habe ich mehr das Handy in der Hand als die Schaufel zum Sandburgenbauen.

ES IST ZEIT!

Braun gebrannt und voller Motivation, trete ich am 26. Juni 2017 meinen neuen Job als Pressesprecher von Kurz in der ÖVP-Zentrale an. Meine Wohnung im 8. Bezirk liegt nur ein paar Straßen hinter der Lichtenfelsgasse, sodass ich von nun an jeden Tag zu Fuß zur Arbeit gehen kann.

Damit am ersten Arbeitstag alles reibungslos abläuft, fliege ich bereits am Sonntagabend von Stuttgart nach Wien. Gut ausgeschlafen und mit den Kopfhörern in den Ohren, laufe ich kurz nach sieben Uhr morgens die Josefstädterstraße zur 2er Linie hinunter. Wie üblich höre ich mir das Ö1-Morgenjournal an. An diesem Morgen drehen sich die Nachrichten im Radio um die gescheiterte Bewerbung von Peter Pilz für ein erneutes Nationalratsmandat bei den Grünen. Von den eigenen Parteifreunden wurde ihm am Wochenende am Grünen-Bundeskongress nach 31 Jahren Abgeordnetentätigkeit eine Wiederkandidatur verwehrt. „Pilz hat sich für den vierten Platz auf der Bundesliste beworben – und gegen Jugendsprecher Julian Schmid verloren. Dass das wehgetan hat, das war Pilz anzumerken“, sagt die Stimme des Moderators im Radio. Der Bruch von Pilz mit den Grünen war also da. Ein Klassiker, denke ich mir. Bei jeder Wahl spielen sich im Vorfeld von Listenerstellungen immer irgendwelche Dramen, Macht- und Rangkämpfe ab. Eigentlich schön, so etwas auch mal bei den Grünen mitzubekommen, die sonst immer in solchen Fällen mit den Fingern auf andere zeigen und vermitteln wollen, dass unter Grün stets alles in Eintracht, Harmonie und Nächstenliebe abläuft. Diesmal nicht, und sie werden diese Entscheidung wenige Monate später noch ordentlich zu spüren bekommen.

Vertieft in die Morgennachrichten, werde ich vom Klingelton eines eingehenden Anrufs herausgerissen. Überraschend früh meldet sich schon ein erster Innenpolitik-Journalist. Ich nehme den Anruf freundlich an. Zu meiner Verwunderung gratuliert mir die Stimme am Handy zu meinem neuen Job. „Gute Entscheidung. Vom Kurz-Team und von dir." Ich bin etwas überrascht, weil mein Wechsel noch nicht medial bekannt ist und mir generell am liebsten gewesen wäre, dies überhaupt nicht zu kommunizieren. Meinen eigenen Namen mit Foto irgendwo zu sehen oder zu lesen, war mir immer schon unangenehm. Ich bin aber Realist genug, um zu wissen, dass mein neuer Job natürlich für die Polit-Bubble ein Thema ist und es dazu Meldungen geben wird. Spätestens wenn mich im Finanzministerium ein Journalist mit einer Medienanfrage erreichen möchte, ich aber nicht mehr im Dienste des Ministeriums stehe, ist die Sache bekannt. Und umgekehrt muss ich auch in meiner neuen Funktion täglich mit Journalisten und Medienvertretern zusammenarbeiten. Trotzdem wundere ich mich, dass die Geschichte meiner neuen Aufgabe schon „Füße bekommen hat", noch bevor ich meine eigenen zwei in die Parteizentrale gesetzt habe. Für jemanden, der die politmediale Wiener Szene kennt, ist meine Überraschung natürlich etwas naiv.

Der „Moloch" ist also für die nächsten Monate mein neuer Arbeitsplatz. Etwas unsicher stehe ich vor der elektrischen Glasschiebetür am Eingang. In Erinnerung sind mir die düsteren Bilder und das schlechte Klima der Monate zuvor. Jetzt soll ich da drinnen arbeiten. „Habe ich wohl richtig entschieden?", kommen kurz Zweifel auf. Ein Zurück gibt es eh nicht mehr, also stürze ich mich hinein in das Gebäude und werde gleich am Empfang von einer freundlich lächelnden Dame willkommen geheißen.

Die Scheiben sind bereits im neuen türkisen Look beklebt. Erste Plakate des neuen Parteiobmanns hängen an den Wänden, und trotz der frühen Uhrzeit halten sich schon eine Reihe von jungen Leuten in der Parteizentrale auf. Stockwerk für Stockwerk arbeite ich mich bis ganz nach oben durch und laufe immer wieder Mitarbeitern entgegen. Der Moloch ist verschwunden. Er hat sich in einen lebhaften Maschinenraum mit einem überaus mitreißenden Arbeitsklima verwandelt. Der Zulauf freiwilliger Helfer und Mitarbeiter wird in den darauffolgenden Wochen derart zunehmen, dass Schreibtische in die Gänge gestellt werden müssen, um alle irgendwie unterzubringen. In jedem Stockwerk ist etwas los. Dort die Freiwilligenbewegung, hier die Social-Media-Leute, da das Marketing und wieder woanders Seniorenvertreter beim gemeinsamen Befüllen von Wahlwerbematerialien mit Mitgliedern der Jungen ÖVP. Das rege Treiben in der Bundespartei erinnert mich an die bekannten Wimmelbücher für Kinder. Auf jeder Seite werden spannende Geschichten erzählt, und es wimmelt nur so von Menschen. So ist es auch in den Sommermonaten 2017 in der Lichtenfelsgasse 7 – vom Erdgeschoss bis zu den Dachschrägen im 6. Stock –, wo auch ich mein neues Büro beziehe.

Der Empfang in der Presseabteilung fällt allerdings etwas ernüchternd für mich aus. Als Einzige im Büro sitzt um diese Uhrzeit eine junge Dame, die gerade dabei ist, das Ö1-Morgenjournal zu transkribieren, eine sehr mühsame Arbeit. Wie es sich gehört, gehe ich zu ihr hin, strecke meine rechte Hand aus und stelle mich vor. Mir kommt nur ein verwirrter Blick der jungen Frau entgegen, mit dem Nachsatz, ich solle doch bitte gehen, weil sie habe zu tun. Puh, was für eine Abfuhr, aber irgendwie cool, finde ich. Die nimmt ihren Job sehr ernst. Also gehe ich in mein Büro nebenan und breite meine Sachen aus. Aus dieser ersten Begegnung mit der Mitarbeiterin wird später eine enge Zusammenarbeit. Ihr Arbeitseifer und ihre Genauigkeit beeindrucken mich, und ich versuche, sie so weit es geht zu unterstützen, bis Caro Göschl schließlich dreieinhalb Jahre später im Januar 2021 zur Pressesprecherin von Arbeits- und Wirtschaftsminister Martin Kocher aufsteigt.

Viel Verschnaufpause bleibt mir nicht, denn spätestens seit der Neuwahlankündigung von Sebastian Kurz Mitte Mai ist die Betriebstemperatur im politischen Wien schon sehr stark angestiegen. Das Klima ist bereits vor Beginn des Intensivwahlkampfes sehr aufgeheizt, wenn nicht sogar vergiftet. Kein Wunder, denn es gab schon Anfang 2017 erste Medienberichte, wonach das Privatleben von Sebastian Kurz vom politischen Mitbewerber ausspioniert werden würde.[4] Dafür verantwortlich soll Tal Silberstein sein. Ein altbekannter Dirty Campaigner, dem es in Wahlkämpfen nicht um die Sache, sondern um Grauslichkeiten geht. Gerüchte machen die Runde, dass er auf einem Ticket der SPÖ oder der NEOS aktiv sei und den Nationalratswahlkampf ordentlich aufmischen und durcheinanderbringen soll. Das gelingt ihm auch. Allerdings sehr zum Schaden seines Auftraggebers, der SPÖ.

Gleich um 8:00 Uhr erreicht mich mein erster Arbeitsauftrag. Zwar habe ich noch keinen Zugang zum PC, aber für Stefan Steiner ist das kein Hindernis, gleich mit mir loszulegen. Er ist neben Elli Köstinger der zweite Generalsekretär und für die Strategie und das Wahlprogramm zuständig. Es ist mein erstes Telefonat mit ihm. Ab diesem ersten Arbeitstag sollen es dann wohl hunderte, wenn nicht mehr Telefonate werden. Er hält sich immer knapp und bestimmt. Steiner gratuliert mir mit ein paar kurzen Worten zur neuen Aufgabe und kommt gleich zur Sache. Arbeit eben. In den darauffolgenden Wochen gehe ich mit Steiner gefühlt mehr oder weniger schlafen und wache mit ihm wieder auf. Der Kontakt und die Abstimmungsrunden mit ihm sind sehr intensiv, und von Anfang an beruht diese enge Zusammenarbeit auf gegenseitigem Vertrauen und Wertschätzung. Von Beginn an verstehen wir uns gut, obwohl wir zuvor nie etwas miteinander zu tun hatten. Wir ergänzen uns mit unseren jeweiligen Aufgabenfeldern und Expertisen sehr gut. Der promovierte Jurist lebte zehn Jahre in Istanbul. Er redet also nicht nur über fremde Kulturen und die Herausforderungen der Integration, sondern hat sie selbst erlebt. Später erkennen wir einige Parallelen in unserem Privatleben. Wir beide interessieren uns sehr für Fußball, sind an den Wochenenden gerne auf dem Land und hören in den vielen Telefonkonferenzen, dass im Hintergrund Kinder spielen. Wir sind also beide Familienmenschen.

Was ich immer bei der Arbeit brauche, das ist Kaffee. Und zwar in großen Mengen. Das Frühstück spare ich mir immer. Der ungesunde Lebensstil setzt sich über den ganzen Tag fort. Ein übliches Phänomen in der Politik. Man hat kaum Zeit, in Ruhe eine Mahlzeit einzunehmen. Also mache ich mich am frühen Vormittag im 6. Stock auf die Suche nach der Kaffeemaschine. In der kleinen Teeküche, wenige Meter von meinem Büro entfernt, lerne ich einen neuen Mitarbeiter kennen, der ebenfalls seinen ersten Arbeitstag hat. Es ist Peter L. Eppinger, österreichweit bekannt als Ö3-Radiomoderator und in Zukunft der Sprecher der Bewegung rund um Sebastian Kurz.

Die erste Arbeitswoche ist keine Phase der Einarbeitung, sondern bereits die volle Dröhnung Wahlkampf. Vor 22:00 Uhr verlasse ich nie das Büro. Das wird auch den restlichen Sommer so bleiben und noch zunehmen.

Gleich am ersten Wochenende findet der Parteitag in Linz statt, bei dem Kurz offiziell zum Parteiobmann gewählt werden soll. In Linz beginnt's auch für Kurz und mich – es kommt zu unserer ersten persönlichen Begegnung in meinem neuen Job.

Am Vorabend des Parteitages erfolgt die Generalprobe im Design Center. Mit Kurz wird der Ablauf durchgegangen, und er macht am Rednerpult eine Stimm- und Redenprobe. In der Halle, die für über 1.000 Gäste bestuhlt ist, befinden sich nur eine Handvoll Leute. Techniker, Regie sowie das engste Team von Kurz. Ich bin der Neuling, halte mich dezent zurück und nehme in einer der ersten Stuhlreihen vor der Bühne Platz und beobachte wortlos die Abläufe und Anweisungen der Regie. Als Kurz mich während seiner Redeprobe erblickt, unterbricht er die Probe und geht auf Axel Melchior zu, der sich ein paar Meter daneben aufhält. Beide tauschen ein paar Worte und dann setzt Kurz am Rednerpult fort. Später erklärt mir Melchior, dass Kurz mich nicht sofort erkannt habe und etwas misstrauisch wurde, dass plötzlich jemand im Saal sitze, den er nicht kenne.

Am späteren Abend findet in einem Hotel neben dem Design Center ein „Get-together" mit allen Mitarbeitern statt. Erste Delegierte aus den Bundesländern treffen ebenfalls bereits ein. Der Aufbruch ist schon am Abend spürbar. Kurz beobachtet mich, er umkreist mich wie ein Satellit, bis er schließlich auf mich zugeht. „Du bist also Frischi. Cool, dass du mitmachst. Willkommen im Team." Dass wir uns 2017 kaum kennen, will heute niemand so richtig glauben. Es ist aber so.

Es dauert im Wahlkampf dann doch ein paar Wochen, bis ich sein Vertrauen richtig gewinne. Es beginnt mit Anrufen, bei denen er von mir Einschätzungen zum Wahlkampf und zur medialen Lage haben möchte. Ich merke, dass es ihm nicht um eine oberflächliche Meinung geht, sondern dass er oft sehr detailliert die Informationen von mir haben möchte.

Eine Umstellung ist für mich allerdings der Ton und der Stil. Im politischen Wettbewerb neigt man dazu, schlecht über den politischen Mitbewerber zu reden – ein Unding. Das mag weniger eine Charakterschwäche jedes einzelnen Akteurs sein, sondern liegt wohl eher daran, dass sich das politische Klima in Österreich, auch vor allem durch den Vormarsch der FPÖ, in den vergangenen Jahren verschlechtert hat. Und selbstverständlich leisten auch die beiden alten Großparteien SPÖ und ÖVP in der Regierung ihren erheblichen Beitrag dazu, dass im täglichen Wettbewerb die Grenzen des gegenseitigen Respekts immer mehr überschritten und der Ton schärfer und härter wurde. Ich selbst bin im Finanzministerium mehr oder weniger in diesem Stimmungsfeld aufgewachsen, ja geradezu sozialisiert. In der großen Koalition habe ich selbst erlebt, wie SPÖ und ÖVP miteinander und übereinander gesprochen haben. Für Medien natürlich ein Genuss, die jeden Disput und Konflikt herzlich aufnehmen und genüsslich ausschlachten. Und selbst hat man dazu wenig beigetragen, dass sich das ändert. Weil das einfach normal war und sogar erwartet wurde. Innerlich hat mich diese Art der Arbeit aber immer geärgert.

Unter Kurz ist das anders. Es ist seine Vorgabe, dass über niemanden schlecht geredet wird. In der Sache und Argumentation immer hart sein, für Positionen und Überzeugungen kämpfen und werben, aber das gegenseitige verbale Anschütten soll der Vergangenheit angehören. Bei Kurz habe ich das Gefühl, dass ihm das gar nicht so schwerfällt. So ist auch sein Naturell nicht, wie ich über die Jahre feststelle. Sich mal kurz ärgern, ja, aber Hasstiraden von sich geben, wie wir sie mittlerweile nahezu täglich erleben, nein, das gab und gibt es bei Kurz nicht. Heute frage ich mich manchmal, ob er zu nobel in Debatten mit seinem Gegenüber umgegangen ist und nicht öfter hätte auf den Tisch hauen und im Ton lauter werden sollen. Aber so war und ist er nicht.

Für mich, der zum damaligen Zeitpunkt oft gereizt reagiert, wenn wieder mal freche und respektlose Kommentare von anderen Mitbewerbern über Kurz und die ÖVP daherkommen, ist das in der Tat ein Prozess der eigenen Disziplinierung. Aber es fühlt sich besser an. Die negative Energie im politischen Geschäft macht bei uns im Team und der Partei Platz für positive Aufbruchstimmung. Und die hat nicht nur die Partei, sondern ganz Österreich nach dem großkoalitionären Stillstand und Hickhack der letzten Jahre bitter notwendig.

Dennoch befindet sich Österreich im Sommer 2017 in einem beinharten Wahlkampf, der nicht mit fairen und ehrlichen Mitteln geführt wird. Von allen Seiten kommen die Einschläge, und wir sind immer mehr damit beschäftigt, diese abzuwehren, statt einen klassischen Wahlkampf führen zu können. Aus verlässlichen Quellen wissen wir im Team, dass im Umfeld der SPÖ Tal Silberstein aktiv ist und im Hintergrund an einer Schmutzkübelkampagne gegen Sebastian Kurz arbeitet. Aber niemand will uns so richtig glauben. Zum Teil werde ich von Journalisten am Telefon lächerlich gemacht, wenn ich versuche, ihnen die Sache zu erklären. „Geh, hört doch endlich mit dem Silberstein auf", ist oft die Antwort.

In unserem Pressebüro sticht ein junger Mitarbeiter hervor, der sich in Recherchen voll reinkniet und nützliche Dinge für den Wahlkampf entdeckt. Fast schon etwas schüchtern steht der damals 22-Jährige bei mir im Büro und meint, er habe im Internet ein nützliches Video von Tal Silberstein entdeckt. Es zeigt ihn in einer US-Dokumentation „Our Brand is Crisis“ über den Präsidentschaftswahlkampf in Bolivien, wo Silberstein Dirty Campaigning, also Schmutzkübelkampagnen, wörtlich so erklärt: „Du musst aus einem guten Kandidaten einen schlechten machen.“ – „Bingo“, sage ich. Aber wir lassen das Video vier Wochen ungenutzt in der Schublade liegen. Der Zeitpunkt dafür wird noch rechtzeitig kommen. Der Mitarbeiter liefert im Wahlkampf noch weitere interessante Rechercheergebnisse und fällt auch sonst durch sehr gute Arbeit auf und wird zu einem allseits geschätzten Teil des Medienteams. Als zweieinhalb Jahre später die türkis-grüne Koalition angelobt wird, rufe ich ihn an und teile ihm mit, dass die neue Kanzleramtsministerin Karo Edtstadler einen Pressesprecher sucht. Zunächst etwas sprachlos, nimmt er das Angebot an. Heute besteht zwischen Viktor Niedermayr und mir eine berufliche Freundschaft.

Als sich Mitte August die Meldung verbreitete, dass in Israel Tal Silberstein wegen des Verdachts der Geldwäsche verhaftet wurde,[5] änderte sich die Meinung auch bei Teilen der Medien. Der „Gamechanger“ im Wahlkampf war da. Die SPÖ gerät gehörig in Erklärungsnot, bis ihr nichts anderes übrig bleibt, als sich von Silbersteins Diensten rasch zu trennen. Bis dahin ist aber noch gar nicht genau bekannt, wofür Silberstein im Wahlkampf der SPÖ eigentlich verantwortlich ist.

Die Causa Silberstein bleibt bis zum Wahltag zwei Monate

später wie ein dunkler Schatten über der SPÖ liegen. Das Thema bekommen die Sozialdemokraten nicht mehr weg. Es führt sogar dazu, dass der SPÖ-Bundesgeschäftsführer zwei Wochen vor der Wahl das Handtuch schmeißt und zurücktritt. Ein Desaster in der Endphase eines Wahlkampfes, bei dem es für die SPÖ um nichts Geringeres als die Verteidigung des Kanzleramtes geht. Die SPÖ muss schließlich eingestehen, für die Dienste von Tal Silberstein über eine halbe Million Euro ausgegeben zu haben.[6] Wir versuchen aber dennoch, so weit wie möglich unseren Wahlkampf durchzuziehen.

Als Anfang September eine einwöchige Wahlkampftour mit dem Bus durch Österreich ansteht, werde ich als Begleitung von Kurz eingeteilt. Ich spreche mich dagegen aus, weil die Heftigkeit des Wahlkampfes derart zugenommen hat, dass ich es für besser erachte, in Wien zu bleiben und dort die Stellung zu halten. „Es ist der Wunsch von Sebastian, dass du ihn begleitest. Du und kein anderer", erklärt mir Axel Melchior.

In dieser Zeit im Bus gewöhnt sich Kurz an mich und ich noch viel mehr an ihn. Es dauert nicht lange, bis ich verstehe, was er von mir erwartet, auf welche Dinge er Wert legt und wie die Arbeit im Team funktioniert. Ihm ist die genaue Aufgabenteilung wichtig. Jeder hat Zuständigkeiten. Lisa Wieser, die langjährige Hüterin seines Terminkalenders, ist auch bei der Bustour dabei und hält den Kontakt ins Ministerium. Sie weicht nicht von seiner Seite. Ich hingegen halte mich bei seinen Auftritten stets im Hintergrund und kümmere mich um die medialen Dinge und telefoniere viel. Dennoch sucht er oft den Blickkontakt. Ein einfaches Nicken von mir wird seither zur gewohnten Reaktion, um ihm zu signalisieren, dass alles in Ordnung ist.

Es vergeht kein Termin, bei dem er nicht in den Bus zurückkehrt und von mir ein Update vom Wahlkampfverlauf und den Entwicklungen in Wien haben will. „Frischi, wie schaun wir aus?“, wird über die vielen Jahre zum zentralen Satz, wenn er von mir wissen will, was sich medial tut. So arbeiten wir uns tagelang durch ganz Österreich durch. Wir kommen an Orte und Plätze, die ich vorher noch nie gesehen habe. Es ist eigentlich ein Privileg, wenn man einmal quer durch alle Bundesländer fahren und die unterschiedlichen Landschaften, Regionen und Menschen kennenlernen darf. Bei dieser „Aufbruch-Tour“, wie sie marketingtechnisch genannt wird, spulen wir mit dem Wahlkampfbus tausende Kilometer ab.

Es wird nicht bei der einen Österreich-Tour bleiben. Der Zuspruch ist jedenfalls schon im September auf einem Niveau, wie ich ihn mein ganzes Leben noch nie in der Volkspartei erlebt habe. Überall, wo Kurz auftritt, sind volle Plätze, Säle oder Hallen garantiert. Diese Volkspartei, die noch vor drei Monaten von einer dicken Staubschicht belegt war, ist nicht mehr wiederzuerkennen. Die positive Atmosphäre ist eigentlich zu gut, sodass sich bei uns die Sorge breitmacht, wie man diese noch bis zum Wahltag am 15. Oktober aufrechterhalten kann. Der Zustrom an Unterstützern bleibt ungebrochen. Erstmals gelingt es der Volkspartei, abseits ihrer Partei- und Organisationsstrukturen neue Zielgruppen anzusprechen. Über die „Bewegung“ werden neue Unterstützer mobilisiert, ohne dass sie sich sofort an ein Parteibuch binden müssen. Das ist für mich auch ein moderner Zugang, wie Politik besser vermittelt werden kann und vielleicht auch neue Wähler gewonnen werden können. Auf die Volkspartei wirkt dies alles wie eine Rundumerneuerung, die auch dringend notwendig war.

Rückblickend war die Zeit im Bus wohl der entscheidende Punkt, bei dem ich die Eintrittskarte ins enge Kurz-Team gelöst habe. Es ist ein kleiner, vertrauter Kreis, der über die Jahre noch enger zusammenrücken wird. Was mir von Anfang an gefällt: Trotz der enormen Herausforderung und des Drucks, der im Wahlkampf auf Kurz lastet, bleibt er ruhig und gerät nie aus der Fassung.

FRISCHI, BIST DU GEISTESGESTÖRT?

Mit dem Ende der Bustour durch Österreich beginnt auch die intensive Wahlkampfphase mit zahlreichen TV-Duellen. Eins gegen eins oder alle in der sogenannten Elefantenrunde, und das nicht nur einmal, sondern auf allen TV-Kanälen. Jeder TV-Sender hat seine speziellen Wünsche. Die Terminfindung und Einigung mit allen Parteien bereits zu Beginn des Wahlkampfes war ein mühsamer Prozess. Eine ganze Wahlkampfplanung orientiert sich in den letzten drei bis vier Wochen an den TV-Konfrontationen. In Österreich unterwegs zu sein, ist praktisch unmöglich, weil jeden Abend die Blicke von hunderttausenden Menschen vor den TV-Bildschirmen auf einen gerichtet sind. Das erfordert Konzentration und Vorbereitung.

Den Auftakt im Duellreigen macht am 15. September 2017 eine Konfrontation der drei Spitzenkandidaten von SPÖ, ÖVP und FPÖ in Linz. Auf Einladung der Bundesländerzeitungen stellen sich Kanzler Christian Kern, Außenminister Sebastian Kurz und FPÖ-Parteichef Heinz-Christian Strache ihrer ersten direkten Konfrontation. Es ist das einzige Dreier-Duell im gesamten Wahlkampf. Alle haben ein Ziel: Sie wollen die Wahl gewinnen und Kanzler werden beziehungsweise bleiben. Dementsprechend groß ist auch das Interesse der Medien. Es berichten über die Veranstaltung nicht nur die Bundesländerzeitungen als Gastgeber, sondern auch alle anderen Medien schicken ihre Teams nach Linz. Das will sich niemand entgehen lassen. Sogar der ORF überträgt das „Triell" live auf ORF III, wiederholt es zur Primetime um 20.15 Uhr und erreicht damit den „bisherigen ORF-III-Höchstwert"[6] für den Spartenkanal. Es ist genau einen Monat vor der Wahl der erste große Stimmungstest. Wie legen es die drei Kandidaten an? Womit werden sie punkten? Welche Themen werden sie setzen? Wer wird mit wem auf direkten Konfrontationskurs gehen? Wie wird das Publikum im Saal reagieren? Und vor allem: Wie wird Sebastian Kurz performen, der die Koalition mit der SPÖ beendet und Neuwahlen angekündigt hat?

Die Vorbereitung für dieses erste Duell erfolgt etwas untypisch im Vergleich zu allen nachfolgenden TV-Diskussionen. Aufgrund der Bustour nutzen wir immer zwischen den Terminen die Zeit und gehen alle Punkte im Bus durch. Schon vor Beginn der Tour wird von der Partei eine Mappe mit allen relevanten Informationen für die Vorbereitung angelegt. Meistens sind Gerald Fleischmann und Stefan Steiner aus Wien per Telefonkonferenz zugeschaltet.

Für mich kommt in dieser Phase eine weitere besondere Herausforderung hinzu, denn am Tag des ersten Auftritts von Kurz mit Kern und Strache findet das Einschulungsfest meines zweiten Sohnes statt. Im Ort, in dem wir in Deutschland wohnen, ist das bei Erstklässlern immer an einem Freitagnachmittag. Es findet ein eigener Akt für die Familien inklusive Gottesdienst statt, und mein Versprechen an meine Frau war ja, dass ich beim Einschulungsfest dabei sein werde. Sonst Gnade mir Gott. Was eigentlich eh verständlich wäre.

Am Tag des Duells klinke ich mich also schon in der Früh aus dem Wahlkampfteam aus, wir sind noch in Graz. Kurz fährt mit dem Bus Richtung Linz weiter, ich werde von einem Parteimitarbeiter abgeholt und zum Flughafen nach Wien gefahren. Während der Fahrt machen wir per Telefonkonferenz eine erneute Vorbereitungsrunde.

Als die Kirchenglocken um 15 Uhr die Messe einläuten, eröffnen gleichzeitig in Linz auf der Bühne zwei Journalisten das Triell der drei Kanzlerkandidaten. Damit ich etwas von der Diskussion mitbekomme und immer up to date bin, setze ich mich in der ohnehin schon kleinen Kirche in die letzte Reihe, um den Livestream irgendwie mitverfolgen und mit dem Team in Wien SMS schreiben zu können. Was so aussieht, als würde ich andächtig mit gesenktem Haupt in der Kirchenbank sitzen, ist in Wirklichkeit mein verdecktes Mitverfolgen des ersten Wortgefechtes der Kandidaten – natürlich mit Stöpsel im Ohr. Das aufgeschlagene Gotteslob dient als Ablage fürs Handy. Die Blicke meiner Frau sprechen Bände. Ich zucke nur hilflos mit den Achseln. Das ist die Mutter aller Wahlkämpfe, und der liebe Gott da oben wird mir das wohl verzeihen.

Den anschließenden Umtrunk mit Vorstellung der Lehrerinnen und Begrüßungsrede der Schulleiterin bekomme ich nur in Bruchstücken mit. Ich verbringe die ganze Zeit am Telefon. „Ein Monat noch, dann ist der Stress vorbei", sage ich entschuldigend zu meiner Frau. Noch am selben Abend fliege ich wieder nach Wien zurück. Samstagfrüh geht die Bustour weiter.

Wenige Tage später muss Kurz den Wahlkampf unterbrechen und in seiner Rolle als Außenminister für mehrere Tage zur jährlich stattfindenden UN-Generalversammlung nach New York. Die Tage fehlen uns im Wahlkampf, aber Bilder aus der US-Metropole und Fotos mit anderen Staats- und Regierungschefs sind auch nicht schlecht. Das internationale Parkett zeigt zudem einen guten Kontrast zum innenpolitischen Wahlkampfgeplänkel. Für Kurz, mittlerweile das vierte Jahr Außenminister, ist der Auftritt in New York schon Routine.

Wie viel Spaß wir im Wahlkampf haben und Kurz trotz Stresssituationen auch noch Zeit für Humor hat, zeigt eine Episode, die sich rund um die Reise nach New York abspielt. Das Opfer unseres Jokes: Gerald Fleischmann, der im Wahlkampf dauernd unter Strom steht. Im Bus bittet mich Kurz, Fleischmann anzurufen und ihm zu sagen, dass er die Reise nach New York absagen müsse, da er Fieber bekommen habe. „Wie Fieber? Was absagen?“, reagiert Fleischmann fragend am Telefon, das ich auf Lautsprecher gestellt habe, damit im Bus alle mithören können, wie er langsam in Fahrt kommt. „Naja, der Chef hat Fieber und kann keinesfalls in ein Flugzeug einsteigen. New York muss gestrichen werden.“ Dieser Satz von mir reicht aus, um Fleischmann in Aufregung zu versetzen. „Das ist mir wurscht, ob er Fieber hat oder nicht. Und wenn es 42 Grad sind.“ „Aber Gerald“, versuche ich ihn zu unterbrechen. „Ok, na gut! Dann sind wir eben tot. Wir werden die Wahl verlieren.“ Wir sind im Bus nicht mehr zu halten, und es bricht Gelächter aus. „Keine Sorge, Gerald. Ich bin fit. Wir wollten nur zwischendurch mal hören, wenn du wieder mal ein wenig nervös wirst“, klärt Kurz auf.

Mit derartigen Geschichten halten wir uns im Team über die Jahre bei Laune. Sie sind aber auch Ausdruck einer gut funktionierenden Teamarbeit. Bei aller Ernsthaftigkeit in der Politik, verlieren wir nie den Humor. Gleichzeitig sind es Menschen wie Fleischmann, die im Team dafür sorgen, dass wir gefühlt rund um die Uhr im Einsatz sind und konzentriert arbeiten. In den vielen Sitzungen glaubt man manchmal, dass er abgelenkt ist, wenn er wieder mal auf seinen Zetteln herumzeichnet. In Wirklichkeit kreisen seine Gedanken aber um das Thema, das wir gerade besprechen, und nach langen Diskussionen hebt er die Hand und erklärt ausführlich, wie er die Sache sieht. Seine Persönlichkeit ist ein Gewinn für das gesamte Team.

Nach der Rückkehr aus New York steht der Höhepunkt der Wahlbewegung rund um Kurz an. Die Wahlkampfveranstaltung in der Wiener Stadthalle, drei Wochen vor der Wahl. Es soll eine neue Benchmark im österreichischen Wahlkampf gesetzt werden. Nicht weniger als 10.000 Unterstützer sollen Österreichs größte Eventhalle füllen und ein deutliches Signal an das ganze Land aussenden. „Kriegen wir die Bude voll?", ist schon die Tage zuvor die zentrale Frage. Uns ist klar: Bleibt nur eine Sitzreihe in der Arena leer, haben wir eine negative Schlagzeile picken. Dementsprechend groß ist die Anspannung. Axel Melchior, der Hauptverantwortliche für den Event, ist die Nervosität im Gesicht abzulesen. Die hätte er sich letztlich sparen können, denn es kommen noch mehr Menschen, als erwartet. In Bussen aus allen Bundesländern reisen die Unterstützer an. Am Vorplatz spielt eine Musikkapelle in türkiser Tracht. Bilder von Menschenmassen, die wir bisher nur aus amerikanischen Wahlkämpfen kennen, gibt es nun auch aus Wien. Peter L. Eppinger peitscht in gewohnter Weise die jubelnde Menschenmenge ein. Als er Sebastian ankündigt und dieser vom hinteren Tribünenrang den Saal betritt, bleibt niemand mehr auf dem Sessel sitzen.

In der Mitte der Halle befindet sich der Presse- und Medienbereich. Dort halte ich mich die ganze Zeit auf. Von diesem Platz hat man einen guten 360-Grad-Blick über das Geschehen. Viele der über 100 akkreditierten Medienvertreter aus dem In- und Ausland stehen dem Event von Beginn an kritisch gegenüber. Am Ende müssen sie eingestehen, dass es die ÖVP, über die sie die Jahre zuvor geschrieben haben, in dieser Form nicht mehr gibt. Von nun an gelten neue Qualitäts- und Professionalitätsansprüche in der politischen Arbeit und politischen Kommunikation. Spätestens ab diesem Zeitpunkt kommen gehörige Zweifel auf, ob Christian Kern auch nach der Wahl im Kanzlersattel sitzen bleibt.

Die Bilder aus der Stadthalle sind beeindruckend. So manche alteingesessene ÖVPler sind damit sogar etwas überfordert. Aber schließlich gilt in der Politik wie überall eine alte Binsenweisheit, dass die Menschen letztlich immer beim Gewinner sein wollen. Und hier tritt ein junger Kandidat auf, der den Zug zum Tor hat und die Menschen begeistern kann. Erfolg schafft Gefolgschaft.

Nach dem gelungenen Wahlkampfevent lässt Kurz das Team versammeln. Bei den rund 200 Mitarbeitern und freiwilligen Helfern bedankt er sich persönlich bei jedem Einzelnen mit Handschlag.

Die verbleibenden drei Wahlkampfwochen sind geprägt von den TV-Auftritten mit den anderen Spitzenkandidaten. Wir absolvieren natürlich noch den einen oder anderen Wahlkampftermin, aber der Fokus wird voll auf die direkten TV-Debatten mit den Mitbewerbern gerichtet. In der Bundespartei werden von der politischen Abteilung sowie der Presseabteilung über alle Parteien Infomappen mit Analysen ihrer Wahlprogramme und zentralen Aussagen der Spitzenkandidaten der letzten Wochen sowie Interviewauswertungen angelegt. Auf Basis dieser Informationen filtern wir die wichtigsten Eckpunkte aller Wahlkampagnen heraus. Auch Postings, Tweets, Aussagen und Interviews der jeweiligen TV-Moderatoren werden analysiert, um abschätzen zu können, wohin sich die Duelle thematisch bewegen können und welche Fallstricke möglicherweise kommen.

Mein Tag beginnt in dieser Schlussphase immer gleich. Ich schaue mir in der Früh sämtliche vorliegende Unterlagen zum TV-

Duell an. Daraus formuliere ich über mehrere Seiten mögliche Fragen der Moderation und Angriffe des politischen Mitbewerbers. In Stichworten setze ich Antwortvorschläge dazu. Dieses Papier geht per Mail weiter an Stefan Steiner und Gerald Fleischmann. Beide pflegen noch ihre Anmerkungen und Ergänzungen in die Unterlage ein. Inzwischen überlege ich mir mögliche „Sager" für das Duell, die dann auch in der Berichterstattung hängen bleiben und eventuell sogar die mediale Berichterstattung dominieren. Der Traum eines jeden Pressesprechers.

Zu Mittag treffen wir uns bei Sebastian Kurz zu Hause. Die Handys werden beiseitegelegt, und hochkonzentriert bereiten wir für rund drei Stunden das jeweilige Duell vor. Wir simulieren sämtliche Szenarien und gehen jede Möglichkeit durch, wie Kurz selbst Themen setzen und auf Angriffe parieren kann. Fleischmann gibt den Moderator, und Steiner überrascht uns als Stimmenimitator aller Parteichefs, der sogar den Vorarlberger Dialekt von NEOS-Chef Strolz nahezu perfekt imitiert.

Da TV-Duelle manchmal auch von Überraschungen oder Aktionismus leben, findet Kurz Gefallen an den sogenannten „Taferln". Jörg Haider bringt damit bereits Mitte der 90er Jahre Franz Vranitzky in einer TV-Konfrontation gehörig ins Schwitzen. Manchmal brauchen wir nur eines, in einem anderen Duell wiederum drei oder vier. Nicht immer kommen sie zum Einsatz, aber man will in jeder TV-Debatte für alle Eventualitäten gerüstet sein. Während wir also bei Kurz zu Hause die Duelle vorbereiten, wird in der Bundespartei an den Infotafeln gearbeitet, die ich am Abend mitbringe und bei der Hand habe.

Gegen 16.00 Uhr löst sich die Runde immer auf. Wir fahren zurück ins Büro. Kurz bleibt zu Hause und versucht, etwas

Ruhe zu finden, um am Abend im Studio körperlich fit zu sein. Meistens bekomme ich per Telefon von ihm zusätzlich den einen oder anderen Rechercheauftrag mitgegeben. In der Regel sind es Zahlen oder Statistiken, die ich zu einem speziellen Thema noch erheben muss.

Die TV-Duelle bei Puls4 erfordern eine längere Anreise mit dem Wahlkampfbus. Der ORF hingegen liegt von Kurz' Wohnung nur ein paar Minuten entfernt. Ich hole ihn immer gegen 19.00 Uhr ab. Wir gehen bei ihm zu Hause noch einmal die wichtigsten Punkte durch, und ich gebe ihm die fertige Mappe, die er noch mit seinen eigenen handschriftlichen Notizen ergänzt.

Das ist immer der Punkt, an dem Sebastian in eine stärker werdende Konzentrationsphase verfällt. Es wird weniger gesprochen, nur noch das Notwendigste. Man merkt ihm an, dass er sich fokussiert. Anspannung ist keine spürbar, höchstens bei mir. Auf der Fahrt zum TV-Studio kommt von ihm immer noch die eine oder andere Frage. Darauf bin ich vorbereitet und hoffe, dass ich auch flott eine Antwort geben kann und nicht lange im Internet recherchieren oder jemand anderen anrufen muss.

In den letzten Minuten, bevor er das TV-Studio betritt, bin ich meist der Einzige, mit dem er noch spricht. Diese Phase nutze ich immer, um ihn noch mal an die wichtigsten Botschaften zu erinnern. Im Stakkato zähle ich die zentralen fünf Punkte auf, die er unbedingt platzieren muss. Mein Blitz-Referat endet stets mit „viel Erfolg“. Die Situation erinnert mich mehrmals an das Hahnenkammrennen in Kitzbühel. Wenn der Rennläufer im Starthäuschen steht, er in wenigen Sekunden alles in sich abrufen muss und ihm der Betreuer kurz vor dem Start noch letzte Hinweise gibt. Der einzige Unterschied: Die Spitzenkandidaten müssen binnen drei Wochen an die 25-mal die Streif runter, immer unter anderen Bedingungen, und in den Studios ist es genauso eisglatt wie auf der Hahnenkammstrecke. Ein kleiner Fehler reicht, und der Sieg ist weg.

Die TV-Konfrontationen mit Christian Kern sind besonders brisant. Hier der amtierende Kanzler, dort der Außenminister und Herausforderer. Und so kommt es zu einer kuriosen Szene auf der Fahrt zum TV-Duell gegen Kern bei Puls4. Im Vorfeld ist ausgemacht, wer zu welchem Zeitpunkt mit dem Wahlkampfbus vor dem Studio eintreffen wird. Beim Duell gegen Kern ist klar, dass zuerst wir als Herausforderer mit dem türkisen Bus vorfahren und dort von der Moderatorin und dem anwesenden Wahlkampfteam in Empfang genommen werden. Das rote Wahlkampfteam mit Kanzler Kern folgt zehn Minuten später.

Ein paar hundert Meter vor dem Puls4-Studio steuern wir mit dem Bus eine Kreuzung an. Die Ampel schaltet auf Rot. Rechts in einer Straßennische steht der rote Wahlkampfbus von Christian Kern, der offenbar darauf wartet, bis wir vorbeifahren und er laut Regieplan von Puls4 demnächst ebenfalls losfahren kann.

So stehen also der türkise und rote Wahlkampfbus Seite an Seite an der Kreuzung, und die Ampel will nicht auf Grün schalten. Es fühlt sich an wie in der ersten Startreihe bei einem Formel-1-Rennen. Hier das türkise Team „Es ist Zeit“, dort das rote Team „Hier kommt der Aufschwung“. Aufgrund der getönten Fenster und der zusätzlichen Wahlkampf-Beklebung können weder wir in den roten Bus sehen noch umgekehrt das Kern-Team in unseren türkisen Bus. Bei uns ist die Stimmung vor dem Duell recht locker bis lustig. Musik läuft aus einer Box, die Wahlkampfhelfer mitgebracht haben. Es werden Witze erzählt, Kurz ist trotz der Konzentrationsphase gut gelaunt. Er freut sich auf das Match gegen Kern. Aber wie ist die Situation im roten Wahlkampfbus zwei Meter nebenan? Gerald Fleischmann, der die Duelle gegen Kern auch mitbegleitet, winkt zum roten Bus hinüber. Vergebens, keine Reaktion.

Zwei Wochen nach der Wahl erscheint vom Journalisten Markus Huber ein Buch mit dem Titel „Die letzte Ausfahrt". Er begleitet Kern im Wahlkampf sechs Wochen lang und beschreibt unter anderem die Busfahrt mit Kern ins Puls4-Studio so: „Es ist dunkel im Bus. Nirgendwo im Wagen brennt Licht, und es ist unglaublich ruhig. (…) Der Kanzler will sich konzentrieren, fokussieren. Er sitzt hinten, zwei Reihen Abstand zu den anderen, und hat sich unter Kopfhörer zurückgezogen, ziemlich große Dinger."[8] Die Beschreibung der Situation im roten Bus ist das komplette Gegenteil zur Atmosphäre in unserem.

Kein Wahlkampf läuft perfekt. Da passieren oft handwerkliche Fehler. Manche Hoppalas bekommt die Öffentlichkeit mit, manche sind unbedeutend, aber trotzdem erwähnenswert. Es sind Vorkommnisse, die im Moment, in dem sie passieren, das Blut in den Adern gleichsam zum Kochen bringen und Panik auslösen, im Nachhinein aber nur ein Schmunzeln kosten.

Wieder ist es das TV-Duell gegen Christian Kern. Diesmal im ORF. Es sind noch vier Tage vor der Wahl. Es ist das letzte direkte Einzelduell, bevor noch am Donnerstag die klassische Elefantenrunde den Schlusspunkt nach über 25 Duellen setzt.

Für einen Nachmittag ist noch mal volle Konzentration gefragt. Das Ritual bei Kurz daheim ist mittlerweile zur gewohnten Routine geworden. Jeder hat seinen fixen Platz am Esstisch, manchmal steht Kurz auf und holt uns Getränke oder Knabbereien.

In der Vorbereitung für das letzte Duell gegen den amtierenden Kanzler wissen wir, dass es für Kern die allerletzte Chance ist, noch einmal gegen Kurz punkten zu können. Kern und die SPÖ drohen, das Kanzleramt und Platz eins zu verlieren. Aufgrund seiner vielen Aussagen und Postings im Wahlkampf rechnen wir fix damit, dass Kern in diesem letzten Duell schwere Geschütze auffahren und Attacken gegen Kurz reiten wird, um noch mal das Ruder herumreißen zu können. Wir bereiten uns genau auf dieses Szenario vor, Kurz soll sich auf keine Attacke einlassen und sachlich bleiben.

Eine Woche vor dem Duell ist eine SPÖ-nahe Facebook-Seite mit einem Kurz-Hitler-Vergleich aufgefallen und damit in die Schlagzeilen geraten.[9] Kurz will diesen Vergleich im TV-Duell gegen Kern thematisieren und die Negativkampagnen der SPÖ anhand dieses Beispiels aufzeigen. Er bittet mich wieder, eine DIN-A4-Tafel mit dem entsprechenden Facebook-Posting der SPÖ-Organisation von der Bundespartei vorbereiten zu lassen. Die Produktion gerät diesmal jedoch ins Stocken, und ich komme am Abend vorerst mit leeren Händen zu Kurz nach Hause. Niemand ist beunruhigt, und mir wird versichert, dass ein Mitarbeiter der Bundespartei das Taferl direkt zum ORF-Zentrum am Küniglberg bringen und mir dort übergeben wird.

Es ist mittlerweile schon 19.45 Uhr. Kurz hat mit seiner Freundin, die ihn diesmal begleitet, sowie mit Steiner und Fleischmann einen eigenen Aufenthaltsraum im ORF-Zentrum bezogen. Direkt daneben ist Christian Kern mit seinem Team untergebracht.

Beim Portier warte ich auf den Mitarbeiter der Bundespartei, der schließlich auch eintrifft. Zu meinem Entsetzen übergibt mir der Fahrer einen A3-Bogen mit der Anmerkung, dass es beim Druck des Taferls ein Problem gab und nur Format A3 statt A4 ausgedruckt werden konnte. Ich halte also 25 Minuten vor Start des TV-Duells einen A3-Bogen in Händen, auf dem mit dickem weißem Rand in der Mitte ein A4-Bild aufgedruckt ist. Mir stockt der Atem. Wie soll Kurz in einer Livesendung ein A3 großes Taferl überraschend aus einer A4-Mappe ziehen, und dann hat das Ding auch noch einen breiten weißen Rand.

Was tun? Ich rede mir ein, dass alles gut wird, und steuere mit diesem halben Plakat den kleinen Aufenthaltsraum an. Mittlerweile ist es schon 20.00 Uhr, und die Nervosität steigt von Minute zu Minute. Es ist ja der Job von Pressesprechern, gelegentlich einen bescheidenen Inhalt mit schöner Verpackung zu verkaufen. Also versuche ich das auch bei Kurz. Als er mich mit diesem Ungetüm von Taferl sieht, schießt es aus ihm heraus: „Frischi, bist du geistesgestört?" Steiner bleibt cool. „Wir schneiden es aus. Schnell, wir brauchen eine Schere."

Woher jetzt eine Schere? Ich renne durch das ORF-Zentrum auf der Suche nach einer verdammten Schere. Die Uhr tickt, und mir schießen immer mehr Schweißperlen auf die Stirn. Beim Portier am Eingang bekomme ich endlich eine Schere. Wieder laufe ich den Weg über mehrere Stockwerke zurück. Am Gang kniee ich auf dem Boden und will damit beginnen, das Taferl auf die passende A4-Größe zuzuschneiden. Wäre der zeitliche Druck nicht schon genug: Die Schere hat einen Griff in der Passform für Rechtshänder. Ich bin aber Linkshänder. Steiner und Fleischmann schotten mich am Gang ein wenig ab, damit die vorbeilaufenden Menschen nicht sehen, was ich am Boden mache. Das komplette Kern-Team geht an uns vorbei. Der Kanzler schaut etwas verdutzt über Steiners Schultern, was sich hier abspielt. Ich mühe mich währenddessen als Linkshänder ab, mit einer Schere für Rechtshänder einen sauberen Schnitt hinzubekommen, woran ich kläglich scheitere. Dennoch gehe ich vor Sendestart ins Studio, wo Kern und Kurz bereits am Moderationstisch Platz genommen haben und es in wenigen Sekunden losgeht. Ich schiebe Sebastian wortlos ein zerfranstes Taferl in die Mappe und hoffe, dass es im Duell nie zum Einsatz kommt.

Das Duell selbst wird aus unserer Sicht zum Erfolg für Kurz. Kern hat seinen Auftritt genau so angelegt, wie von uns vermutet. Ein Experte sprach in einer Analyse nach dem Duell davon, dass Kern „stellenweise sogar ein wenig herablassend argumentiert“[10] habe.

Kurz bringt alle Botschaften unter, und wir sind mit seinem Auftritt sehr zufrieden – auch ohne das Desaster-Taferl. Sein erster Satz, als er aus dem Studio kommt, gilt mir. Er entschuldigt sich für seine Wortwahl. Er hat aber recht, und mir wären in dieser Situation wohl noch mehr Ausdrücke eingefallen. Spitzenkandidaten und Spitzenpolitiker generell sind einem enormen Druck ausgesetzt und stehen unter Dauerbeobachtung. Man muss sich auf sein Team zu 100 Prozent verlassen können, und ich habe bei diesem einen wichtigen Auftritt einen Bock geschossen. Das ist das einzige Mal in all den Jahren, dass mich Kurz eher unhöflich, aber berechtigt anherrscht. Schon nach der Sendung können wir über die Episode lachen, und das „Frischi-Taferl“ wird zum Running Gag. Das Taferl hat schließlich in meinem Büro-Umzugskarton einen fixen Platz gefunden.

Wir lassen den Abend bei Kurz daheim ausklingen. Wir sitzen an der Küchentheke. Er holt aus dem Kühlschrank ein Bier, wirft den Backofen an und legt neun Piccolinis Pizzen auf das Backblech. Erstmals seit vielen Wochen ist die Anspannung bei allen etwas weg. Der Wahlkampf ist de facto gelaufen, der Wahltag naht.

Kurz spricht mich auf mein Privatleben an und will wissen, wie lang ich das schon mache, jede Woche hin- und herzufliegen, und ob das nicht extrem anstrengend sei. „Ihr habt drei Kinder, und du bist die ganze Woche nie daheim. Welche Frau macht das eigentlich mit", fragt er mich.

„Eine, die selbstbewusst ist und sehr viel Verständnis für den Partner hat", antworte ich.

Die Elefantenrunde am Donnerstag ist für alle Kandidaten nur noch eine Pflichtübung. Die Argumente und Standpunkte aller Parteien sind der Bevölkerung nach so vielen Konfrontationen längst bekannt. Es kommt zu keinerlei Überraschungen. Der Wahlkampf ist somit endgültig vor der Ziellinie angekommen.

Am Samstag machen wir ein letztes Mal mit dem Wahlkampfbus eine kleine Tour. Unsere Fahrt führt in einen Ort in der Obersteiermark. Alle sind gut drauf, auch wenn zwischendurch der Gedanke an den Wahltag und der mögliche Ausgang Nervosität auslöst.

Es macht sich aber auch etwas Erschöpfung breit. Die letzten Wochen und Monate haben sehr an jedem Einzelnen von uns Spuren hinterlassen. Der Körper hat sich zwar an die wenigen Stunden Schlaf gewöhnt, dennoch hat dieser Wahlkampfrhythmus vieles aus dem Gleichgewicht gebracht. Eine Reihe von Dingen, wie die Familie oder Freunde, wurden vernachlässigt. Es ist aber eine positive Erschöpfung, weil wir alle Riesenspaß hatten, obwohl der Gegenwind mit der SPÖ-Affäre rund um Dirty Campaigning, den kolportierten Papieren zum Projekt Ballhausplatz, der Debatte um Wahlkampfspenden und einer Reihe von anderen Scharmützeln recht heftig war.

Während der Busfahrt in die Steiermark komme ich etwas zur Ruhe. Ich schiebe meine Rückenlehne nach hinten, stecke mir die

Kopfhörer in die Ohren und versinke in Gedanken, während an mir schöne Landschaften vorbeiziehen.

Selbstreflexion ist in der Politik meist wenig vorhanden. Für mich habe ich mir aber schon vor ein paar Jahren dies selbst ans Herz gelegt. Ab und an mal das eigene Nest zu verlassen und den Versuch zu starten, sich selbst aus der Vogelperspektive zu beobachten, tut gut. Ich selber bin wohl mein größter Kritiker. Darauf sind wahrscheinlich auch meine seltenen, aber emotionalen Ausbrüche zurückzuführen und mein Drang zum Perfektionismus. Aber mit den Jahren finde ich doch etwas mehr Gelassenheit.

Ich reflektiere auf der Fahrt die vergangenen Monate und frage mich, warum der Hype um Sebastian Kurz so groß ist, warum er Menschen so anzieht und weshalb die Medien so sehr an seinen Lippen liegen.

Tatsächlich habe ich ihn erst im Wahlkampf kennengelernt. Und dort wohl intensiv und in verschiedensten Situationen. In Teambesprechungen, im Auto, auf der Bühne, beim Telefonieren mit anderen Außenministern, bei der Pflegerin im Altenwohnheim, kurz vor TV-Duellen und danach, in Einzelgesprächen mit besorgten Bürgern, bei einem Bier spät nach Mitternacht, beim Schichtarbeiter im Industriebetrieb, beim Kornspitz-Kaufen im Billa, frühmorgens, wenn er noch im Bad steht, sich für den Tag fertig macht und ich ihm bereits über die aktuelle Medienlage und sonstige Dinge berichte, oder in der Warteschlange bei McDonald's, wenn er für das Team eine Bestellung aufgibt.

Diese kurze, aber enge Zusammenarbeit ermöglicht es, ein paar Fragen zu beantworten und ein Bild über Sebastian Kurz zu zeichnen, das sich bei mir später auch noch verfestigt und bestätigt. Vor allem sind es aber Bilder, die die Öffentlichkeit nie zu sehen bekommt und über die Medien maximal spekulieren, aber nicht tatsächlich berichten können.

Zunächst verkörpert er in Österreich einen komplett neuen Typus von Politiker. In vielerlei Hinsicht. In erster Linie ist er jung, ein Merkmal, das sich besonders stark von den anderen Parteien abhebt, für die gesamte Politik ungewöhnlich neu wirkt und sich auch auf die Volkspartei mit ihren Strukturen wie eine Modernisierung niederschlägt.

Aber das Alter allein ist es bei Weitem nicht, was ihn zu dem macht, was er ist. Er versteht es, den Menschen sehr komplexe Dinge in recht einfachen Sätzen und Worten zu erklären. Er versteht die Menschen, und die Menschen fühlen sich umgekehrt von ihm verstanden. Das erinnert mich an den deutschen Bundestagswahlkampf 2013. Beim damaligen einzigen TV-Duell der beiden Kanzlerkandidaten Angela Merkel von der CDU und Peer Steinbrück von der SPD macht ein Privatsender bei einer deutschen Durchschnittsfamilie (Mutter, Vater, zwei wahlberechtigte Kinder) folgenden Versuch: Während des TV-Duells soll jedes Familienmitglied einen Euro in ein aufgestelltes Sparschwein einwerfen, sobald es in den Wortmeldungen der beiden Kanzlerkandidaten einen Begriff oder einen Satz nicht versteht. Nach 90 Minuten Debatte lieferte das geschlachtete Sparschwein über 30 Euro Ertrag.

Politik und deren Kommunikation bewegt sich sehr oft an den Lebensrealitäten der Menschen vorbei. Verantwortlich dafür ist auch die politische Sprache. Auch wenn Begriffe wie Maastrichtkriterien, Ministerratsvortrag, bilateral, Schuldenquote gemessen am BIP oder Nettomedianeinkommen in der Politik zum täglichen Vokabular gehören, bedeutet dies noch lange nicht, dass die

Menschen dabei überall mitgenommen werden. Jedenfalls habe ich noch nie erlebt, dass meine Frau am Esstisch jemals zu mir gesagt hat, dass wir das Thema jetzt nicht mit der ganzen Familie, sondern bilateral klären. Genauso habe ich noch keinen Menschen am Stammtisch sagen hören: „Habt ihr heute den Ministerratsvortrag zum Budget vom Finanzminister gelesen, ob er damit die Maastrichtkriterien erfüllt?"

Kurz bevorzugt die einfachen Worte. Verständlich und klar. Dabei gelingt es ihm, die Dinge sachlich und weitgehend emotionslos zu erklären. Das führt dazu, dass zum Beispiel ähnliche Aussagen von Strache und Kurz zur Flüchtlingskrise unterschiedlicher nicht wirken könnten. Während bei Strache das Thema in klassischer FPÖ-Art vermittelt wird, gelingt es Kurz, unaufgeregt das Problem zu skizzieren, Lösungen aufzuzeigen und die Menschen damit anzusprechen und abzuholen. Ähnlicher Inhalt – unterschiedliche Wirkung. Das zieht sich bei Kurz durch alle Themen – von Steuerentlastung bis hin zum Klimaschutz. Er bedient sich vor allem der Technik, in Bildern zu sprechen und so für die Bevölkerung eine plastische und reale Situation darzustellen.

Hinzu kommt sein familiäres Umfeld. Ich treffe im Wahlkampf mehrmals seine Eltern und beobachte eine sehr enge und offene Eltern-Sohn-Beziehung. Seine Mutter und sein Vater verkörpern die Bescheidenheit schlechthin. Sie bleiben immer dezent im Hintergrund, zeigen sich sehr hilfsbereit und sind vor allem Kurz gegenüber sehr ehrlich. Nach vielen Auftritten oder TV-Duellen sind es die Eltern, die Kurz neben seiner Freundin als Erste anruft. Sie jubeln ihn nie in den Himmel, sondern sagen ihm offen ihre Eindrücke und hinterfragen auch die eine oder andere Aussage. Gepaart ist diese Bodenständigkeit mit der Prägung, dass man sich durch Leistung in den österreichischen Mittelstand hocharbeiten kann. Das wird auch zur Richtschnur für Sebastians Politik, nämlich durch eigene Leistung sich etwas aufzubauen und voranzukommen und sich nicht auf Vater Staat zu verlassen.

Ein dritter und wesentlicher Faktor ist sein Teamgedanke. Nichts wird im Einzelkampf gemacht, sondern im Team. Kurz führt zwar formal sein Team an, er ordnet sich aber gleichzeitig dem Team als gleichgestelltes Mitglied unter. Jeder kann und darf sagen, was er möchte. Wir hatten über die Jahre teils nächtelange Besprechungen und Sitzungen. Es wird abgewogen, hinterfragt, kritisiert, und gute Ideen werden gemeinsam weiterentwickelt. Setzt sich die Idee eines Teammitglieds durch, geht keiner enttäuscht vom Tisch, weil sein eigener Vorschlag vielleicht nicht berücksichtigt wird. Jeder tut in seinem Aufgabenbereich alles dafür, dass die gemeinsam entwickelte Idee bestmöglich umgesetzt wird. Fälle, worüber Medien im Sommer 2017 über eine Handgreiflichkeit innerhalb des SPÖ-Wahlkampfteams[11] von Christian Kern im Bundeskanzleramt berichten, gibt es bei uns nicht. Alle verfolgen bei uns nur ein Ziel: die Wahl zu gewinnen und, wenn Kurz Regierungschef wird, ihn voll in seiner Kanzlerschaft zu unterstützen. Wir gewinnen gemeinsam, und wir verlieren gemeinsam.

NACH 15 JAHREN WIEDER PLATZ 1

Die letzte Wahlkampfveranstaltung in der Obersteiermark ist der Schlusspunkt eines langen Weges, der 158 Tage zuvor mit dem Rücktritt von Reinhold Mitterlehner am 10. Mai begonnen hat. Die Szenen ähneln denen jeder Wahlveranstaltung. Ein bis auf den letzten Platz gefüllter und in Türkis und steirischem Grün eingefärbter Dorfplatz. Es ist eine Mischung aus Parteiveranstaltung und klassischem Dorffest. Der kleine Ort mit 2700 Einwohnern erinnert mich ein wenig an mein Zuhause. Kurz hält noch mal seine Wahlkampfrede, die er die vergangenen Wochen überall in Österreich gehalten hat. Sein Statement kann ich mittlerweile auswendig vortragen. Es sei Zeit für eine echte Veränderung im Land, und das gehe nur mit einer starken neuen Volkspartei, so seine zentrale Botschaft. Zum Schluss bittet er noch einmal alle, für den bevorstehenden Wahltag zu mobilisieren.

Der Weg von der kleinen Bühne zurück zum Bus ist eigentlich nur ein paar Meter lang, wird aber wie immer zu einem Gedränge durch die Menge. Es ist ein Bad in der Menge. Unzählige Selfie-Wünsche werden erfüllt und Hände geschüttelt. Das Schulterklopfen will kein Ende nehmen, und letzte Glückwünsche für eine erfolgreiche Wahl werden entgegengenommen. Es dauert mehr als eine halbe Stunde, bis sich die Bustür hinter Kurz schließt. Im Schritttempo gewinnt das türkise Gefährt, das in den letzten Wochen zu unserem zweiten Wohnzimmer geworden ist, an Fahrt. Kurz bleibt im Bus vorne stehen und winkt den Menschen zu, bis wir an einem Hauseck Richtung Wien verschwinden.

„Hat das alles gereicht? Können wir noch etwas tun?", fragt

mich Kurz, als er sich an seinem üblichen Sitzplatz mit kleinem Besprechungstisch zurücklehnt und die Ärmel seines weißen Hemdes hochkrempelt. Ihm ist es offensichtlich egal, noch ein paar Tage durch Österreich zu tingeln. Er zeigt keine Erschöpfung. Wir besprechen noch den Ablauf für den Wahlsonntag. Ein paar Tage zuvor haben sich Vertreter der Wahlbehörde von Kurz' Wahllokal im 12. Wiener Bezirk mit uns in Verbindung gesetzt, um abzustimmen, zu welcher Uhrzeit Sebastian mit seiner Lebensgefährtin die Stimme abgeben wird, und wie vor allem das zu erwartende mediale Interesse vor dem Wahllokal bewältigt werden soll. Die Stimmabgabe soll für alle anderen Wähler dieses Sprengels so ungestört wie möglich über die Bühne gehen.

Im Wahlkampf greifen wir sehr selten zum Alkohol. Nun aber ist der Zeitpunkt da, ein Bier zu trinken. Sebastian geht in den hinteren Teil des Busses, wo sich etwa zehn freiwillige Wahlhelfer, der Fotograf und das Social-Media-Team aufhalten, die Postings mit Impressionen von der letzten Veranstaltung absetzen. Wie immer bedankt er sich zuerst bei allen für ihre Unterstützung in den vergangenen Monaten. Wir stoßen an auf eine aufregende Zeit, blicken aber auch einem ungewissen Wahlsonntag entgegen. Am späten Nachmittag kommen wir in der Bundeshauptstadt an. Es ist praktisch nichts mehr zu tun. Nachdem ich die Textvorschläge für Kurz und andere Akteure der Partei für die Stellungnahmen nach der Hochrechnung, in Varianten je nach Ausgang der Wahl, fertig formuliert habe, nutze ich die Gelegenheit, meine Wohnung aufzuräumen, Wäsche zu waschen und einen Berg von rund 20 weißen Hemden noch vor Ladenschluss in die Wäscherei zu bringen. Ich liege auf meiner Couch und habe endlich mal Zeit, ungestört mit meiner Frau zu telefonieren. In der intensiven

Wahlkampfphase ist eine Heimfahrt an den Wochenenden unmöglich. Die Telefonate hielten sich immer sehr kurz oder wurden sogar abrupt abgebrochen, weil ich gerade bei der Arbeit gefragt war. Ich weiß nicht, wie herausfordernd und anstrengend es für meine Frau sein muss. Unsere kleine Tochter ist erst 14 Monate, die beiden Jungs sechs und neun Jahre alt. Sie beklagt sich nie am Telefon, obwohl ich weiß, dass eine Familie und ein eigenes Unternehmen zu managen, sie manchmal an ihre Grenzen, aber nie zur Verzweiflung bringt. Anja nimmt es immer sportlich. Sie erzählt mir ausführlich am Telefon, was sich in der Familie tut und wie sich die Kinder entwickeln. Auch in diesem Gespräch ist das beherrschende Thema, ob sich der Aufwand und die Mühen der vergangenen Wochen und Monate gelohnt haben. „Du wirst sehen, morgen werdet ihr einen großen Erfolg einfahren. Das habt ihr euch verdient, weil ihr so hart gearbeitet habt", motiviert sie mich. Meine Frau muss es ja wissen, denn die Marke Kurz macht längst in Deutschland Schlagzeilen und ist dort bei den Menschen mehr Thema, als wir es in Wien eigentlich vermuten. Besonders während der Migrationskrise macht sich Kurz in Deutschland einen Namen. Seine Gegenposition zu Angela Merkels „Wir schaffen das" kommt in vielen Teilen der Bevölkerung in der Bundesrepublik gut an. Noch bevor seine erste Wahl geschlagen ist, gilt Kurz in konservativen Kreisen als europäische Zukunftshoffnung.

Erstmals in ihrem Leben wählen auch meine Frau sowie ihre Eltern und Geschwister. Nicht wegen mir, sondern wegen Kurz lassen sie sich nach fast 40 Jahren als Auslandsösterreicher ins Wählerverzeichnis eintragen.

Am Ende unseres Telefonats schalten wir auf FaceTime um, damit ich noch kurz unsere Kinder sehe. Meine kleine Prinzessin macht mit Unterstützung meiner Frau schon ihre ersten wackeligen Schritte, und die beiden Buben beschäftigen sich wie jeden Samstag mit dem Spieltag in der Deutschen Bundesliga. Freudig berichten sie mir, dass der FC Bayern München das Heimspiel gegen den SC Freiburg mit 5:0 gewonnen hat. Sie sind Mitglied eines FC-Bayern-Fanclubs, den unser Nachbar vor vielen Jahren gegründet hat, obwohl wir mitten im Schwabenland und Einzugsgebiet des VfB Stuttgart leben. Jeden Samstag trifft sich der Fanclub im Keller seines Hauses, um gemeinsam die Spiele des FC Bayern anzuschauen. Auch ich, seit meiner Kindheit glühender FC-Wacker-Innsbruck-Fan, bin irgendwann in das Bayern-Fieber meines Nachbarn reingekippt. Gibt ja nichts Schöneres, als an Spieltagen mit anderen Männern gemeinsam Fußball zu schauen, gemütlich ein Bier zu trinken, manchmal Emotionen zu zeigen und vom Alltag abzuschalten. Auch Kurz wird später im Kanzleramt mehrmals die Erfahrung machen, dass ich samstags ab 15:30 Uhr für zwei Stunden selten erreichbar bin. First things first.

Was in den Gesprächen mit meinen Kindern nie fehlt, ist die Frage, wann ich wieder heimkomme. „Nächsten Freitag. Nur noch sechsmal schlafen“, sage ich. Das „Ok“ meiner Kinder klingt manchmal enttäuscht und manchmal freudig. Diesmal ist es eher von der glücklichen Sorte, weil ich schon mehrere Wochen nicht mehr daheim war und sich ein Ende dieses Dauerstresses abzeichnet. „Dann habe ich auch wieder viel mehr Zeit für euch“, ergänze ich. Zu diesem Zeitpunkt weiß ich allerdings nicht, dass im Falle eines Wahlsieges fest mit mir im Kanzleramt gerechnet wird.

Es sind die Telefonate mit meiner Familie, bei denen ich mir immer nachher die Sinnfrage stelle. Wozu und wofür mache ich das alles eigentlich? Während die Kinder in Deutschland heranwachsen, gurke ich in einem türkisen Bus durch Österreich. Aber Politik macht süchtig, man kommt davon nicht mehr so leicht weg.

Den Abend vor der Wahl halte ich allein kaum aus. Viel zu viele Gedanken schwirren mir durch den Kopf und alle denkbaren Szenarien des Wahlausgangs. Spontan treffe ich mich mit zwei ehemaligen Arbeitskolleginnen aus dem Finanzministerium, um mich ein wenig abzulenken. Wir verbringen einen unterhaltsamen Abend und schwelgen ein wenig in Erinnerungen über unsere gemeinsame Zeit im Finanzministerium, wo wir drei im Jänner 2013 unsere Arbeit begonnen haben. Es kommen aber auch wieder die vielen negativen Erfahrungen zur Sprache: Wie schwierig es war, mit der SPÖ zusammenzuarbeiten, und wie heruntergewirtschaftet die große Koalition zuletzt war. Wir sind uns einig: Der Wahltag soll bringen, was er will, aber bitte keine Neuauflage der Neuauflage der großen Koalition unter roter Kanzlerschaft. Diese Regierungskonstellation hatte ausreichend Zeit und Chancen, sich zu beweisen, hat aber das letzte Vertrauen in der Bevölkerung verspielt.

In der Nacht zum Wahlsonntag schlafe ich überraschend gut. Geradezu ausgeschlafen wache ich am Sonntagmorgen ohne Wecker auf. Es beutelt mich, als ich daran denke, dass heute der Tag gekommen ist. Ich trinke Kaffee und mache mich für den politischen Tag X fertig.

Für Politikuninteressierte mag so ein Wahltag belanglos sein. Man kommt als Staatsbürger seiner Bürgerpflicht nach, geht ins Wahllokal, gibt seine Stimme ab, schaltet um 17 Uhr den Fernseher ein und schaut sich an, wie Österreich gewählt hat. Vielleicht wird noch in der Familie oder bei der Arbeit über den Wahlausgang ein wenig diskutiert. Aber das war es im Grunde schon. Denn: Es ändert sich ja eh nichts, so der breite Grundtenor. Viele werden sogar froh sein, dass das TV-Programm nach der häufigen Berichterstattung am Hauptabend wieder politikfrei wird. Ich übrigens auch.

Für einen aktiven Politiker, einen Spitzenkandidaten und für Mitarbeiter ist der Wahlsonntag ein absolut qualvoller Tag. Zum einen ist es der Tag der Abrechnung. Der Souverän hat das Wort. Es wird das Zeugnis von der Bevölkerung ausgestellt, ob man Vertrauen in einen setzt und mit der Arbeit zufrieden ist. Und vor allem gilt eines: Der Wähler hat immer recht. Mein politischer Lebenslauf als Mitarbeiter auf allen Ebenen ist gefüllt von Wahlniederlagen. Mein letzter und fast einziger Wahlerfolg, den ich miterleben durfte, liegt 15 Jahre zurück, als Wolfgang Schüssel 2002 fulminant die Nationalratswahl für die ÖVP gewann. Ich war damals österreichweit der jüngste Kandidat auf allen ÖVP-Kandidatenlisten und kandidierte in meinem Wahlkreis im Tiroler Oberland auf Platz vier der ÖVP-Liste. Offensiv geführte Vorzugsstimmenwahlkämpfe gab es damals fast noch keine. Dennoch machte ich im Ötztal einen kleinen Vorzugsstimmenwahlkampf, im Bewusstsein, dass es für einen Erfolg nicht reichen würde. Niemals werde ich die Blicke der Wähler vergessen, als sie im Wahllokal in der Schlange standen und ich als Mitglied der örtlichen Wahlkommission ihnen die Stimmzettel aushändigte. Mein damaliges persönliches Wahlergebnis war ein absoluter Erfolg. Mit praktisch keinem Aufwand holte ich in meinem kleinen Heimatort über 800 Vorzugsstimmen bei 1.140 Stimmen für die ÖVP.

Zum anderen ist das Warten auf das Wahlergebnis an solchen Tagen fast nicht auszuhalten. Man kann nichts mehr tun und ist dem Votum der Wähler ausgeliefert. Dieser Wahlsonntag, der 15. Oktober 2017, wird auch für mich persönlich eine Art Zeugnistag. Als Mitarbeiter. Hat sich die harte Arbeit gelohnt? Werden wir heute von der Bevölkerung belohnt? Aber vor allem ist es für Sebastian Kurz und seine neue türkise Bewegung der Tag, an dem sich entscheidet, ob es für ihn politisch weitergeht oder ob er zu hoch gepokert hat und das Ende dieser jungen politischen Karriere vorzeitig besiegelt wird, noch bevor es richtig losgeht.

Auch für mich bringt dieser Tag zahlreiche Neuerungen. Die klassische Stimmabgabe der Spitzenkandidaten, die im Laufe des Vormittags der Reihe nach in deren Wahlkreisen stattfinden, füllt tagsüber die Medienlandschaft. Mit Partner, alleine, mit Familie oder mit Hund sehen wir bei jeder Wahl die Parteichefs zur Stimmabgabe schreiten. Beim Eintreffen oder nach Einwurf des Stimmzettels hören wir die üblichen Politfloskeln, die für jedes Bullshit-Bingo prädestiniert sind: „Ich bin zuversichtlich", „Wir sind guter Dinge", „Ein schöner Tag heute", „Wir haben alles getan" und so weiter. Aber ehrlich: Was soll ein Spitzenkandidat – egal welcher Partei – an so einem Tag sagen? Dass er sich hundeelend fühlt? Nein. Selbst am Wahltag wird zur allerletzten Mobilisierung noch einmal Optimismus und Zuversicht vermittelt. Bei manchen funktioniert das locker, bei anderen etwas zwanghaft. Aber es kann ja sein, dass dies noch den einen oder anderen Wähler von der Ofenbank ins Wahllokal bewegt.

Also begleite ich Sebastian Kurz am späten Vormittag mit seiner Freundin zur Stimmabgabe. Wir treffen uns vor seiner Wohnung in Wien-Meidling. Gemeinsam mit seiner Familie kommt er gerade von der Sonntagsmesse zurück. Wir sind alle gut gelaunt. Das Wahllokal liegt nur ein paar hundert Meter entfernt. Den

Medien wurde 11:30 Uhr als Uhrzeit für die Stimmabgabe bekanntgegeben. Zu dieser Uhrzeit haben schon einige Parteichefs sowie der Bundespräsident ihre Stimme abgegeben. Die APA meldet über die Stimmabgabe von Matthias Strolz (NEOS): „Haben alles getan, was zu tun ist." Von der grünen Spitzenkandidatin Ulrike Lunacek läuft über den Ticker: „Lunacek bei Stimmabgabe zuversichtlich". Es folgt die Meldung vom Gang zur Urne des amtierenden Bundeskanzlers Christian Kern: „Kern will lange feiern". Peter Pilz, Kandidat mit seiner neuen Liste Pilz, „wählt und zittert" laut APA, und für den Bundespräsidenten ist an diesem Wahltag „viel möglich".

Es fehlen nur noch Kurz und Strache, der seine Stimme erst um 14 Uhr abgeben wird. Wir laufen die Straße entlang und überqueren mehrere Kreuzungen. Auf Balkonen stehen immer wieder Menschen und rufen Kurz positive Glückwünsche zu. Auch auf der Straße kommen uns Menschen entgegen, die bereits ihre Stimme abgegeben haben und Kurz ansprechen. Und das im rot dominierten Arbeiterbezirk Meidling, wo die Volkspartei bisher nur als eine Minderheitengruppe wahrgenommen wird.

Schon aus der Entfernung sehe ich vor dem Wahllokal eine riesige Traube an Menschen, Kameras, Angel-Mikrofonen und Fotografen. Als erste Medienvertreter den Kanzlerkandidaten entdecken, gibt es kein Halten mehr. Die Medien kommen uns regelrecht entgegen. Im Mediengetümmel verliere ich ein wenig die Orientierung und lotse alle hinter mir zuerst in die falsche Richtung. Rundherum kommen Fragen von Medien. Kurz bewahrt Ruhe und erklärt, dass er jetzt gerne seine Stimme abgeben möchte und sich erst im Anschluss äußern wird. Das beruhigt die Kamerateams, und wir schaffen es, in das Schulgebäude einzutreten, wo sich im Erdgeschoss der Wahlsprengel befindet. Während der ÖVP-Spitzenkandidat mit seiner Lebensgefährtin im Wahllokal zur Stimmabgabe ansteht, werden am Vorplatz die Mikros und Kameras für die Stellungnahme aufgebaut. Es formiert sich langsam wieder ein geordnetes Bild. Die Aufregung von zuvor hat sich gelegt. Mein Blick schweift über die Medien. Es ist wirklich viel los. Nationale und auch zahlreiche internationale Fernsehstationen und Presseagenturen wollen dabei sein, wenn sich Kurz am Wahlsonntag nach seiner Stimmabgabe erstmals zu Wort meldet. Über den APA-Ticker läuft um 12:12 Uhr die Meldung: „NR-Wahl: Riesen Medienandrang bei Kurz-Stimmabgabe".

Zum Mittagessen treffe ich mich privat mit ein paar ehemaligen Arbeitskollegen aus dem ÖVP-Parlamentsklub im Restaurant Plachutta. Schon seit früheren nationalen Wahlgängen trifft sich diese Runde, um bei Tafelspitz und Suppe dem Wahlnachmittag entgegenzufiebern. Im Gegensatz zu den früheren Wahlsonntag-Essen sind diesmal alle am Tisch gut gelaunt. Es fühlt sich nach einem Erfolg an.

Bei früheren Wahlen bekam ich immer gegen 13 Uhr von Informanten erste Gemeindeergebnisse aus Vorarlberger und Tiroler Kleingemeinden weitergeleitet. Bei dieser Wahl ist das erstmals nicht mehr möglich, da nach dem Fiasko bei der Bundespräsidentenwahl 2016 die Gesetze verschärft wurden und die Weitergabe von Teilergebnissen vor Schließung des letzten Wahllokals um 17 Uhr verboten und unter Strafe gestellt ist. Also ist es ein Nachmittag, durch den wir uns wie durch eine dicke Nebelmauer navigieren und unsere Informationen nur mühsam und in vagen Stücken zusammentragen. Keiner will gegen das Gesetz verstoßen und dennoch suchen wir nach einer Orientierung, um für die

Hochrechnung kurz nach 17 Uhr gerüstet zu sein. Denn dann wollen die Medien die ersten Reaktionen aus den Parteizentralen einfangen. Spitzenvertreter der Partei müssen Stellungnahmen abgeben. Darauf will jede Partei vorbereitet sein.

Erste Journalisten rufen mich an. Es sind die üblichen Redakteure, die mich, seit ich in Wien arbeite, immer an Wahltagen anrufen und sich nach ersten Ergebnissen aus dem Westen erkundigen. Sie reagieren verdutzt, als ich ihnen am frühen Nachmittag noch keine Auskunft geben kann und auf die neuen rechtlichen Vorschriften hinweise.

Schließlich erreicht mich eine erste diffuse Information aus Tirol. „Erste Kleingemeinden sind ausgezählt. Wir haben keine Zahlen, aber uns wird berichtet, dass die FPÖ stärker zulegt und die ÖVP weniger stark als erwartet." Na bumm. Das sind ernüchternde Neuigkeiten. Meine Information deckt sich mit ähnlichen Berichten von Kollegen und anderen Quellen. Es könnte aber auch nur eine Echokammer sein, wie so oft in der Politik. Es ist ca. 14 Uhr, und die Gemütslage kippt im Minutentakt in die Zeit früherer Wahlgänge. Wenn wir in kleinen Landgemeinden weniger zulegen als erwartet, wie wird das dann bei Städten und Ballungszentren werden, wo die ÖVP strukturell immer schon schwächer war? Die Stärke der ÖVP liegt, historisch gesehen, auf dem Land und in den Gemeinden. Sie sind unsere Stimmenbringer. Ausgerechnet jetzt lässt diese Wählerschicht aus? Kaum zu glauben.

Die Anrufe der Journalisten nehmen zu. Sie verfügen mittlerweile über mehr Informationen. Ich halte mich in den Gesprächen dezent zurück und spiele auf Zeit. Und mit der Zeit tritt tatsächlich ein Phänomen ein, das ich bisher noch nie erlebt habe. Je größer die Gemeinden und Städte, desto stärker schneidet die

Volkspartei bei den Stimmenzuwächsen ab. Zwar liegt mir keine einzige Zahl vor, aber aus allen Teilen des Landes und von Journalisten wird mir plötzlich nahezu identisch über diesen Trend berichtet. Das lässt darauf schließen, dass es Kurz und die neue Volkspartei doch gelingt, völlig neue Wählerschichten im urbanen Raum anzusprechen.

In der Zwischenzeit habe ich im Kursalon Hübner Stellung bezogen. Dort findet die Wahlparty statt, und es treffen immer mehr Unterstützer und Medienvertreter ein. Mit Gerald Fleischmann, der seit dem Nachmittag bei Kurz und seiner Familie ist, befinde ich mich mehr oder weniger in Dauerkontakt. Wir sind uns nach wie vor unsicher, wie wir mit den vorliegenden Informationen umgehen sollen, und beraten die mediale Strategie für die Medienstellungnahmen nach der ersten Hochrechnung. Es gibt mehrere Varianten. Innerlich will ich es nicht glauben, dass wir nach so einem Wahlkampf die Nase möglicherweise nicht vorne haben werden. Während die FPÖ und die SPÖ bei Medien bereits ihren „Spin" setzen, gehen wir fast auf Tauchstation. Von Journalisten erfahre ich, dass die FPÖ gegenüber den Medien die Geschichte verbreitet „Kern ist weg." Der Spin der SPÖ lautet laut Medienvertretern: „Alles ist offen, es ist ein enger Dreikampf." Wir tappen um 16:30 Uhr weiter im Dunkeln und wissen noch immer nicht, mit welcher Erzählung wir das Ergebnis kommentieren sollen. Die Medienvertreter, die mich schon den ganzen Nachmittag anrufen, wollen es mir nicht richtig glauben. Erst zehn Minuten später bekomme ich einen Anruf von Fleischmann: „Frischi, wir gewinnen die Wahl." Wir sparen uns jedes weitere Telefonat mit Journalisten und lassen die Hochrechnung auf uns zukommen.

Wenn der türkise Balken in die Höhe geht, will ich bei der

Wahlparty mitten unter den vielen freiwilligen Helfern und Unterstützern sein. Das habe ich mir schon Wochen vor der Wahl fest vorgenommen. Egal, wie es ausgeht. Der Kursalon ist brechend voll. Im Garten wurden noch weitere Zelte aufgestellt, damit alle Anhänger einen Platz finden. Es versammeln sich zur Hochrechnung an die 3000 Menschen.

Kurz nach 17 Uhr ruft mich meine Frau via FaceTime an. Gerade spielt der ORF die erste Hochrechnung ein. Die Familie ist im Ausland versammelt und doch live dabei, als im Saal ein Sturm des Jubels ausbricht und alle Leute die Hände in die Höhe reißen. Meine Freude hält sich in Grenzen. Bei mir macht sich vielmehr innere Zufriedenheit breit. Fremde Menschen fallen mir um den Hals, und mit einer Hand halte ich immer noch das Handy in die Höhe, damit die Kinder zu Hause ein wenig etwas von dem mitbekommen, weshalb ich die Wochen davor so wenig zu Hause war.

Keine zwei Minuten später haben wir bereits eine Telefonkonferenz. Kurz, Steiner, Fleischmann und ich besprechen die weitere Vorgehensweise. Es ist zu meiner Überraschung ein Telefonat wie immer. Keine Stimmen der Freude oder Emotionen. Punkt für Punkt arbeiten wir die Themen ab. Der Entwurf für die Stellungnahme beziehungsweise Reaktion liegt schon bereit, dennoch justieren wir ein wenig nach, weil gewisse Dinge noch unklar sind. Es ist noch unsicher, wer Zweiter wird und ob die Grünen aus dem Parlament fliegen oder es doch noch schaffen. Vieles ist kurz nach 17 Uhr noch höchst ungewiss, nur eines ist klar: Kurz holt nach 15 Jahren wieder den ersten Platz für die Volkspartei.

Mit dem Handy am Ohr mache ich mich vom Kursalon Hübner am Schubertring zu Fuß auf den Weg Richtung Hofburg, in der das Medienzentrum des Innenministeriums als wahlabwickelndes Ministerium eingerichtet ist. Dort steht uns ein Interviewmarathon bevor. Unzählige TV-Anstalten aus dem In- und Ausland sowie die heimischen Zeitungen haben ihre eigenen Studios aufgebaut. Kurz lässt es sich nicht nehmen, schon vor den Medienterminen einen kurzen Auftritt bei der Wahlparty hinzulegen, den ich selbst gar nicht mitbekomme, weil ich durchgehend mit Journalisten telefoniere. Am Michaelerplatz steige ich in den Wahlkampfbus ein, mit dem Kurz von zu Hause in die Innenstadt gefahren ist. Uns bleibt nicht einmal Zeit, uns zu umarmen oder ein Wort zu diesem grandiosen Erfolg zu wechseln. Am Josefsplatz stehen noch mehr Medien als bei der Stimmabgabe bereit und warten auf die Ankunft des Wahlsiegers.

Von TV-Studio zu TV-Studio werden Kurz und die anderen Spitzenkandidaten durchgereicht. Zwischen dem Studiowechsel gebe ich ihm immer ein Update mit Infos über die laufende mediale Berichterstattung, neue Zahlen und die Reaktionen aus den Bundesländern. Während der Interviews erhalte ich die Information, dass die deutsche Bundeskanzlerin Angela Merkel zu einer vorgegebenen Uhrzeit Kurz am Handy anrufen wird, um ihm zum Wahlsieg zu gratulieren. In der Hofburg finde ich keinen ruhigen Platz, sodass wir kurzerhand noch mal in den Bus steigen, damit das Telefonat in Ruhe geführt werden kann. Kurz nimmt in der letzten Busreihe Platz und telefoniert mit Deutschlands Kanzlerin Angela Merkel.

Als alle Interviews vorbei sind und wir uns auf den Weg zur Wahlparty machen, haben wir das erste Mal die Möglichkeit, im Bus zu reden. Kurz bedankt sich bei mir für den enormen Einsatz der letzten Monate. „Wie geistesgestört ist das alles“, antworte ich, und alle brechen in Gelächter aus, als ich an die stressigsten Minuten meines Wahlkampfes kurz vor dem TV-Duell mit Kern im ORF erinnere. „Heute wird gefeiert, und du gehst bestimmt nicht früh heim", meint Kurz zu mir. Das empfinde ich als Dienstanweisung.

Die Ankunft im Kursalon Hübner ist durch nichts zu übertreffen. Wie oft hat die ÖVP schon Wahlen verloren und bis auf eine Ausnahme über Jahrzehnte immer mehr an Zuspruch eingebüßt? Ein Minus folgte in den Jahren dem anderen, eine Obmanndebatte folgte der nächsten, eine große Koalition als Juniorpartner reihte sich an die andere. Und jetzt das. Das Gefühl, Teil eines großen Erfolges zu sein, ist an diesem Tag unbeschreiblich. Heute dürfen nach einer ewig langen Durststrecke endlich wieder einmal wir feiern.

Die Partylocation will sich auch am späten Abend nicht leeren. Wahlhelfer, Funktionäre, Kandidaten, Sympathisanten, das enge Team und auch viele Familienmitglieder feiern den Erfolg. Zu später Stunde stoßen auch immer mehr Journalisten hinzu, die nach getaner Arbeit auch bei der Siegesfeier vorbeischauen. Ihnen allen merkt man ebenfalls die Erschöpfung der vergangenen Wahlkampfwochen an. Die Arbeit rückt in den Hintergrund, für ein paar Stunden darf gefeiert werden.

Für das enge Team rund um Kurz wurde ab Mitternacht ein eigenes Lokal in der Innenstadt reserviert. Es sind rund 40 bis 50 Personen, die der Reihe nach eintreffen. Kurz ist einer der Letzten, der dazustößt, weil er bei der großen Wahlkampfparty gefühlt jedem die Hand schüttelt und sich für die Hilfe bedankt.

Für mich brechen dort alle Dämme. Der große Partymacher war ich nie, aber in dieser Nacht lasse ich mich gehen. Es fühlt sich alles surreal an, und viele können es immer noch nicht glauben, dass wir das unmöglich Geglaubte wirklich geschafft haben. Bei Leberkäs und Wurstsalat wird gefeiert und getanzt.

Bis kurz vor fünf Uhr früh halte ich durch, bis ich freiwillig aufgebe. Ein Kollege möchte mich heimfahren. In meinem recht angetrunkenen Zustand gebe ich ihm eine Adresse an. „Du, Frischi, das ist die Adresse vom Chef", meint der Fahrer. Ich wiederhole noch einmal meine Wohnadresse. Wieder meint der Fahrer, dass ich woanders wohnen müsse, weil ich ständig die Adresse von Kurz angebe. Irgendwie gelingt es dem Kollegen, meine tatsächliche Wohnadresse herauszufinden, und er bringt mich nach Hause. Am nächsten Tag lässt sich meine beharrliche Angabe von Kurz' Wohnanschrift nur so erklären, dass ich die vergangenen Wochen zum Teil mehrmals am Tag von mir zu Hause oder von der Parteizentrale mit dem Taxi zu Kurz nach Hause gefahren bin und mir deshalb nur diese Adresse beim Einsteigen ins Auto eingefallen ist.

„Blaumachen" war in all den Jahren für mich immer ein absolutes No-Go. Wer es schafft zu feiern, im Wissen, dass am nächsten Tag gearbeitet werden muss, der muss das aushalten. Also bin ich schon wieder um 9 Uhr wach. Zwar später als üblich, aber vertretbar. Der Kopf brummt nicht, aber die Nacht wirkt dennoch nach. Gegen 10 Uhr treffe ich in meinem Büro in der Lichtenfelsgasse ein. Nur wenige Mitarbeiter halten sich zu diesem Zeitpunkt in der Parteizentrale auf. Das hektische Treiben ist einer angenehmen Ruhe gewichen. Bei einer Tasse Kaffee lese ich die Tageszeitungen sehr detailliert. Kurz füllt alle Titelseiten, und die Überschriften sind ein Wettstreit der Superlative. Für einen Pressesprecher ist das ein Festmenü, das man nicht alle Tage serviert bekommt.

Nach der ausgiebigen Zeitungslektüre mache ich mich auf die

Suche nach anderen Kollegen. Ich treffe Elli Köstinger mit ihren Mitarbeitern in ihrem Büro. Wir sind irgendwie alle nur anwesend und wenig produktiv. Viel zu tun gibt es aber auch nicht. Wir erzählen uns Geschichten vom Wahltag und der Party. Köstinger wirkt sehr erleichtert und gelöst. Sie hatte im Wahlkampf als Generalsekretärin die undankbare Aufgabe, die ständigen Angriffe und Diffamierungen der Mitbewerber abzuwehren. Von Parteispenden über den Vorwurf eines von langer Hand geplanten Sturzes von Reinhold Mitterlehner bis hin zu den üblen Wahlkampfpraktiken der SPÖ mit ihrem Berater Silberstein. Das waren oft schwere Phasen, dem Druck standzuhalten und dagegen anzukämpfen. Köstinger machte diese Dinge in ihrer Persönlichkeit aber stärker.

Zu Mittag geben wir eine Schnitzel-Großbestellung auf. Während des Mittagessens gewinnt der Tag doch noch an Dynamik, als mich ein ehemaliger ÖVP-Pressesprecher und nun Inhaber einer PR-Agentur anruft und mich über ein Telefonat mit einem blauen Verbindungsmann informiert. „Strache hat bis jetzt noch keinen Anruf aus der ÖVP erhalten. Die Roten sind bereits voll dran, Strache eine rot-blaue Koalition anzubieten." Nun bleibt mir fast ein Stück Schnitzel im Hals stecken. „Ok, ich kümmere mich", antworte ich.

Also ist sie plötzlich futsch, die berühmte Vranitzky-Doktrin. Der damalige Bundeskanzler und SPÖ-Vorsitzende Franz Vranitzky zog Mitte der 80er für die SPÖ einen klaren Trennstrich zur FPÖ. Eine Art „antifaschistischer Schutzwall" sollte eine Zusammenarbeit mit den Freiheitlichen nicht möglich machen. Bis heute war dies neben dem Grundsatzprogramm die heilige Bibel der Sozialdemokraten. Keine Koalition mit der FPÖ auf Bundesebene. Nun bekommt diese Position unter Christian Kern Brüche.

Es ist eine Zäsur in der jüngeren Geschichte dieser fast 130 Jahre alten Partei.

Kern will mit Strache also koalieren. Schon in der Wahlnacht machen erste derartige Gerüchte die Runde. Bei uns löst dies für ein paar Stunden etwas Nervosität aus. Da ansonsten immer bei der FPÖ am Tag nach der Wahl „blaugemacht" wird, besteht auch bei uns so kurz nach Bekanntwerden des Ergebnisses keine große Eile für erste Gespräche, zumal jetzt zunächst einmal der Bundespräsident mit Gesprächen mit allen Vertretern der Parlamentsparteien am Zug ist. Ein Irrtum. Wie sich später herausstellt, bearbeitet Kern mit seinem Kanzleramtsminister Thomas Drozda und anderen Sozialdemokraten bereits vor der Wahl Strache und die Freiheitlichen, um nach der Wahl in rasche Verhandlungen einzutreten.[12] Nun soll das tatsächlich am Wahlsieger Kurz vorbei in Realität umgesetzt werden.

Den Freiheitlichen werden von uns entsprechende Signale gesendet, dass man sich melden wird. Noch am Abend, als wir schon wieder bei Kurz zur Strategiesitzung zusammentreffen, führt Kurz mit Strache das erste Telefonat. Nach dem Gespräch mit dem freiheitlichen Parteichef kehrt wieder Ruhe ein. Kurz ist sich zu diesem Zeitpunkt schon sicher: „Ich glaube, mit den Blauen könnte es etwas werden."

MITEINANDER BEGINNT

Der Herbst 2017 steht ganz im Zeichen der Koalitionsverhandlungen. Die ersten Tage nach der Wahl bittet der Bundespräsident alle Parteichefs der Reihe nach zum Vier-Augen-Gespräch in die Hofburg. Er beginnt mit dem Wahlsieger Sebastian Kurz, und erwartungsgemäß erteilt er dem Wahlsieger nach Abschluss aller Gespräche den Auftrag zur Bildung einer neuen Bundesregierung. Während Kurz die sogenannten Sondierungsgespräche mit den Chefs der Parlamentsparteien führt, sind wir im Team bereits mit der Vorbereitung möglicher Koalitionsverhandlungen beschäftigt, inhaltlich wie organisatorisch.

Für uns Medienleute ist von Beginn an klar, dass ab jetzt auch ein neues Zeitalter in der politischen Kommunikation anbrechen muss, und ich gestehe ein, dass ich dabei aufblühe.

Strukturiert und abgestimmt vorgehen, ist in der Kommunikation nichts Besonderes. Es sollte Grundvoraussetzung sein, aber beides war unter Rot-Schwarz nicht gegeben. Daher versuche ich mit meinen Kollegen aus all diesen negativen Erfahrungen unter Rot-Schwarz es nun besser und professioneller zu machen. Es sollen Koalitionsverhandlungen werden, die am Verhandlungstisch geführt werden und nicht über die Medien. Damit das gelingt, ist ein Agreement aller Beteiligten, gegenseitiges Vertrauen und eine koordinierte Zusammenarbeit notwendig. Früh zeichnet sich ab, dass die Volkspartei Verhandlungen mit der FPÖ aufnehmen und diese zu Koalitionsgesprächen einladen wird. Kanzler Kern ist zum einen noch gekränkt vom Wahlergebnis, und zum anderen sendet er auch nicht die entsprechenden Signale, unter einem

Bundeskanzler Kurz einer Regierung angehören zu wollen. Ich verstehe das.

Der Start mit dem blauen Verhandlungsteam ist auch für uns etwas Neuland. Erste Kontakte auf Mitarbeiterebene werden hergestellt. Schon im Wahlkampf bin ich Straches Pressesprecher mehrmals begegnet, und wir haben uns manchmal kurz ausgetauscht. Seine humorvolle und gemütliche Art ist über weite Strecken angenehm. Manchmal wird er mir aber zu gemütlich. Ihm kann man aber nie böse sein, weil er vom Grundtypus her ein netter Kollege ist und mit mir von Beginn an gut zusammenarbeitet.

Nach vielen Jahren müssen die Koalitionsverhandlungen wieder außerhalb des Bundeskanzleramtes geführt werden, da Christian Kern bis zur Bildung einer neuen Regierung die Regierungsgeschäfte als Bundeskanzler weiterführt. Also kommt es zu einem ersten Treffen von Mitarbeitern der Volkspartei und der FPÖ. Wir brauchen eine Location für die Regierungsverhandlungen. Mehrere Optionen werden diskutiert. Nachdem das Parlament aufgrund einer umfangreichen Generalsanierung gerade von Bauzäunen umfasst und von Baukränen eingenommen ist, kommen auch die Klubräumlichkeiten der beiden Parlamentsparteien nicht in Frage.

Zunächst treffen wir uns auf Vorschlag der Freiheitlichen in einem Hotel in der Nähe des Parlaments. Wir besichtigen den Seminartrakt und prüfen die Möglichkeiten, dort die Koalitionsverhandlungen zu führen. Dieser Variante stehen wir sehr skeptisch gegenüber. Regierungsverhandlungen in einem laufenden Hotelbetrieb? Das gibt ein komisches und vor allem unprofessionelles Bild. Die Politische Akademie der ÖVP in Meidling würde sich gut anbieten, kommt aber verständlicherweise auch nicht in Frage, denn es sollte ein neutraler Ort sein. Und so entwickelt man die Idee, die Verhandlungen im Palais Niederösterreich zu führen. Das Gebäude steht allerdings nur zum Auftakt der Verhandlungen zur Verfügung, weil es in den Folgewochen bereits für andere Veranstaltungen reserviert ist. Schließlich kommt das Palais Epstein als Verhandlungsort ins Spiel.

Das Haus am Ring gehört zum Parlament und ist von den Renovierungsarbeiten nicht betroffen. Für Verhandlungen und Rückzugsmöglichkeiten beider Parteien sowie Räumlichkeiten für Medienvertreter steht ausreichend Platz zur Verfügung. Das Ideale: Die Medien können im Erdgeschoss arbeiten, und die Verhandlungen finden im ersten Stock statt. Die Einigung auf diese Örtlichkeit erfolgt gleich ohne Aufregung und sehr partnerschaftlich. Auch die Festlegung der Verhandlungsstruktur und der Verhandlungsgruppen geht ohne grobe Aufregung vonstatten. Es wird jeweils ein fünfköpfiges Chefverhandlungsteam gebildet. Alle Themen werden in fünf Clustern zusammengefasst, und die einzelnen Bereiche werden in weiteren 25 Fachgruppen verhandelt. Insgesamt gilt es, die Verhandlungen von über 150 Personen zu koordinieren.

Das Gerüst für die Verhandlungen ist zwei Wochen nach der Wahl fixiert. Für mich ist es das erste Wochenende seit Langem, das voll der Familie gelten soll. Ein befreundetes Paar aus Vorarlberg hat uns zu seiner Hochzeit ins Ländle eingeladen. Wir verbinden das Wochenende rund um den Nationalfeiertag mit einem kurzen Besuch bei meiner Mutter in Tirol und legen in Imst einen Zwischenstopp ein, da meine Frau in einem Trachtengeschäft noch eine passende Kleidung für die Trachtenhochzeit in Vorarlberg kaufen muss.

Und schon wieder prallen die Arbeit und das Familienleben aufeinander. Mitten im Modegeschäft erhalte ich eine SMS, dass umgehend eine Telefonkonferenz erforderlich ist, um die letzten Details zur Struktur der Regierungsverhandlungen zu besprechen. Wie jetzt? Meine Frau steht in der Umkleidekabine. Meinen beiden Söhnen gebe ich ein paar Euro, damit sie vor dem Geschäft mit diesen elektronischen Fahrzeugen, Hubschraubern und anderen Elektrospielen beschäftigt sind. Das Handy zwischen Ohr und Schulter eingeklemmt, packe ich mein Notebook aus, das ich vorsorglich mitgenommen habe. An einem Tisch mit Trachtenblusen klappe ich mein Laptop auf und beginne nebenher zu schreiben. Währenddessen reiche ich immer wieder meiner Frau verschiedene Kleidungsstücke in die Umkleidekabine. Vertieft in die Arbeit, blende ich alles um mich aus, bis meine Frau vor mir steht. Mit großen Augen fragt sie mich, wo sich unsere Tochter befindet. Sie ist verschwunden. Mit einer ordentlichen Portion Schrecken beginnt die Suche zwischen Kleiderständern mit Dirndln, Trachten und Lederhosen. Ich finde die Kleine, als sie gerade versucht, aus dem Geschäft zu krabbeln. Immer noch mit dem Handy am Ohr, schnappe ich sie und setze sie zurück in den Buggy. Ich entschuldige mich bei meiner Frau, die wieder mit einem abwinkenden Handzeichen in der Umkleidekabine verschwindet. Ich frage mich, wann der Punkt erreicht ist, an dem sie mich vor die Tür setzt. Übelnehmen könnte ich es ihr nur schwer.

Auf der Fahrt zur Trauung treffen an diesem Samstag erstmals die beiden unterschiedlichen Arbeitswelten der möglichen zukünftigen Regierungsparteien aufeinander. Es geht um den medialen Verkauf der Personen, welche die Cluster-Gruppen leiten, und um erste Namen von Experten und Mitgliedern der

Koalitionsverhandler in den Fachgruppen. Darüber sollen die Medien am Wochenende informiert werden. Zunächst erreiche ich am frühen Morgen eine Ewigkeit meinen Kollegen von der FPÖ nicht. Verzweifelt rufe ich ihn mehrmals an, um die mediale Vorgehensweise abzustimmen, die bereits am Vorabend zwischen den Parteichefs in Grundzügen fixiert wurde. Schließlich erreiche ich am späten Morgen meinen blauen Verbindungsmann. Zunächst ist er etwas verwundert, dass ich ihn an einem Samstag anrufe. Ich schildere ihm die Situation, dass wir die Medien über die weitere Vorgehensweise zu den Regierungsverhandlungen informieren sollen. Dafür habe ich bereits am Vortag ein Papier vorbereitet. Der Kollege am Telefon erklärt mir, dass die Abstimmung etwas länger dauern könnte, da für die FPÖ als Oppositionspartei bisher an den Wochenenden nicht viel zu tun war, maximal in Notfällen. „Aber unsere Chefs haben das so vereinbart", halte ich dagegen und erkläre ihm, dass Regierungsarbeit etwas intensiver ausfällt als vielleicht der Job in der Opposition. Das gilt für Pressesprecher, Regierungsmitglieder und alle Mitarbeiter in Ministerkabinetten. Auf geregelte Arbeitszeiten und Wochentage wird hier selten Rücksicht genommen. Er versteht mich und versichert mir, dass er sich umgehend um die Angelegenheit kümmern wird. So gelingt es uns, die Medien noch um die Mittagszeit über die weitere Vorgehensweise zu informieren. Über die APA läuft um 12:15 Uhr die Meldung „Koalition: Clustersprecher für Verhandlungen festgelegt". Die Rückfragen der Medien beantworte alle ich während der Autofahrt und auf dem Weg zur Kirche.

Die Medienarbeit an den Wochenenden stellt sich auch zu Beginn der Regierungsarbeit als ein etwas herausforderndes Projekt dar. Ich entwickle für mich den Modus, mit der FPÖ bereits am

Donnerstag die Medienarbeit fürs Wochenende abzustimmen und vorzubereiten, damit auch ich an den Samstagen und Sonntagen etwas mehr Zeit für die Familie habe.

Die Verhandlungen können also starten, und sie verlaufen genau so, wie es gemeinsam vereinbart wurde. Verhandeln, miteinander reden und keine medialen Zwischengeräusche oder selbst produzierte Störfeuer. Fast keine Details aus den vielen Gesprächen und Verhandlungsrunden finden den Weg an die Öffentlichkeit. Und umgekehrt werden nur selten über die Medien gegenseitige Forderungen ausgerichtet. Bei über 150 Verhandlungsteilnehmern, wo jeder einzelne viel zu sagen hätte, wirklich ein Wunder. Es ist aber auch ein Zeichen dafür, dass es den beiden Parteien sehr ernst ist und sie die Gespräche zu einem positiven Abschluss bringen wollen.

Im November und Dezember 2017 zeichnet sich für mich persönlich eine sehr eigenartige Arbeitsweise ab. Zu jeder Runde der Chefverhandler, mit Sebastian Kurz und HC Strache an der Spitze, werden auch immer die Medien eingeladen. Man informiert vor Beginn der Verhandlungen in Form der sogenannten „Doorsteps" über die Inhalte der Gespräche, und nach Ende der Verhandlung werden die anwesenden Journalisten gemeinsam von den beiden Parteichefs über die Ergebnisse und Fortschritte der Gespräche in Kenntnis gesetzt. Manchmal kommen auch andere Verhandlungsteilnehmer zum Medien-Einsatz. Für diese Eingangsstatements und auch die ausführlichere Medieninformation nach den Verhandlungen bereite ich im Vorfeld immer eine Presseunterlage für Kurz vor. Bevor beide Parteichefs gemeinsam vor die Medien treten, gibt es eine Vorbesprechung. Inhalte werden abgestimmt, und es wird eingeteilt, wer was sagt. Während Sebastian Kurz bei diesen Vorbesprechungen immer eine fertige Unterlage von mir vorgelegt bekommt, welche auch während der Verhandlungen manchmal angepasst und modifiziert wird, sitzt Heinz-Christian Strache anfangs ohne eine Presseunterlage neben Kurz. „Frischi, mach bitte eine Kopie für HC", bittet mich Kurz, damit sich auch Strache vorbereiten kann.

So entsteht der Modus, dass sich mit Verlauf der Koalitionsverhandlungen bei den Chefverhandlungen schon vor Beginn der Sitzung die FPÖ bei mir nach der entsprechenden Presseunterlage für Strache erkundigt. Das Szenario führt irgendwann so weit, dass mich der FPÖ-Chef persönlich bittet, Schriftgröße, Absätze und Einzüge für ihn größer und übersichtlicher anzupassen und manchmal auch Textpassagen abzuändern. Zuerst ärgere ich mich darüber, dass ich auf einmal ein Zuarbeiter für das blaue Team bin. Andererseits übernimmt Strache Wort für Wort die Inhalte aus meinem Medienpapier.

Diese Form der Vorbereitung von Pressekonferenzen muss aber auch irgendwann zu einem Fauxpas führen. Das Kapitel Bildung steht vor Verhandlungsabschluss. Es trifft sich die Chefverhandlerrunde, um letzte Details und Unschärfen zum Thema Bildung im Koalitionsvertrag zu klären. Wie immer bereite ich für beide Parteichefs vorab eine Presseunterlage vor. Eigentlich wurde von der zuständigen Fachgruppe bereits inhaltlich alles geklärt, es spießt sich nur noch an einem Punkt. Da müssen die Chefs ran. Diesen Passus markiere ich in der Presseunterlage mit einem gelben Hintergrund als noch ungeklärte Passage und übergebe beiden Parteivorsitzenden vor Beginn der Verhandlungen die Unterlage für das anschließende Medienstatement. Nachdem der strittige Punkt der FPÖ wichtig und für die ÖVP eher weniger relevant ist, formuliere ich die Presseunterlage noch während der Verhandlungsrunde entsprechend der FPÖ-Position um und drucke sie zweimal aus. Eine Unterlage überreiche ich gleich meinem blauen Pressesprecherkollegen, die andere lege ich nach der Verhandlung direkt Kurz vor. HC Strache hat immer die Gewohnheit, in Presseunterlagen wichtige Textblöcke und Passagen mit dem Kugelschreiber einzukreisen und mit einem Textmarker gelb zu markieren. Jeder hat hier seine eigene Art der Vorbereitung.

Bei der anschließenden Pressekonferenz, die ich moderiere, passiert ein folgenschwerer Fehler. HC Strache verkündet plötzlich die ÖVP-Position, die ursprünglich in der Unterlage gestanden hat, aber von der FPÖ rausverhandelt wurde, als Einigung. „Hat Strache jetzt unseren Punkt verkündet?“, schreibt mir Gerald Fleischmann per SMS, der während der Pressekonferenz gemeinsam mit Stefan Steiner ganz hinten am Ende des Raumes steht. Grinsend nicke ich ihm zu. So stellt sich später heraus, dass Strache die neue Presseunterlage nicht getauscht hat, in der Pressekonferenz meine Erstversion der Presseunterlage verwendet und die von mir gelb markierte Passage – die ÖVP-Position – als eine für ihn wichtige Passage wahrgenommen hat. Auch so finden „Einigungen“ den Weg ins Koalitionsabkommen.

Also bin ich im November und Dezember bei den Koalitionsverhandlungen für die Pressekonferenzen im Nebenjob auch mehrmals ungewollt der Ghostwriter von Strache. Das soll sich auch später in den ersten Monaten der Regierungsarbeit nicht ändern. Jeden Dienstag kommt aus dem Büro des Vizekanzlers der Anruf, um nach der Presseunterlage für das Pressefoyer nach dem Ministerrat nachzufragen, welches jeden Mittwoch im Bundeskanzleramt stattfindet. Der zu Regierungsbeginn uns zugeschriebene Begriff „Message Control“ ist auch teilweise und durch Zufall auf diese Art der Arbeit des blauen Medienteams zurückzuführen. Dafür habe ich zum Teil Verständnis, zumal zum Start der gemeinsamen Regierungsarbeit die Personaldecke in den blauen Ministerbüros noch sehr dünn ist.

Erst mit dem Einstieg von Heimo Lepuschitz als Koordinator der blauen Medienarbeit wird der personelle Engpass ein paar Monate später, es ist Anfang April 2018, beseitigt und die Zusammenarbeit in den Abläufen auf eine noch professionellere Ebene gehoben. Heimo ist ein Vollprofi. Er ist in der täglichen Arbeit ein harter Knochen, aber für ihn steht genauso wie für uns das gemeinsame Regierungsprojekt im Mittelpunkt. Leben und leben lassen. Er versetzt mich in meinem Anspruch an Professionalität oft in Rage und weiß, wie er mich triggern und aus der Fassung bringen kann. So entsteht neben der hohen gegenseitigen Wertschätzung auch eine Art gegenseitige „Pflanzerei“. Rückblickend bin ich der absoluten Überzeugung, dass die Zeit mit Lepuschitz bis zur Veröffentlichung des Ibiza-Videos die beste Phase von Regierungskommunikation seit sehr, sehr langer Zeit war. Mit Heimo habe ich heute nur noch gelegentlich Kontakt, aber es verbindet uns eine politische Freundschaft. Wenn wir uns in den seltenen Fällen sehen oder uns Nachrichten schreiben, dann überwiegen bei unserem Austausch die vielen guten Erinnerungen und der gegenseitige Respekt.

Während der Koalitionsverhandlungen lädt Kurz Ende November alle Mitarbeiter zu einem Danke-Fest ein. Es kommen an die 150 Mitarbeiter aus der Partei, dem Klub und den Teilorganisationen der ÖVP zusammen. Es ist ein lustiger Abend, an dem mich Kurz zur Seite holt und in einer schon fast förmlichen Art fragt, ob ich bei einem erfolgreichen Abschluss der Koalitionsverhandlungen mit ihm als erster Pressesprecher mit ins Kanzleramt gehen möchte. Er habe mich nun in den letzten Monaten als einen fleißigen und akribischen Mitarbeiter erlebt und auch auf der persönlichen Ebene sei er von meiner Art sehr begeistert. Ich soll das Presseteam im Kanzleramt leiten und mich auch um die Koordination der operativen Medienarbeit innerhalb des ÖVP-Regierungsteams kümmern. Ohne zu zögern, sage ich ihm per Handschlag zu, auch wenn im Frühjahr meine Weichen noch voll auf Ausstieg aus der Politik gestellt waren. Die vergangenen Monate haben aber in mir wieder das Feuer für Politik entfacht und mich motiviert, weiterzumachen.

Familiär wird für mich dieser Abend allerdings zum Desaster. Nicht wegen meiner Jobzusage, die meine Frau später mit einem kurzen „Damit habe ich gerechnet, auch das bekommen wir hin" quittiert, sondern wegen einer Aneinanderreihung von Dummheiten, die mir in dieser Nacht und am Folgetag passieren. Die Feier findet ausgerechnet einen Tag vor der Weihnachtsfeier des Praxisteams meiner Frau statt. Das heißt, ich muss am nächsten Tag schon am Nachmittag zu Hause sein. Damit nichts schiefgeht und ich auch rechtzeitig daheim bin, buche ich schon für 9.30 Uhr einen Flug von Wien nach Stuttgart. Es kommt leider etwas anders. Zunächst drehe ich am Heimweg von der Party nochmals um, weil ich weiterfeiern möchte. Als ich wirklich heimgehe, ist mein Handyakku leer. Daheim vergesse ich, das Handy ans Ladekabel anzustecken, sodass ich in der Früh keinen Wecker höre, folglich verschlafe ich und verpasse meinen Flug. Erst als ich gegen halb zehn aufwache, das Handy anstecke, sehe ich von meiner Frau mehrere Anrufe in Abwesenheit. In weiser Voraussicht hat sie mich gleich am Morgen angerufen, um sicherzustellen, dass ich auch rechtzeitig aufstehe. Vergeblich. Selten habe ich meine an sich entspannte und verständnisvolle Frau so verärgert erlebt wie an diesem Tag. Aber es kommt noch dicker.

In meiner Aufregung packe ich das Notwendigste zusammen und fahre zum Hauptbahnhof. Ich steige in den nächsten Zug Richtung München und suche mir dort einen Anschlusszug nach Stuttgart. Meine körperliche Verfassung nach dieser durchzechten Nacht ist nicht sonderlich gut. Schon in St. Pölten ist erneut mein Handyakku leer, weil ich ihn nur kurz in der Wohnung aufladen konnte. Ladekabel habe ich natürlich keines dabei. Im Zug nach Stuttgart kann ich mir von einem anderen Fahrgast ein Ladegerät ausleihen. Endlich in Stuttgart angekommen, fühle ich mich fast schon ein wenig erleichtert, merke jedoch in der Bahnhofshalle, dass ich meine Geldbörse mit meinen Bankomat- und Kreditkarten verloren habe. Der Handyakku zeigt wieder nur noch 2 Prozent an. Es reicht Gott sei Dank aus, alle Karten zu sperren und meine ohnehin schon stinksaure Frau anzurufen. Ich versichere ihr, pünktlich daheim zu sein, bitte sie aber gleichzeitig, Bargeld bereitzuhalten, damit ich bei meiner Ankunft daheim die Taxifahrt bezahlen kann.

Vier Euro-Münzen in der Hosentasche retten mir die Weiterfahrt mit der S-Bahn. Anschließend im Taxi hoffe ich, dass mir meine Frau zu Hause Geld hinterlegt hat, damit ich das Taxi bezahlen kann. Bei der Ankunft vor unserem Haus will gerade meine Frau zu ihrer Feier losfahren. Sie öffnet das Autofenster nur minimal und reicht mir durch den Fensterschlitz wortlos, aber merklich verärgert, 30 Euro für die Begleichung der Taxirechnung.

Am nächsten Tag muss ich den vollkommen berechtigten

Canossagang antreten. Ich entschuldige mich mehrmals, kann aber auch keine gute Begründung für dieses Fiasko finden. Ohne Karten komme ich selbst an kein Geld, und aufgrund der Koalitionsverhandlungen werde ich möglicherweise bis Weihnachten durchgehend in Wien bleiben. Diesmal lässt meine Frau keine Milde walten und schickt mich Ende November mit nur 20 Euro Taschengeld nach Wien. Jemanden bei der Arbeit um Geld zu fragen, lässt mein Stolz die ersten Tage nicht zu. Ich schaffe es tatsächlich, mit 20 Euro zehn Tage lang durchzukommen – dem Buffet bei den Koalitionsverhandlungen sei Dank –, schließlich bitte ich eine Arbeitskollegin um Geld. Dass ich die neuen Bankomat- und Kreditkarten erst so spät erhalte, liegt daran, dass sie zuerst an die Adresse meines Elternhauses in Tirol zugestellt werden und von meiner Mutter nach Wien weitergeschickt werden müssen. Meine Frau hat diese Form von Folter sehr genossen. Der Denkzettel kam an – seitdem habe ich keinen Flug mehr verpasst.

Die Regierungsverhandlungen schreiten zügiger voran als erwartet. Das Klima in den unzähligen Runden und Gesprächen ist geprägt von Konstruktivität, und das gegenseitige Vertrauen steigt von Woche zu Woche. Viele der Spitzenverhandler haben sich vorher kaum gekannt. Man hört einander zu und bringt Argumente vor, die vom Gegenüber auch verstanden und akzeptiert werden. Natürlich gibt es auch Meinungsverschiedenheiten und unterschiedliche Ansichten, aber es werden ohne Aufregung gute Kompromisse gefunden. Zwischendurch wird auch Schmäh geführt. Kurz und Strache finden recht schnell zu einer gemeinsamen Ebene, obwohl beide nicht unterschiedlicher sein könnten. Da Kurz, der strukturiert Punkt für Punkt abarbeiten will, auf die Sache fokussiert ist und im Ton immer höflich und ruhig ist. Dort

Strache, stets etwas von Hektik getrieben, der sich kein Blatt vor den Mund nimmt und dem oftmals ein flotter Spruch über die Lippen kommt. Aber die beiden ergänzen sich und vor allem: Sie verstehen sich trotz mancher inhaltlichen Differenzen sehr gut. Ganz nach dem Motto: hart in der Sache, aber gemeinsam fürs Land.

Auch im restlichen Team harmonieren die Akteure. Weg ist das gegenseitige Geplänkel wie unter Rot-Schwarz. Wie angenehm und wohltuend. Als politischer Mitarbeiter habe ich erstmals überhaupt das Gefühl, dass hier zwei Parteien und Personen am Werk sind, die es wirklich miteinander ernst meinen und nicht die eigenen Erfolge im Blick haben, sondern das Land. Mit einem gemeinsamen Programm und der Absicht, Österreich nach der großkoalitionären Blockadepolitik der vergangenen Jahre zum Besseren zu verändern. Dieser Eindruck verfestigt sich bei mir bis heute. Natürlich ist allen klar, dass hier zwei unterschiedliche Parteien am Tisch sitzen und dass es auch in Zukunft Dissonanzen und Konflikte geben wird. Es geht aber nicht um das Ob, sondern um das Wie, und hier zeichnet sich ein völlig neuer Ansatz der Regierungszusammenarbeit, der Koordination und der Kommunikation ab. Egal ob in der Regierung oder im Parlament.

Dass es natürlich unterschiedliche Zugänge und Forderungen gibt, kommt auch bei diesen Koalitionsverhandlungen vor. Kurz ist es ein persönliches Anliegen, dass den Überlebenden und Hinterbliebenen von Opfern der Shoa die Möglichkeit gegeben wird, die österreichische Staatsbürgerschaft zu erhalten. Sich dieser dunklen Vergangenheit zu stellen und mit Israel die Beziehungen zu vertiefen, ist dem zukünftigen Kanzler eine Herzensangelegenheit. Dieser Punkt *muss* für Kurz Eingang ins Koalitionsabkommen finden. Gegen die FPÖ dieses Vorhaben durchzusetzen, ist in den Verhandlungen sehr lange ungewiss, aber es kommt zur Zustimmung der Freiheitlichen. Freilich zu einem politischen Preis. „Im Gegenzug", so Kurz bei einer der vielen Strategiesitzungen am Küchentisch bei ihm zu Hause, „und das wird unsere zwei Tiroler am Tisch besonders freuen, bekommen Südtiroler die Möglichkeit für die doppelte Staatsbürgerschaft. Das möchte die FPÖ." Die Blicke der rund 10-köpfigen Runde richten sich auf Etienne Berchtold und mich am anderen Ende des Tisches. Wir beide sehen uns stirnrunzelnd an. „Damit gewinnst du keinen Blumentopf", so meine erste Reaktion. „Damit ist alles gesagt", fügt Etienne in seiner trockenen Innsbrucker Art hinzu.

So sehr ich Südtirol und die Menschen dort liebe und mir selbst als Mitglied der Tiroler Schützen das Unrecht bewusst ist, dass Tirol einst in Nord und Süd geteilt wurde, so ist die von der FPÖ geforderte Doppelstaatsbürgerschaft für Südtiroler, vor allem im Gesamtzusammenhang gesehen, mit der Staatsbürgerschaft für Überlebende oder Hinterbliebene des Holocaust unverhältnismäßig. Auch wenn diese Grenze viele Menschen dies- und jenseits des Brenners schmerzt, auch mich, scheint mir dieses politische Vorhaben realpolitisch unrealistisch und überzogen, denn in einem vereinten Europa sind die inneren Grenzen ohnedies schon längst gefallen.

Letztlich kommt es später nur zur Umsetzung der Staatsbürgerschaft für die jüdischen Opfer und Hinterbliebenen des barbarischen Nazi-Regimes, übrigens ein einstimmiger Beschluss des Nationalrats. Ich selbst darf im Rahmen einer New-York-Reise dabei sein, als Kurz persönlich mehreren aus Österreich vertriebenen Juden die rot-weiß-rote Staatsbürgerschaft persönlich überreicht.

Die feuchten und strahlenden Augen dieser Menschen jenseits des 90. Lebensjahres zu sehen, wie sie gerade nach vielen Jahrzehnten der Nichtbeachtung mit ihrer alten österreichischen Heimat ihren Frieden schließen können, aus den Händen eines erst 35-Jährigen ein Stück Identität zurückbekommen und sich wieder als Österreicher bezeichnen dürfen, ist für mich einer der bewegendsten Momente in meiner Zeit im Kanzleramt.

Das anvisierte Ziel, das Koalitionsabkommen vor Weihnachten zu finalisieren und den beiden Parteigremien zur Absegnung vorzulegen, wird locker erreicht. Am 15. Dezember treffen sich die beiden Fünfer-Teams zu einer letzten finalen Runde im Palais Epstein, das die vergangenen sechs Wochen mein zweiter Arbeitsplatz geworden ist. Letzte Details werden geklärt. Es dreht sich noch um ein paar Sätze im Koalitionsvertrag. Während die ganze Runde sitzt, steht Kurz auf, um im Gehen an den Formulierungen mitzufeilen.

„Also, HC. Wir sind durch", so Kurz, als man sich auf den letzten Satz einigt. Es ist still im Raum. Strache steht auf, geht auf Kurz zu. Ich hole als Einziger der Anwesenden mein Handy heraus und halte die Einigung fest. Zuerst kommt es zum Handschlag der beiden, dann umarmen sie sich. Türkis-Blau ist besiegelt. Unzählige Medien fragen mich später, ob der Moment der Einigung festgehalten wurde. Ich bejahe es, gebe aber die Fotos nicht heraus. Niemand bekommt sie, sie sind bis heute in meinem persönlichen Fotoarchiv abgelegt.

Für die mediale Verkündung der Einigung machen wir uns im Medienteam bereits Tage davor Gedanken. Schon am Tag der Einigung informiere ich am Vormittag vorab alle Journalisten, dass möglicherweise am Abend der weiße Rauch aufgehen wird.

Für mich gibt es eine klare Vorgehensweise. Zuerst wird die APA informiert, die via Meldung alle Medien gleichzeitig informiert. Im Anschluss werden beide Parteichefs vor den anwesenden Medien eine kurze Stellungnahme abgeben. Die große Präsentation erfolgt erst einen Tag später, da zuerst der Bundespräsident informiert wird und auch noch die Parteivorstände von Volkspartei und FPÖ damit befasst werden müssen.

Ich informiere die Innenpolitik-Redakteurin der APA, die ebenfalls am Verhandlungsort am Wiener Ring anwesend ist, und lotse sie durch die Securities in den ersten Stock. Sie setzt sich auf die oberste Stufe im großzügigen Treppenhaus des Palais. Mit dem Notebook auf ihrem Schoß formuliert sie die erste Agenturmeldung zur Koalitionseinigung. „Neue ÖVP-FPÖ-Regierung steht – Koalitionsverhandlungen abgeschlossen", läuft um 20.35 Uhr, als „Alarm"-Meldung priorisiert, über den Nachrichtenticker.

Die Parteivorstände geben am Tag darauf einstimmig grünes Licht für Türkis-Blau und das neue Regierungsteam, nachdem Kurz und Strache zuerst den Bundespräsidenten in der Hofburg über das positive Verhandlungsergebnis unterrichtet haben. Während die Gremien tagen, sind wir bereits mit den nächsten Schritten beschäftigt. Die offizielle Präsentation des Regierungsprogramms am späten Nachmittag. Dafür entscheiden wir uns für ein Seminarhotel am Wiener Kahlenberg mit Blick auf Wien.

An diesem Tag finde ich fast keine Zeit zum Essen oder Trinken. Auch die Nacht davor fiel aufgrund der vielen Vorbereitungen sehr kurz aus. Das Handy klingelt ununterbrochen. Medienvertreter melden sich mit einer Fülle von Fragen. Darauf versuchen wir uns bestmöglich vorzubereiten. Unzählige Unterlagen mit Zusammenfassungen einzelner Bereiche, Schwerpunkte und Frage- und

Antwortkataloge werden vorbereitet. Der Zulauf der Medien bei der Präsentation ist genauso stark wie am Wahlwochenende. Es ist ein riesiger Saal, der für die Pressekonferenz vorbereitet wird. Während der Pressekonferenz, die ich moderiere, zähle ich über 15 Kamerateams hinter den mit Journalisten gefüllten Sitzreihen.

Mein leerer Magen rächt sich, als mir am späten Nachmittag während der Pressekonferenz schummrig und schlecht wird. Erwartungsgemäß dauert diese Pressekonferenz über eineinhalb Stunden. Zuerst erfolgt die Vorstellung der wichtigsten Punkte und Projekte durch die beiden Parteichefs, dann wartet eine Flut an Fragen der anwesenden Journalisten. Ich stehe die ganze Zeit ungefähr zwei Meter von Kurz entfernt und versuche, den Überblick zu behalten. Zum einen muss man genau zuhören, was der Chef sagt, und zum anderen vernehme ich aus den Reihen der Journalisten Zeichen und Signale für eine Fragestellung im Anschluss. Mir wird immer schwindliger, und die Beine werden immer schwächer. Ich weiß, wenn ich jetzt umkippe, haben die Medien ihre Schlagzeile und das passende Foto dazu, von der Liveübertragung im ORF schon gar nicht zu reden. „1. türkis-blauer Umfaller", fällt mir eine Schlagzeile spontan ein, die bestimmt am Krone-Cover Platz hätte. Es wird wirklich zu einem Kraftakt. Ich merke, dass sich wenige Zentimeter hinter mir eine Betonsäule befindet. Langsam mache ich ein paar kleine Schritte rückwärts, um mich zumindest so unauffällig wie möglich an der Säule anlehnen zu können. Die Säule rettet mich vor dem Umfaller.

Viel Verschnaufpause bleibt dem Team in diesen Tagen nicht. Bereits für den Sonntag werden für die Printmedien Doppelinterviews der zukünftigen Regierungsspitze eingetaktet. Im Stundentakt kommen die Journalisten ins Palais Epstein. Dort, wo noch die Tage davor hart verhandelt wurde, werden nun der Reihe nach gemeinsame Interviews gegeben. Auch das ist Teil der neuen Kommunikation. Zum Regierungsantritt werden die Interviews im Duo absolviert und nicht getrennt. Fragen wie, wer hat nun wen über den Tisch gezogen oder wer hat sich wo durchgesetzt, rücken eher in den Hintergrund. Das gemeinsame Regierungsprojekt steht hingegen im Fokus der Kommunikation.

Dass ich zukünftig meinen Schreibtisch im Bundeskanzleramt haben werde, kommt mir aufgrund der vielen Arbeit Mitte Dezember noch nicht in den Sinn. Schon gegen Ende der Regierungsverhandlungen versucht mich aber mehrmals der Leiter der Öffentlichkeitsarbeit im Bundeskanzleramt zu kontaktieren. Ich sträube mich zuerst, mit ihm zu sprechen, da es der Respekt gegenüber dem amtierenden Bundeskanzler gebietet, ihn so lange arbeiten zu lassen, wie er im Amt ist. Ich finde, dass ich vor der Angelobung im Bundeskanzleramt nichts verloren habe. Allerdings beschäftigt man sich auch im Kanzleramt intensiv mit der Frage, wie die Übergabe an den neuen Bundeskanzler erfolgen soll. Dafür müssen ein paar Details geklärt werden. Widerwillig machen sich Gerald Fleischmann und ich am letzten Verhandlungstag ins Bundeskanzleramt auf zur Begehung. Beide wollen wir mit dem bisherigen Mediensetting, vor allem an Tagen, wenn die Regierungssitzung stattfindet, brechen und es neu konzeptionieren. Meine große Hoffnung, nämlich im Bundeskanzleramt keinem Mitarbeiter von Christian Kern in die Hände zu laufen, erfüllt sich nicht. Während der Besprechung im Kongresssaal – jenem Raum, wo immer die Regierungspressekonferenzen stattfinden – laufe ich einer Mitarbeiterin von Kern über den Weg. Sie ist eine der wenigen im Kanzleramt und in der SPÖ, mit der ich mich unter Rot-Schwarz eigentlich immer gut verstanden habe. Wortlos winken wir uns mit einem verkrampften Lächeln zu. Beide wissen wir, was bevorsteht. Für sie endet die Zeit im Bundeskanzleramt, für mich steht sie bevor.

ARBEITSPLATZ BALLHAUSPLATZ

Am 18. Dezember 2017 wird die türkis-blaue Regierung vom Bundespräsidenten angelobt. In der Früh treffen sich die anzugelobenden Regierungsmitglieder mit ihren Familien und Mitarbeitern im Außenministerium, dem Sitz des noch amtierenden Außenministers Sebastian Kurz. Wir versammeln uns im Alois-Mock-Saal. Um einen großen, festlich geschmückten Christbaum kommt es dort für viele zum ersten Kennenlernen. Es werden Hände geschüttelt, Personen vorgestellt, und vor allem wird viel gelacht. Sebastian hält eine kurze Begrüßungsrede, gefolgt von ein paar Worten des zukünftigen Vizekanzlers. Dieser Ablauf soll in den kommenden Monaten unverändert bleiben. Der neue Kanzler wird HC Strache viel mehr die Bühne ermöglichen und überlassen, als es einem Vizekanzler eigentlich zusteht. Manchmal wird sogar das Protokoll umgekrempelt, sei es mit Ansprachen am Nationalfeiertag am Heldenplatz oder an verschiedenen Gedenktagen. Auch so soll das Gemeinsame stärker betont und unterstrichen werden.

Der gemeinsame Gang über den Minoritenplatz zum Ballhausplatz und weiter zur Hofburg wird von vielen Kamerateams begleitet. Wir gehen vorbei an Sympathisanten und an Relikten der Donnerstagsdemos, die unter Schüssel-Haider Anfang 2000 auf die Straßen gingen. Der linke Protest gegen die Koalition Kurz-Strache war vorprogrammiert, hält sich aber in Grenzen. Uns sind diese Demos auch egal. Denn Linke gehen gegen alles auf die Straße, wo nicht Rot oder Grün draufsteht, weil eben alles andere böse und schlecht ist. Also sollte man dieser demokratiepolitischen Intoleranz und Ignoranz gegenüber den fast drei Millionen ÖVP- und FPÖ-Wählern keine allzu große Bedeutung beimessen.

Die Angelobung beim Bundespräsidenten ist angesichts der Räumlichkeiten und der Bedeutung natürlich der Höhe- und Schlusspunkt eines monatelangen Kampfes und vieler schlafloser Nächte. Hier wird die neue Regierung endgültig besiegelt. Ab jetzt wird ein neues politisches Kapitel aufgeschlagen. Was mir von diesem Akt ewig in Erinnerung bleibt, ist eine Beobachtung im Anschluss an die Angelobung beim Empfang des Bundespräsidenten.

Zwischen Stehtischen mit Brötchen und Sektgläsern und vielen plaudernden Menschen sehe ich einen kleinen Buben hemmungslos weinen. Er ist der Sohn einer neuen, gerade erst angelobten Ministerin, und dem kleinen Jungen wird klar, dass er seine Mutter in Zukunft eher selten sehen wird, wahrscheinlich nur noch an den Wochenenden. Die neue Ministerin tröstet ihr Kind, das schwer zu beruhigen ist. Ergriffen von der Szene und im Wissen um meine eigene private Situation, kommen auf einmal auch mir die Tränen. Gerald Fleischmann, sonst immer einer von den Hartgesottenen, verfällt auch fast in die gleiche emotionale Lage, als er mich sieht.

Der Tag der Angelobung ist in der Tat auch für mich persönlich außergewöhnlich und zugleich erhebend. Ich habe ein Ziel erreicht, auf das ich eigentlich nie hingearbeitet habe. Aber jetzt bin ich da, im Bundeskanzleramt als Sprecher des Bundeskanzlers. Mehr kann man als Mitarbeiter im Bereich der politischen Kommunikation eigentlich nicht erreichen. Seite an Seite überschreiten Gerald Fleischmann und ich nach der Angelobung die Schwelle des Bundeskanzleramtes. Wir klopfen uns gegenseitig auf die Schultern. Wer hätte sich das gedacht? Dass es die ÖVP noch einmal schafft, Erster zu werden, eine Regierung anzuführen und den Bundeskanzler zu stellen. Ich nicht.

Zunächst steht die offizielle Übergabe des Bundeskanzleramtes vom bisherigen Kanzler an seinen Nachfolger an. Dass sich Christian Kern sträubt, diese Übergabe vor laufenden Kameras zu vollziehen, ist menschlich nachvollziehbar. Er kommt aber nicht drumherum, da der mediale Druck auch zu groß ist. Ein kurzes Zeremoniell mit ein paar freundlichen Worten und Handschlag ist unausweichlich. Das Setting dafür haben Fleischmann und ich bereits zwei Tage zuvor bei unserer Begehung im Kanzleramt vorbereitet. Der Akt fällt wirklich sehr kurz aus, das verstehe ich. Im Anschluss verschwinden Kurz und Kern noch zu einem Vier-Augen-Gespräch in Kerns Büro, das bereits leergeräumt und mit Umzugskartons vollgestellt ist. Es ist ein helles Zimmer im sogenannten Metternich-Trakt. Wolfgang Schüssel wechselte einst als erster Kanzler vom dunklen und voll mit Holz getäfelten Kanzlerbüro – dem Kreisky-Zimmer – in diesen hellen Raum mit Blick auf den Volksgarten. Schüssels Nachfolger – Gusenbauer, Faymann und Kern – taten es ihm gleich und führten ihre Regierungsgeschäfte auch aus diesem Raum.

Kern und Kurz verschwinden hinter der Tür, und zu meiner Verwunderung dauert das Gespräch der beiden doch länger, als ich erwartet habe. Was reden da wohl nun die beiden Kontrahenten der vergangenen Monate, die sich fast bis aufs Blut politisch bekämpft und sich in keiner Phase des Wahlkampfes irgendwelche Freundlichkeiten ausgerichtet haben? Kurz kommt nach zehn Minuten wieder aus dem Büro, der ehemalige Kanzler und der neue verabschieden sich unter der hohen weißen Holztüre freundlich per Handschlag. Das war's. Was die beiden gesprochen haben, hat Kurz bis heute für sich behalten.

Keine halbe Stunde im Kanzleramt, müssen bereits erste Entscheidungen getroffen beziehungsweise Dekrete unterschrieben werden. Im Marmorecksalon wird der neue Generalsekretär des Bundeskanzleramtes ernannt. Der Formalakt dauert nur ein paar Minuten. Für die neue Bundesregierung findet noch ein Stehempfang statt, der sich aber rasch auflöst, da auch in den Ministerien die Übergaben an die neuen Minister anstehen.

Somit haben auch wir erstmals Zeit, unsere Büros zu beziehen. Wir betreten gemeinsam den Haerdtl-Trakt, das ist jener Teil im Kanzleramt, in dem zwischen 1945 und bis zum Ende der Kanzlerschaft von Viktor Klima jeder Bundeskanzler im altehrwürdigen Kreisky-Zimmer sein Büro hatte. Kreisky-Zimmer deshalb, weil der rote Kanzler am längsten in diesem Büro residierte und unter Gusenbauer das Kanzlerzimmer diese offizielle Bezeichnung erhielt. Kreisky selbst soll es aufgrund des dunklen Nussholzes auch „Zigarrenkistl" genannt haben. Andere finden in diesem recht düster wirkenden Raum eine neue Architekturrichtung, den „Handelskammerbarock". Egal wie man das Kanzlerbüro einordnet, ich finde diesen rund 70 Quadratmeter großen und über vier Meter hohen Raum jedenfalls von Beginn an beeindruckend. Das Büro ist auch ein Stück österreichische Nachkriegsgeschichte.

Als Kurz erstmals als jüngster Regierungschef der Welt das Kreisky-Zimmer betritt, macht sich Stille an diesem sonst so hektischen ersten Tag breit. Wortlos betritt er das Kanzlerbüro, das bereits mit seinen Möbeln eingerichtet ist. In der Mitte steht ein großer, dunkelbrauner Besprechungstisch mit zehn grauen Stühlen. An der rechten Wand hängt in der Mitte ein Kreuz, das Kurz aus seinem Büro im Außenministerium mitgenommen hat. Rechts und links vom Kreuz hängen zwei Bilder. Eines von Bruno Kreisky und eines vom ersten Bundeskanzler der 2. Republik, Leopold Figl. Am Ende des Raumes befindet sich Kurz' neuer Schreibtisch. Es ist kein Schreibtisch im klassischen Sinne, sondern ein Stehtisch. In langsamen Schritten geht er zuerst am Figl-Bild vorbei und blickt kurz innehaltend zum KZ-Überlebenden und Mitbegründer der ÖVP hinauf. Er umkreist den Besprechungstisch und dreht immer wieder mit seinen Blicken eine Runde durch den großen Raum. Er bleibt stehen und schaut zu uns Mitarbeiter, die immer noch an der Bürotüre stehen und meint: „Dann lasst uns beginnen."

Viel Zeit für Melancholie haben wir nicht, weil eine lange Liste von To-dos abzuarbeiten ist. Ich suche mein Büro, das nur einen Steinwurf vom Kreisky-Zimmer entfernt liegt. Etienne Berchtold, der für Kurz schon im Außenministerium als Pressesprecher tätig war, wird nun für den Kanzler in allen außenpolitischen Fragen als Ansprechpartner für die Medien zur Verfügung stehen. Er sitzt bereits im Büro und hat sich einen Schreibtisch ausgesucht. Es stehen vier große, elektrisch höhenverstellbare Schreibtische im Raum. Hier soll die Herzkammer der Kanzler- und Regierungskommunikation aufgebaut werden. Gegenüber von Berchtold mache ich mich breit. Ein für mich eingerichtetes Notebook steht schon bereit. Meinen Rucksack stelle ich auf einem alten dunklen Tisch ab, der an der Wand steht, überhaupt nicht zur modernen Einrichtung passt und so wirkt, als wäre er nur zwischengeparkt. Dieser Tisch, den ich für Ablagen aller Art verwende, wird nach ein paar Wochen später von Kunst- und Museumsleuten in weißen Baumwollhandschuhen begutachtet und vermessen. Es ist der originale Kreisky-Schreibtisch aus dem Kreisky-Zimmer und soll im Haus der Geschichte ausgestellt werden. Ups …

Berchtold wirkt an diesem ersten Tag etwas entspannter und gelöster als sonst. Das hat einen guten Grund, denn er bekommt an diesem Vormittag seinen Bescheid für den Doktortitel der Rechtswissenschaften zugestellt. Zum Feiern oder Anstoßen fehlt uns die Zeit. Sein privater Erfolg wird von der Angelobung und dem Regierungsstart überlagert. Wir beide finden uns sofort zurecht und wissen, was zu tun ist. Berchtold bereitet die erste Auslandsreise vor, die schon am nächsten Tag stattfinden soll. Das Ziel: natürlich Brüssel, obwohl es zur Tradition zählt, dass die erste Auslandsreise eines neuen österreichischen Regierungschefs normalerweise nach Bern in die Schweiz führt. Kurz macht Antrittsbesuche beim EU-Kommissionspräsidenten Jean-Claude Juncker, dem EU-Ratspräsidenten Donald Tusk sowie dem EU-Parlamentspräsidenten Antonio Tajani. Dass Kurz eine proeuropäische Haltung einnehmen wird, ist für uns immer klar. Dennoch wird ständig versucht, diese Haltung aufgrund der freiheitlichen Regierungsbeteiligung zu konterkarieren und in Frage zu stellen. Europa und die Haltung zu Israel sind zwei zentrale Punkte von Kurz, die er bereits in den ersten Verhandlungsrunden mit der FPÖ außer Diskussion stellt. Österreichs Rolle in Europa ist Kurz enorm wichtig. Seine manchmal differenzierte Haltung zur EU wird von vielen Kommentatoren gleich als europakritisch gesehen. Leider wird aber proeuropäisch oft so verstanden, dass Österreichs Vertreter nach Brüssel fliegen und dort alles abnicken, was die großen Mitgliedsstaaten schon zuvor untereinander ausgemacht haben. Das mag vielleicht für Kurz' Vorgänger ein passabler Weg gewesen sein, ist aber weder für Kurz proeuropäisch noch für uns als Team. Proeuropäisch heißt für uns, die Stimme zu erheben und an diesem Friedenswerk aktiv mitzugestalten. Ständig daran zu arbeiten, dass Europa im Konzert der Großen mitspielt und nicht zwischen dem Westen und dem immer stärker werdenden Osten aufgerieben wird. Proeuropäisch heißt für uns aber auch, auf Fehlentwicklungen aufmerksam machen, Probleme benennen und die Menschen auf diesem Kontinent nicht zurücklassen – ohne Schaum vorm Mund und ohne Hetze. Wir sind ein Land in einem Verbund von 27 Staaten. Nicht mehr und nicht weniger. Und hier hat man Möglichkeiten, Duftmarken in Brüssel zu setzen. Denn wie Österreich in der EU wahrgenommen wird, erfahre ich Jahre zuvor als Augen- und Ohrenzeuge bei einem Besuch bei Deutschlands Bundeskanzlerin Angela Merkel im Jahr 2011. Damals arbeite ich noch im ÖVP-Parlamentsklub und begleite eine ÖVP-Delegation zu einem Besuch bei der Schwesterpartei CDU in Berlin. Zuerst scheint ein Treffen mit der CDU-Vorsitzenden Merkel im Bundeskanzleramt nicht zustande zu kommen, da rund um die Finanz- und Eurokrise in Europa gerade wieder die Alarmglocken schrillen. Kurzfristig geht sich doch ein Treffen mit Merkel aus, das für eine Viertelstunde anberaumt ist und dann doch 45 Minuten dauert. Auf die Frage eines ÖVP-Parlamentariers an Merkel, wie sie denn mit ihrem Amtskollegen Werner Faymann aus Österreich zurechtkommt, meint sie lächelnd, dass sie an Faymann eigentlich nichts auszusetzen habe. Er komme immer mit keiner eigenen Meinung nach Brüssel und verlasse die Sitzungen dann mit ihrer (Merkels) Meinung. Natürlich kann man das auch als proeuropäisch bezeichnen. Unser Zugang ist das nicht.

Bevor es nach Brüssel geht, steht noch am Abend ein großes Interview im ORF an. Eine „ZIB spezial" um 20:15 Uhr mit Sebastian Kurz und Heinz-Christian Strache, live aus dem Kanzleramt. Moderiert wird das Interview, das im grauen Ecksalon stattfindet, von Armin Wolf und Claudia Reiterer. Der Raum befindet sich zwischen dem Ministerratssitzungssaal und dem Kongresssaal und ist im Grunde nur ein Durchgangsraum, ohne weitere besondere Bedeutung. Die Vorbereitung für dieses Doppelinterview verläuft in einer schon vertrauten Routine. Es ist nicht der erste Auftritt der neuen Regierungsspitze im Doppel. Die Vorbesprechung erfolgt wieder gemeinsam, bis sich beide im Kanzlerzimmer jeweils in ein Eck zurückziehen und den finalen Schliff auf ihre jeweilige individuelle Art machen. Auf der einen Seite Kanzler Kurz, der sich ein paar Stichworte auf eine Karte schreibt, in die Brusttasche seines Sakkos steckt und die zentralen Botschaften mit Steiner, Fleischmann und mir durchgeht. Dort HC Strache mit seinem Pressesprecher, gelbem Textmarker, einem Aschenbecher, reichlich gestikulierend. Für Kurz ist Pünktlichkeit immer besonders wichtig und ein Zeichen von Höflichkeit. Wenn Sebastian starten will, hat HC immer noch Zeit für eine Zigarette, so kann es öfter passieren, dass HC auf einmal unauffindbar ist und gesucht werden muss.

Neben den medialen Aktivitäten von Kurz bin ich nun auch für die Koordinierung der Medienarbeit des gesamten VP-Regierungsteams verantwortlich. In den ersten Tagen bedeutet das zunächst, eine Struktur und geordnete Abläufe in den Arbeitsalltag hineinzubringen. Die Liste der Interviewanfragen will kein Ende nehmen. Verständlich. Gleichzeitig sollen unsere Vorschläge für die ÖVP-Regierungsmannschaft auch mit den Überlegungen der Medienarbeit der freiheitlichen Minister abgestimmt sein. Jedes

Regierungsmitglied, egal von welcher Regierungspartei, soll seine mediale Bühne bekommen. Also mache ich einen Medienplan, der sich vom 20. Dezember bis über den Dreikönigstag hinaus erstreckt. Jede Tageszeitung und alle relevanten Wochenmagazine sowie TV- und Radioformate sollen berücksichtigt werden. Mein Vorschlag erstreckt sich nicht bis ins letzte Detail. Mir geht es aber darum, dass es zu keinen groben Überschneidungen kommt und ein Minister nicht den anderen in der Berichterstattung möglicherweise verdrängt. Und so gibt es Medien, die es praktisch angehen und bei mir eine Interviewanfrage für alle Minister deponieren. Ein Beispiel: Conny Bischofberger, bekannt für ihr großes Interview der Woche in der Sonntagsausgabe der Krone, ersucht mich um Interviews mit allen Ministern. Mir persönlich ist es egal, wann welcher Minister in der Krone erscheint. Wichtig ist mir jedoch, dass alle Medienanfragen bestmöglich erledigt werden und wir zum Regierungsstart medial eine starke und professionelle Präsenz zeigen. Ähnlich gehen auch andere Medienhäuser vor. Auch die ZIB2-Redaktion des ORF bittet mich um Unterstützung, alle Regierungsmitglieder möglichst bald als Livegäste ins Studio zu bringen. Das gelingt uns nur zum Teil, die Bedenken der FPÖ gegenüber dem ORF sind allen bekannt. Am 6. Jänner 2018 erscheint in der Krone eine Doppelseite mit einer Bilanz zu allen Ministerinterviews. Die Krone titelt „Auch Minister sind nur Menschen" und schreibt im Beitrag: „12 neue Minister und Ministerinnen: Conny Bischofberger hat sie alle interviewt. Politische Parolen entziffert. Ob Greenhorn, Quereinsteiger oder alte Politfüchse: Hinter jedem dieser ‚Neuen' steckt auch ein Mensch. Meistens einer, der allerdings schwer zu knacken ist."

So etwas gelingt nur, wenn bei allen Ministern gute Pressesprecher agieren und mit den gleichen Ansprüchen die Arbeit angehen wie ich. Die Pressesprecher der Fachminister werden in den ersten Monaten zu meinen Sparring-Partnern. Viele von ihnen kenne ich gut, und sie verfügen über langjährige Erfahrung. Auch diese Form der Teamarbeit ist neu. Alle setzen sich neben der Arbeit für ihren Minister auch dafür ein, dass der Gesamtauftritt der Regierung funktioniert und passt.

Ein guter Medienplan bedeutet auch, dass man die Feiertage und den Jahreswechsel etwas „gemütlicher" angehen kann. Die Situation fühlt sich in den Tagen nach der Angelobung und vor Weihnachten etwas schizophren an. Einerseits sind die Akkus am Jahresende nach den Monaten des drohenden Parteiuntergangs, des Mitterlehner-Rücktritts, des Kurz-Wahlkampfs mit Wahlsieg und der Koalitionsverhandlungen ziemlich leer, und zum anderen möchte man die ersten Tage im Kanzleramt am liebsten jeden Tag gleich fünf Maßnahmen aus dem Regierungsprogramm umsetzen. Der ausgetüftelte Medienplan ist für mich auch ein Stück weit aus Eigennutz erstellt. Neue Regierung hin oder her. Die Tage rund um Weihnachten und bis zum Jahreswechsel müssen der Familie gehören. Und je besser die Vorbereitungen, desto mehr Familienzeit habe ich.

Zwei Tage vor Weihnachten will Sebastian Kurz noch einen sozialen Schwerpunkt setzen. Schon im Wahlkampf ist mir immer wieder aufgefallen, wie viel Zeit er sich für jene nimmt, die ein wahres, echtes Anliegen vorzutragen haben und bei denen man merkt, dass sie im Leben nicht immer auf der sonnigen Seite gestanden sind. Egal ob Menschen mit Behinderung, Arbeitslose oder Kranke. Kurz hat in den persönlichen Gesprächen abseits von Kameras und Fotografen ein Fingerspitzengefühl für diese

Menschen. Bereits am Vormittag besuchen wir eine Rot-Kreuz-Stelle in Oberösterreich, nachdem wir schon am frühen Morgen live beim Ö3-Weihnachtswunder am Linzer Hauptplatz zu Gast waren. Am Abend will Kurz gemeinsam mit Caritas-Präsident Michael Landau den „Canisibus", den Suppenbus der Wiener Caritas, besuchen. Jährlich werden dort 90.000 Suppen an obdachlose Menschen ausgeschenkt. Das Projekt unterstützt Kurz schon seit längerer Zeit. Nun will er als Kanzler auf diesen Aspekt und die Arbeit der Caritas für Obdachlose in den Medien aufmerksam machen. Obdachlos und medienwirksam ist aber eine schmale Gratwanderung. Ein Medienaufmarsch mit Kanzler an einem Ort, wo Menschen ohne Hab und Gut um ein warmes Essen anstehen, kommt für uns nicht in Frage. Wir entscheiden uns, nur einen Redakteur und Fotograf von der APA zu diesem Termin einzuladen. Mit einer APA-Meldung haben somit alle Medien Zugriff auf das Text- und Bildmaterial. Die Begleitung zu diesem Termin übernehme ich. Ich habe auf dem Weg zum Termin ein etwas mulmiges Gefühl. Welcher Obdachlose will in eisiger Kälte schon gerne vom Bundeskanzler beim Suppeausfassen und -auslöffeln beobachtet oder sogar angesprochen werden? Es kommt aber anders. Viele Obdachlose suchen das Gespräch mit dem neuen Regierungschef und mit Landau. Nur ein Obdachloser ist ob des ungewöhnlichen Besuches etwas irritiert und möchte auch nicht fotografiert werden. Letztlich verbringen wir beim Suppenbus viel mehr Zeit, als ursprünglich vorgesehen.

Nach dem turbulenten Dezember gelingt es uns wirklich, für ein paar Tage bei unseren Familien daheim zu sein. Sie haben es sich verdient, und wir brauchen es auch. Ich freue mich dieses Jahr besonders, mit meiner Familie in die Ötztaler Berge zu fahren, wo wir jedes Jahr Weihnachten verbringen. Ich genieße die Zeit und finde bei der Familie und meinen Jugendfreunden wieder ein Stück Erdung und das, wonach ich mich immer wieder nach heftigen Zeiten sehne: Heimat. Obwohl ich zur Ruhe komme, ist das Weihnachtsfest nicht mehr so wie früher. Das Handy klingelt auch am Heiligen Abend bis in den späten Nachmittag hinein. Gegen 18:00 Uhr bekomme ich noch eine letzte SMS. Sie ist von Kurz. Er bedankt sich für meine Arbeit in den vergangenen Monaten und freut sich, dass ich im Team bleibe. Spannende Zeiten würden auf uns warten. Nun soll ich das Handy auf die Seite legen und mit meiner Familie Weihnachten feiern. „Frohe Weihnachten, Frischi! AL Sebastian."

TÜRKIS-BLAU: REKORDVERTRAUEN UND „EINZELFÄLLE“

Der Start der neuen Koalition aus ÖVP und FPÖ gelingt aus medialer Sicht mit ein paar kleinen Dellen überraschend gut. Das Jahr 2018 ist aber erst ein paar Stunden alt, da schrillen bereits die ersten koalitionären Alarmglocken. Die neue Sozialministerin Beate Hartinger-Klein tappt gleich in ihrem ersten ZIB2-Interview in die Falle, indem sie erklärt, dass das Arbeitslosengeld weiter unbefristet ausbezahlt wird, obwohl im Koalitionsabkommen eine Reform festgeschrieben ist, indem Langzeitarbeitslose in die Mindestsicherung überführt werden sollen. Für Medien ist das ein gefundenes Fressen, für die Koalition der erste Knatsch. Aus den Erfahrungen früherer Koalitionen wird das Thema aber zügig und professionell eingefangen. Statt einer großen öffentlichen Auseinandersetzung laufen zwischen Volkspartei und FPÖ die Drähte heiß – auch dank ihres engagierten Pressesprechers. Nach 36 Stunden Debatte inklusive medialer Begleitmusik, die nicht zu verhindern und selbstverständlich ist, vermeldet die APA schließlich: „Arbeitslosengeld – Hartinger rudert zurück“. Erstmals tritt vor allem intern zutage, dass wir im Kanzleramt die Umsetzung des Regierungsprogramms und die Einhaltung von gemeinsam getroffenen Abmachungen auch sehr genau nehmen. Das Thema ist somit vorerst erledigt.

Für die Ministerin selbst ist die Sache allerdings nicht ausgestanden, denn für den ersten Eindruck gibt es in der Politik leider keine zweite Chance. Mit diesem Fehltritt gleich nach Amtsantritt trägt sie von Beginn an den Makel einer überforderten und zum

Teil ungeschickt agierenden Sozial- und Gesundheitsministerin, den sie bis zum Ende ihrer Regierungstätigkeit nicht mehr losbekommt. Eigentlich schade, denn bis zu ihrer Angelobung gilt sie als Gesundheitsmanagerin mit viel Erfahrung im Sozialversicherungsbereich. Es ist ihrem Pressesprecher und auch unserem Presseteam im Bundeskanzleramt zu verdanken, dass derartige Aussagen wie zum Arbeitslosengeld in weiterer Folge mehrmals und rechtzeitig eingefangen und kaschiert werden können.

Dieses Beispiel zeigt, wie schnell es gehen kann, binnen weniger Tage in der Öffentlichkeit schon geschwächt zu wirken, noch bevor die Arbeit richtig aufgenommen wurde, geschweige beurteilt werden kann. Dafür reicht oft nur ein Satz. Solche medialen Rückschläge können nur in seltenen Fällen wiedergutgemacht werden. Im Fall Hartinger-Klein kommt auch noch der Umstand dazu, dass aus Sicht der FPÖ die Medien mit der Ministerin nur zwei Wochen nach Angelobung schon zu hart ins Gericht gehen und die klassische 100-Tage-Schonfrist nicht gelten würde. Das führt dazu, dass sich das ohnehin schon geringe Vertrauen der FPÖ in klassische Medien noch verringert.

Damit dieses Misstrauen nicht weiter befeuert wird, wird von Beginn an eine Art Puffer einkalkuliert. Ein Regierungssprecher soll als neue, weitere Schnittstelle installiert werden. Noch während der Regierungsverhandlungen arbeiten wir darauf hin, dass die FPÖ dieser neuen Sprecherfunktion zustimmt. Damit soll sichergestellt werden, dass aus dem angespannten Verhältnis zwischen FPÖ und Teilen der Medien Druck rausgenommen wird. Diese Funktion des Regierungssprechers erfordert daher viel diplomatisches Geschick. Mit Peter Launsky-Tiefenthal ist die Idealbesetzung dafür gefunden.

Der Spitzendiplomat kann auf jahrzehntelange internationale Erfahrung zurückblicken. Zwar gelingt es uns nicht, diese Rolle mit vollem Leben zu füllen und sie so auszugestalten, wie es in anderen Ländern der Fall ist. Dennoch ist Launsky-Tiefenthal der richtige Mann, der es während der Regierungszeit schafft, für jene Medien als Servicestelle zu dienen, welche die FPÖ aus welchen Gründen auch immer ignoriert oder in der Medienarbeit nie berücksichtigt. Für mich persönlich wird Launsky-Tiefenthal ein gefragter Ansprechpartner. Seine Art bringt in den hektischen Medienalltag viel Ruhe.

Ruhe in die gesamte Kommunikation zu bringen und anhand geordneter Arbeitsabläufe und Verantwortlichkeiten vorzugehen, steht auch ab dem Tag der Angelobung an oberster Stelle. Unter Rot-Schwarz gab es, abgesehen von der wöchentlichen Regierungssitzung und der Regierungskoordination, praktisch keine gemeinsamen Formate, um die Koalitionsarbeit voranzubringen und professionell Punkt für Punkt abzuarbeiten. Dieser Fehler soll kein weiteres Mal gemacht werden. Also legen wir über jede Woche einen Raster mit fixen Sitzungen und klar definierten Zusammensetzungen. Damit das gelingt, findet eine Arbeitsklausur statt. Einen ganzen Nachmittag lang versammeln sich Anfang Januar 2018 die Kabinettchefs und Pressesprecher des Bundeskanzlers, Vizekanzlers, der beiden Regierungskoordinatoren Gernot Blümel und Norbert Hofer sowie Vertreter der beiden Parlamentsklubs, um einen Vorschlag mit Themenfahrplan inklusive Medienarbeit auszuarbeiten. Den Chefs werden drei Pläne vorgelegt. Einer mit der groben Planung bis zum Ende der Regierungsperiode 2022. Dieser beinhaltet die Festlegung der Leuchtturmprojekte über fünf Jahre. Der zweite Plan skizziert die politischen Umsetzungen für das bevorstehende Jahr 2018, geclustert in Quartalsprogrammen. Der dritte ist die Themenplanung des anstehenden Quartals. Aus diesem wird schließlich in Zusammenarbeit und Abstimmung mit den jeweiligen Regierungsbüros das wöchentliche Programm samt detaillierter Medienarbeit erstellt. Die Vorschläge dieser Klausur werden mit nur marginalen Änderungen und Ergänzungen von Kurz und Strache freigegeben.

Aus dieser Arbeitsklausur entsteht auch der wöchentliche Sitzungsraster. Die politische Arbeitswoche beginnt demzufolge nicht an einem Montag, sondern an einem Donnerstag.

Jeden Donnerstag trifft sich die Klausurrunde zur „Themensitzung". Hier berichten die Kabinettschefs sowie jene, die in der Regierungskoordinierung sitzen, den aktuellen Wasserstand zu laufenden Themen und Projekten. Mit den Parlamentsklubs wird der Verfahrensstand parlamentarischer Prozesse abgestimmt, und die anwesenden Pressesprecher informieren über die aktuelle Medienlage. Dieses Sitzungsformat dient auch für Feedbackrunden sowie die offene Aussprache zu Vorgängen oder Entwicklungen in der Koalition. Manchmal verläuft dieser Gesprächspunkt, gelinde gesagt, nicht immer positiv. Nicht selten spüre ich bei diesen Gesprächen einen erhöhten Puls in mir, aber harmlos im Vergleich zur Regierungszusammenarbeit mit der SPÖ. In der Themensitzung wird schließlich der Themen- und Medienplan für die kommende Woche erstellt sowie ein grober Ausblick für die Folgewoche. Es wird klar festgelegt, welches große Thema am Mittwoch in der Regierungssitzung beschlossen beziehungsweise behandelt wird. Daraus wird der Medienplan für die Tage davor und die Tage danach ausgearbeitet. Und der gilt für alle Regierungsmitglieder.

Ein Beispiel: Die Regierung möchte in der Ministerratssitzung die Einführung von Deutschförderklassen beschließen. Der sogenannte mediale „Erstaufschlag“ erfolgt bereits in den Sonntagsausgaben der Tageszeitungen. Diese sowie die APA erhalten schon am Freitag oder Samstag eine erste Medieninfo, in der der beabsichtigte Regierungsbeschluss angekündigt wird. Meist versehen mit einer Sperrfrist bis Sonntagfrüh um 5:00 Uhr. Das heißt, die Medien dürfen erst ab diesem Zeitpunkt online berichten, beziehungsweise darf die APA diese Meldung erst zu dieser Zeit über ihr System an alle Medienhäuser verschicken. Es ist eine Regel, die nirgends festgeschrieben steht, aber ein Agreement, an das sich alle im Regelfall halten. Diese Medieninfo für die Sonntagsmedien wird bald eine eigene Bezeichnung erhalten und nach meinem Spitznamen benannt, weil ich für die Ausarbeitung und Abwicklung zuständig bin – das „Frischi-Papier“. Es folgen meist unterschiedliche Nachfragen von Journalisten am Sonntag. Somit wird über das Thema auch am Montag berichtet. Das Regierungsvorhaben gewinnt automatisch an medialer Bedeutung, sodass auch das Ö1-Morgenjournal darüber berichtet. Im Idealfall läuft eine gekürzte Form der Nachricht auch in den Ö3-Morgennachrichten. Parallel wird versucht, das Thema anhand eines bestimmten Aspekts detaillierter aufzubereiten oder mit einem Experten auf eine breitere Ebene zu bringen. Nachdem die Opposition meist aus Reflex auf die Regierungspläne reagiert, bleibt das Thema bis zum Tag der Regierungssitzung weiter automatisch medial relevant. Dieser Tag beginnt im Regelfall mit entsprechender Berichterstattung in Zeitungen, Radio und Internet, dass die Regierung an diesem Tag die Deutschförderklassen beschließt.

Den „Höhepunkt“ bildet das Pressefoyer nach dem Ministerrat, bei dem die Regierungsspitze und/oder der jeweilige Fachminister den Regierungsbeschluss der Öffentlichkeit im Detail präsentieren. Abgerundet wird die Medienwoche einen Tag später, wenn Bundeskanzler, Vizekanzler und der zuständige Bildungsminister vor Ort eine Volksschule mit Deutschförderbedarf inklusive Medien besuchen. In diesem Fall ist es die Volksschule Murfeld in Graz. Der Anteil an Schülern mit nicht-deutscher Muttersprache liegt in Graz bei 45 Prozent[13], erklärt beim Besuch der steirische Landeshauptmann Hermann Schützenhöfer gegenüber den Gästen aus Wien. Unser Vorgehen bietet manchmal auch den Landeshauptleuten eine Bühne. Ich finde es gut so, wenn auch Länderchefs am Zuspruch der Bevölkerung an der neuen Regierung partizipieren können. War nicht immer so.

Diese Form der Regierungsarbeit wird von Teilen der Medien kritisch gesehen und erhält nach wenigen Wochen eine eigene Bezeichnung. Die Message Control ist geboren.

Für mich ist das, was wir aufgesetzt haben, professionelle Medienarbeit und geordnete Regierungskommunikation. Rückblickend bin ich ein wenig stolz darauf, dass ich ein „Geburtshelfer" dieser Form der Regierungszusammenarbeit sein und diesen Prozess begleiten durfte. Mehr dazu aber später.

Seit Langem erreicht keine Regierung so hohe Vertrauens- und Zustimmungswerte in der Bevölkerung wie die Regierung Kurz I. Ausschlaggebend dafür ist die konsequente Abarbeitung des Koalitionsabkommens, das Miteinander und die offensive Kommunikation.

Die erste Zeugnisverteilung erfolgt erwartungsgemäß nach 100 Tagen Amtszeit. Die sogenannte „Message Control" würde „sehr, sehr strukturiert" erfolgen, sagt Meinungsforscher Peter Hajek gegenüber der Austria Presseagentur. Der Experte spricht von „echten Fachministern“ in der Regierung, die sich ausschließlich zu ihren eigenen Agenden zu Wort melden würden. „Das war früher nicht der Fall.“ Es können sich also neben mir auch noch andere an die Tohuwabohu-artigen Zeiten unter Rot-Schwarz erinnern, als die rechte Hand oft nicht wusste, was die linke tut. Ein Jahr nach der Nationalratswahl sind laut OGM-Umfrage im Auftrag des Kurier 57 Prozent der Bevölkerung mit der Kurz-Strache-Regierung zufrieden. Kurz schneidet mit 58 Prozent als Person sogar noch besser ab.[14] Blickt man auf die Endphase von Rot-Schwarz, fallen die Zahlen ernüchternd aus. Anfang 2017 trauen laut einer Umfrage von Unique Research im Auftrag des Wochenmagazins Profil nur 21 Prozent der Befragten der Bundesregierung am ehesten zu, 2017 die anstehenden Probleme zu lösen.[15] Ein Jahr davor, Anfang 2016, sind es nur 14 Prozent in einer ähnlichen Umfrage von Market im Auftrag des Standard.[16] Natürlich sind die Fragestellungen dieser drei Erhebungen unterschiedlich, aber es zeichnet sich ein klares Bild ab: Türkis-Blau ist um Welten näher am Puls der Bevölkerung als die große Koalition.

Gute Kommunikation erfordert einen immensen Aufwand für interne Kommunikation. Denn laufen die internen Kommunikationsprozesse nicht wie am Schnürchen, wird die externe Kommunikation in Richtung Medien und Bevölkerung nicht den gewünschten Erfolg erzielen.

Ich verbringe rund die Hälfte meiner Tageszeit mit interner Koordinationsarbeit. Mit dem Kanzlerkabinett, mit den Ministerien, mit dem Parlamentsklub, mit der Partei und mit den Ländern. Alle sollen bestmöglich informiert und über die nächsten Regierungsschritte eingebunden sein.

Der Montag dient in diesem Raster daher vor allem internen Sitzungsformaten. Es beginnt mit der „12er-Runde". Der engste Zirkel um Kurz versammelt sich im Kanzlerbüro. Hier wird alles offen angesprochen. Jeder kann und soll sagen, was er denkt. Der Kreis ist vertraut, niemand ist dem anderen böse, wenn einmal Kritik an seiner Arbeit oder Performance geübt wird. Kurz lässt alle ausreden und hört sich jede Meinung am Tisch an. Es ist eine Runde, die sich nicht in den Elfenbeinturm zurückzieht, sondern das genaue Gegenteil. Viele berichten von Gesprächen aus ihrem Umfeld, jeder testet am Wochenende seine Familie und den Freundeskreis auf aktuelle politische Entwicklungen ab.

Es sind Gespräche vom Stammtisch, vom Fußballplatz, vom Mittagessen mit der Familie, von Veranstaltungen und viele Gespräche aus dem echten Leben der Österreicher außerhalb dieser abgekapselten Wiener Politblase. Jeder am Tisch hat sozusagen seinen ganz persönlichen Seismografen.

Kurz versteht in solchen Runden sehr gut, sich als Teil des Teams unterzuordnen. Natürlich entscheidet am Ende er, und er gibt die Richtung vor. Trotzdem vermittelt er einem nie das Gefühl, der Chef zu sein. Er mag es, im Team zu arbeiten, und sagt über sich selbst, ein „Rudeltier" zu sein. Sein Umgang mit Mitarbeitern ist auf allen Ebenen gleich. Er ist höflich. Ich erlebe keinen Vorfall, an dem Sebastian laut wird oder Mitarbeiter von der Seite angeht. Es gab früher Minister, die enge Mitarbeiter coram publico auf Tulpengröße zurechtstutzten. Das Gefühl des Fremdschämens war in jedem Gesicht erkennbar.

Sebastian pflegt hingegen einen feinen und kollegialen Umgang mit allen Mitarbeitern. Seine Tür steht auch immer offen, wenn jemand das Gespräch suchen will. Durch das offene und gute Klima werden auch dementsprechend Geburtstage, Geburten oder Trauungen im Kabinett gefeiert.

Als eine langjährige Reinigungskraft in den wohlverdienten Ruhestand tritt, wird sie an ihrem letzten Arbeitstag und ihrer letzten Reinigungsrunde persönlich von Kurz im Kanzlerbüro empfangen. In Anwesenheit aller Kabinettsmitarbeiter wird die Mitarbeiterin aus ihrem Dienststand mit Blumen und einem Geschenk verabschiedet. Die angehende Pensionistin ist ob dieser Geste zuerst überrascht und dann zu Tränen gerührt.

Der Montag geht um die Mittagszeit weiter mit dem sogenannten „Wochenausblick". Hier trifft sich die „12er Runde" mit den ÖVP-Ministern, deren Kabinettschefs sowie den Vertretern der sechs ÖVP-Teilorganisationen. Die im Wochenplan fixierte Marschrichtung wird mit allen Akteuren abgestimmt und kann je nach Bedarf noch nachjustiert werden.

Für mich als Pressesprecher ist das erst die Halbzeit, da noch auf Mitarbeiterebene zwei weitere Sitzungen anstehen. Zunächst treffen sich die Kabinettschefs der ÖVP-Minister inklusive dem Kanzleramt-Presseteam noch einmal gesondert, um die Themen für den Ministerrat und interministerielle Materien noch weiter im Detail zu besprechen. Den Abschluss bildet die Kommunikationssitzung, bei der Gerald Fleischmann und ich alle Pressesprecher der ÖVP-Minister, des Parlamentsklubs und der Partei für die Besprechung der wöchentlichen Medienarbeit treffen. In dieser Runde wird jeder planbare mediale Schritt besprochen. Das Spektrum reicht von Interviewanfragen an einzelne Minister über Pressekonferenzen bis zum gegenseitigen Austausch von Wordings, Social-Media-Aktivitäten und dem Umgang mit ressortfremden

Themen. Mit Einschätzungen und Empfehlungen helfen wir uns somit gegenseitig bei der Medienarbeit. Damit wir so überhaupt arbeiten können, melden uns vorab immer die Regierungsbüros ihre Vorhaben und Schwerpunkte. Unser Job ist es, alles in einen Guss zu bringen.

Nach den ersten Wochen der Einarbeitung entwickeln wir eine gute Routine. Die Arbeit macht mir enorm viel Spaß, auch wenn sie sehr kräfteraubend und anstrengend ist. Die Tage werden nicht kürzer, zum Teil sogar länger. Es ist ein Hamsterrad, aus dem man nur selten rauskommt. Das wirkt sich natürlich auch auf das Familienleben aus. Wenn ich am Freitagabend heimkomme, steht zwar das Wochenende vor der Tür, aber die Arbeit geht weiter. Zum Teil werden erst gegen ein Uhr nachts Telefonkonferenzen abgehalten, wenn sich Kurz gerade wieder auf dem Rückweg von einem Abendtermin oder einer Auslandsreise befindet. Die Samstage und Sonntage stelle ich mir den Wecker extra früher, damit ich alle Zeitungen lesen und die Medienlage screenen kann, noch bevor die Kinder aufwachen und wir uns am Frühstückstisch versammeln. Meist folgen Telefonate und weitere Abstimmungen. Wie sehr einen der Job vereinnahmt und wie vertieft man in die Arbeit ist, spüre ich besonders an einem Samstagabend im Sommer 2018.

Der Gasgrill ist angeworfen, und während ich für die Familie die Fleischstücke auf den Grill lege, erhalte ich eine SMS. „Bitte Telefonkonferenz in 5 Minuten". Also grille und telefoniere ich gleichzeitig. Was um mich geschieht, ist völlig ausgeblendet. Als das Telefonat fertig ist, sitze ich vor einem kalten Stück Fleisch und einem leeren Tisch. Ich frage meine Frau, wo denn die Kinder sind. „Die haben schon fertig gegessen und sind ins Bett gegangen."

Meine Frau hat sich schon längst damit abgefunden, dass ich auch mit der Arbeit verheiratet bin. Dass ich zu wenig für die Kinder da bin, toleriert sie aber nicht. Der wöchentliche Lebensmitteleinkauf am Samstagvormittag kann da schon abenteuerlich werden, wenn ich an der Wursttheke zwischen zwei anderen Kundinnen stehe und eine Telefonkonferenz abhalte oder mit Journalisten telefoniere. Nicht nur einmal bleibt der Einkaufswagen mit der Tochter im Klappsitz in einem Gang stehen, während ich telefonierend durch den Laden laufe und nebenher die Einkaufsliste abarbeite. Es ist für mich an den Wochenenden immer ein Drahtseilakt, Arbeit und Familie unter einen Hut zu bringen. Ich will keinesfalls versagen. Weder als Pressesprecher des Bundeskanzlers, und schon gar nicht als Familienvater.

Als mein ältester Sohn im gleichen Sommer zehn Jahre alt wird, kann ich an seinem Geburtstag nicht daheim sein. Er bekommt ein iPhone geschenkt, weil er einer der Letzten in seiner Schulklasse ist, der noch keines hat. Als eine der ersten Nachrichten erhält er am Vormittag ein Video von Kurz. Darin gratuliert er ihm zu seinem Geburtstag und entschuldigt sich dafür, dass ich heute nicht daheim sein kann. Als wir dieses Video am Morgen im Kanzlerbüro aufnehmen, meint Sebastian nach der Aufnahme: „Komm, Frischi, steig in den Flieger und flieg heim zu deinem Sohn. Der wird sich freuen. Den heutigen Tag schaffen wir auch ohne dich."

Am späten Nachmittag betrete ich unser Haus, als mein Sohn seiner Patentante gerade Sebastians Videobotschaft vorspielt. „So schade, dass Papa heute nicht hier sein kann." Seinen Blick und seine Freude, als er mich im Wohnzimmer stehen sieht, werde ich nie vergessen.

Die Begeisterung bei der Arbeit wird aber auch getrübt. Dass die FPÖ sehr aufmerksam von den Medien beobachtet wird und dass irgendwann der Zeitpunkt kommen wird, dass die FPÖ eine Geschichte einholt, ist erwartbar.

Das Rattengedicht und die Liederbuchaffäre im niederösterreichischen Landtagswahlkampf belasten nicht nur die Koalition, sondern auch uns Mitarbeiter persönlich. Der Umgang von manchen Freiheitlichen mit der Geschichte, ihr Zugang zu bestimmten gesellschaftlichen Gruppen, ist und bleibt eine Belastung. Auch wenn wir von der gemeinsamen Zusammenarbeit überzeugt sind und das Regierungsprogramm abgearbeitet wird, werden wir ständig von diesem Schatten verfolgt. Fehlverhalten sind das eine, aber der Umgang damit ist wieder eine andere Sache.

Oft sehen die Freiheitlichen in den internen Krisengesprächen keine Notwendigkeit und gar keinen Grund für eine entsprechende Reaktion. Wie Teflon lassen sie die Vorwürfe an sich abperlen. Sie sehen sich sofort als Opfer einer Intrige und Kampagne. Dementsprechend schwer ist auch die Handhabung dieser sogenannten „Einzelfälle".

Für mich persönlich ist sofort klar, dass ich bei den unzähligen Telefonaten mit den Journalisten diese „Einzelfälle" nicht verteidigen werde. Allein wenn ich schon mit einem „Ja, aber" bei den Journalisten gegenhalten würde, wäre das für mich ein Verrat meiner eigenen Prinzipien und würde mein Menschenbild komplett verstören. Diese Phasen sind harte Momente für uns im Team, weil es für uns alle ein absolutes No-Go ist, mit menschenverachtendem Gedankengut zu spielen oder sogar zu sympathisieren.

Wie soll man aber damit genau umgehen? Es ist schwierig abzuwägen. Hier eine herzeigbare Regierungsarbeit mit hohem

Zuspruch in der Bevölkerung und dort die immer wieder aufkommenden Probleme der FPÖ mit der Geschichte. Es ist eine Belastung für die Regierung und jeden Einzelnen von uns im Team. Sie kommt immer in Wellen und reißt uns jedes Mal für ein paar Tage aus der erfolgreichen Koalitionsarbeit. Die Alternative wäre wieder zurück zum rot-schwarzen Stillstand. Das will weder jemand von uns noch die Bevölkerung. Kurz zeigt intern klare Kante und droht Strache mehrmals, die Reißleine zu ziehen. Die Tragweite solcher Schritte ist selbst Strache bewusst, der tatsächlich versucht, die Wogen intern zu glätten. Aber natürlich versehen mit dem „Ja, aber".

Inhaltlich kommt die Regierung nur einmal ins Schwitzen, als im Juni 2018 die im Regierungsprogramm festgeschriebene Arbeitszeitflexibilisierung umgesetzt wird. Im Kern ist das Vorhaben genau das, wie der Begriff schon sagt, die Arbeitszeiten werden flexibilisiert. Am 8-Stunden-Tag wird nicht gerüttelt, aber es wird die Möglichkeit geschaffen, unter bestimmten Voraussetzungen bis zu 12 Stunden am Tag arbeiten zu können – auf freiwilliger Basis. Zudem wird erstmals die Option der 4-Tage-Woche gesetzlich verankert. Die Regierung orientiert sich sogar an einem letztlich nicht final getroffenen Vorschlag der Sozialpartner aus dem Jahr 2016 und dem Plan A von SPÖ-Chef Christian Kern. Als das Vorhaben im Rahmen eines Hintergrundgespräches des Bundeskanzlers noch am gleichen Abend den Weg in die Medien findet, fährt die Gewerkschaft schwere Geschütze auf. Man soll sie auch nicht unterschätzen.

Der ÖGB mobilisiert mit Flankenschutz von Arbeiterkammer und der SPÖ gegen die Arbeitszeitflexibilisierung, die geschickt von der Gewerkschaft als „12-Stunden-Tag"[17] geframed wird. Die

SPÖ spricht von einer „Schweinerei“ und „Verrat“[18], der ÖGB vom „größten Angriff auf Arbeitnehmer“ sowie „Raubzug“,[19] und die AK bezeichnet das Vorgehen der Regierung als „radikal“[20]. Die Gegner mobilisieren vereint zum Widerstand und schaffen es auch. Es beginnt mit kleinen Demos vor dem Kanzleramt, einer Nationalratssondersitzung sowie Betriebsversammlung mit tausenden Teilnehmern und endet in einer Großdemo, an der an die 80.000 bis 100.000 Menschen teilnehmen. Sogar der Sturz der „unsozialen Regierung“[21] wird propagiert.

Am Tag der Demo sind wir nervös. Damit wir einen unmittelbaren Lagebericht und Fotos von der Demo bekommen, mischt sich ein Mitarbeiter der ÖVP-Presseabteilung unter die Demonstranten. Er nimmt den Job so ernst, dass er sich für die Teilnahme an der Demo extra ein Che-Guevara-T-Shirt überzieht, was bei uns wiederum für Heiterkeit sorgt. Erstmals besteht im Team die Sorge, dass die Stimmung in der Bevölkerung möglicherweise kippen könnte. Dem ist aber nicht so. Heute redet niemand mehr von diesem Anschlag auf die Arbeitnehmer, der keiner war. Immer mehr Arbeitnehmer nutzen die Möglichkeit flexibler Zeitmodelle, besonders seit Corona ist hier noch mehr Bewegung hineingekommen. Das Thema Arbeitszeitflexibilisierung ist auch ein Sinnbild der alten großen Koalition. Auf der einen Seite die Arbeitnehmer und auf der anderen die Arbeitgeber. Es ist wieder ein typischer Klassenkampf, wie er die Jahre zuvor schon oft aus der Schublade geholt und öffentlich ausgetragen wurde.

Auch auf EU-Ebene wird die neue Koalition kritisch gesehen, aber lange nicht mehr so dramatisch wie Anfang der 2000er-Jahre, als gegen die Schüssel-Haider-Koalition sogar EU-Sanktionen verhängt und ein Weisenrat eingesetzt wurde. Diesen kapitalen

Fehler will Brüssel kein zweites Mal machen. Dennoch versucht EU-Kommissionspräsident Jean-Claude Juncker keine Gelegenheit auszulassen, die eine oder andere Spitze gegen Kurz und Co zu setzen. Ich bin gespannt, wie man reagieren wird, wenn einmal Parteien wie die AfD oder Personen wie Le Pen unaufhaltsam erstarken. Ob gegen Frankreich und Deutschland dann auch in Brüssel der Zeigefinger erhoben wird? Als Meloni in Italien Regierungschefin wird, ist es jedenfalls schon recht leise in der EU-Metropole.

Kurz lässt sich jedenfalls von Junckers Einschüchterungsversuchen wenig beeindrucken. Bei einem seiner Treffen mit dem Luxemburger schenkte er ihm auch ordentlich ein und erinnerte ihn an seine Aufgabe und Rolle in Brüssel. Nationalstaatliche Wahlergebnisse gehen den EU-Kommissionspräsidenten nämlich gar nichts an. Auch Brüssel habe Wahlergebnisse und den Willen des Volkes zu respektieren.

Als Österreich im zweiten Halbjahr 2018 den EU-Ratsvorsitz übernimmt, sind die Blicke noch etwas stärker auf die Alpenrepublik gerichtet. Beim Treffen der Staats- und Regierungschefs in Salzburg zeigt sich Österreich nicht nur wegen des ausgezeichneten Wetters von seiner besten Seite, sondern Kurz brilliert auch als Gastgeber und Vorsitzender des EU-Rats. Beim morgendlichen Empfang aller 27 Staats- und Regierungschefs im Schlossgarten Mirabell mache ich eine Bekanntschaft der besonderen Art.

Als ich dem vielen Rummel ausweichen möchte, finde ich einen leerstehenden Raum, in dem sich nur ein paar aufgestellte, zwei Meter hohe Raumteiler befinden. Am Fenstersims lehnend, bin ich in mein Handy vertieft und checke die Nachrichtenlage. Als ein Wortwechsel von zwei Menschen die Stille im Raum unterbricht, schenke ich dem zuerst gar keine Beachtung und arbeite an meinem Handy weiter. Bis mich schließlich eine Stimme unterbricht: „Oh, Verzeihung, stören wir Sie hier gerade? Wir können gerne gehen."

Was soll ich nun sagen? Es stehen Angela Merkel und Emmanuel Macron vor mir, und ich verstehe natürlich die Botschaft der deutschen Kanzlerin. Daheim im Ötztal würde man sagen: „Kommt, setzt euch her", das geht hier wohl weniger.

„Nein, Frau Bundeskanzlerin, der Raum gehört Ihnen", mische ich mich, leicht erschrocken, wieder unter die Menschenmasse.

Österreichs und Kurz' Ratsvorsitz wird Ende 2018 von nationalen und internationalen Medien weitgehend positiv bewertet. Und auch manch kritische Stimmen wegen der blauen Regierungsbeteiligung verstummen.

International ist Kurz ein gefragter Gast und Interviewpartner. Nicht wenige sehen in ihm den Anführer einer neuen konservativen Politik auf dem Kontinent. Ende der neunziger Jahre wird besonders wegen des neuen britischen Premiers Tony Blair von „New Labour" in Europa gesprochen. Es ist die Zeit, als auch in Deutschland politische Umwälzungen stattfinden. Die Ära des Einheitskanzlers Helmut Kohl ist vorbei. Mit „Format" kommt 1998 ein neues Wochenmagazin auf den österreichischen Zeitungsmarkt. Ich schließe als damals 18-Jähriger ein Abo ab. Auf dem Cover der ersten Ausgabe sind Tony Blair, Gerhard Schröder und Victor Klima abgebildet. Titel: „Die neuen Roten – Europas Wende nach links". Zwanzig Jahre später verkörpert Sebastian Kurz dieses Neue für die Konservativen. Bis hin zum Time-Magazin ist er auf allen Titelseiten. Auch wir fühlen uns so, als würde das sozialistische Jahrhundert mit vielen prägenden Persönlichkeiten von Brandt über Schmid, Kreisky und Palme bis hin zu „New Labour“ endgültig vorbei zu sein.

Dieser Hype um Kurz macht mir Angst. Die in ihn gelegten Erwartungen können niemals erfüllt werden. Niemand kann die erfüllen. Es ist aber das Resultat vieler enttäuschter Menschen, nicht nur in Österreich, sondern auch in Deutschland und anderswo in Europa. Kurz kommt zu einer Zeit, als der Frust der Menschen dies- und jenseits unserer Grenzen auf die Politik sehr tief sitzt. Also versuchen wir das Maximum herauszuholen.

PRESSESPRECHER UND MEDIEN

„Bekomme ich das exklusiv?“ „Das bekomme eh nur ich oder auch andere?“ Ich höre auf zu zählen, wie oft mir diese Fragen von Journalisten gestellt werden. Mit meiner neuen Rolle im Kanzleramt ist auch meine eigene Stellung in diesem Gefüge etwas exklusiver geworden. Das liegt nicht daran, dass ich vielleicht ein so großartiger Wunderwuzzi wäre, sondern in der Natur der Sache. Wer im Kommunikationsteam des Regierungschefs arbeitet, wer der persönliche Pressesprecher des Bundeskanzlers ist, der hat natürlich ein Wörtchen mitzureden und gewinnt bei den Medien automatisch an Bedeutung.

Die ersten Wochen im Kanzleramt schenke ich meiner neuen Position und Verantwortung wenig Aufmerksamkeit, weil einen die viele Arbeit gar nicht auf solche Gedanken kommen lässt. Aber man ist vom ersten Tag an kraft Funktion im politmedialen Zirkel eine ordentliche Nummer.

Die Assistentin, die mir im Bundeskanzleramt zur Seite gestellt wird, leistet sehr gute Arbeit, doch ich kann mich schwer mit ihrer Rolle anfreunden. Dass Anrufe auf meinem Handy auf einmal zu ihr umgeleitet und Journalisten erst dann zu mir durchgestellt werden, das ist mir völlig fremd und ein Zeichen von Arroganz und Abgehobenheit. Ich brauche diesen bürokratischen Schnickschnack nicht und will weiter direkt angerufen werden.

Aber was ist ein Pressesprecher genau? Ist er nur der Aktenträger im Schatten des Ministers oder Regierungschefs? Ist er der Statist, der neben den politischen Akteuren steht und dabei hofft, dass er den einen Begrüßungssatz bei der Moderation einer Pressekonferenz fehlerfrei hinbekommt? Oder ist er der „Bespaßer“ von Journalisten, wenn sie wieder einmal vor verschlossenen Türen eines Sitzungszimmers stehen und auf die Verkündung von Verhandlungsergebnissen warten? Die Antwort ist ja, aber dieses Bild greift viel zu kurz.

Ein Pressesprecher verkörpert vieles von dem, was man umgangssprachlich als „Schein und Sein“ bezeichnet – jedoch in umgekehrtem Sinne. Der „Schein“ entsteht durch die öffentliche Wahrnehmung: Pressesprecher, die stets zwei Schritte hinter ihren Chefs herlaufen und gelegentlich die Zeit mit den Medien überbrücken, während lange Sitzungen andauern. Doch das „Sein“ ist weitaus bedeutender und essenzieller. Das sind die Aufgaben, die – wie so oft in der Politik – im Verborgenen bleiben und in der Öffentlichkeit kaum wahrgenommen werden.

Der Job ist weitaus anspruchsvoller als das oberflächliche Image, das vermittelt wird. Hier liegt die wahre Arbeit: im sogenannten „Maschinenraum“, wo Tag für Tag unter Hochdruck gearbeitet wird. Ein typischer Tag beginnt um sechs Uhr morgens und endet oft spät nach Mitternacht – egal ob Werktag oder Sonntag.

Für Medien gibt es viele Möglichkeiten, an Informationen zu kommen. Im Normalfall erfolgt das über den offiziellen Weg über Pressestellen in Ministerien oder bei politischen Fragen direkt beim Pressesprecher des Ministers oder Bundeskanzlers. Bei Recherchen können Journalisten aber auch mit ressortfremden Personen reden, mit Beamten aus dem Haus, die namentlich nicht genannt werden wollen, oder es werden Medien anonym Unterlagen übermittelt, damit sie überhaupt erst den Anstoß zu einer tiefergehenden Recherche und ihrer Story erhalten. Die Möglichkeiten für Journalisten sind vielfältig.

Pressesprecher bilden in der täglichen Arbeit die Brücke zwischen der Politik, einer Organisation oder einem Unternehmen hin zu den Medien. Medien bilden wiederum den Brückenkopf zur Gesellschaft, den Menschen, der Öffentlichkeit. Es ist ein wechselseitiges Spiel.

In der Politik ist dieses Wechselspiel um einige Stufen intensiver als bei Unternehmen oder Organisationen. Kein Bereich steht nämlich derart unter medialer Beobachtung wie die Politik und deren Akteure. Politik prägt die Titelseiten, beherrscht die Top-Meldungen in den Nachrichten und füllt auch Tag für Tag die Internetportale und Newskanäle. Ausnahmen bilden nur globale Ereignisse, chronikale Sonderfälle oder, wenn Österreich wieder einmal im Sport irgendwo eine Goldmedaille gewinnt oder im Fußball einen 2:0-Sieg gegen Deutschland einfährt. Ansonsten werden Nachrichten sehr von der Politik dominiert. Und das ist in einer liberalen, aufgeklärten Demokratie auch gut so. Über die Politik wird berichtet, die Politik wird kontrolliert, und Entscheidungen werden kritisch hinterfragt. Beide Seiten brauchen einander, um Informationen tauschen zu können. Informationen werden getauscht und weitergegeben, aktiv und passiv. Manchmal mehr und manchmal weniger. Aber ohne dieses Wechselspiel würden Politik und Medien nicht funktionieren.

Es ist das Ziel eines jeden guten und engagierten Pressesprechers, dass sein Vorgesetzter oder die Organisation, für die er arbeitet, bestmöglich in der Öffentlichkeit wahrgenommen wird. Denn das ist die wichtigste Währung eines Politikers: Akzeptanz und Vertrauen bei den Menschen zu haben. Dazu sind trotz des Vormarschs der direkten Kommunikationskanäle wie Facebook, Twitter, Instagram oder TikTok auch nach wie vor in einem bedeutenden Ausmaß die klassischen Medien notwendig.

Pressesprecher versuchen also, ihren Chef in einem guten Licht zu präsentieren. Daher wollen sie primär nur über die guten Facetten eines Politikers sprechen und jede negative Nuance bestmöglich verdrängen oder dafür sorgen, dass sprichwörtlich „der Deckel draufgehalten wird" und es medial nie zum Thema wird. Dabei wird dann oft im Gegenzug eine Exklusivgeschichte zu einem anderen Thema angeboten, das der Journalist gerne aufnimmt. Ich habe jedenfalls noch keinen Pressesprecher erlebt, der aktiv und gerne über die unschönen Dinge spricht, die zweifelsohne im Leben eines Politikers immer einmal daherkommen. Sei es eine falsche Entscheidung, sei es eine unklare oder abwertende Aussage, sei es ein Abrücken von Partei- oder Regierungspositionen oder sei es ein privates Fehlverhalten und so weiter. Das ist in der Privatwirtschaft nicht anders, aber weniger intensiv.

Pressesprecher und Kommunikationsabteilungen wollen ihr Produkt in den Medien am besten „verkaufen", wie das im Sprecherjargon genannt wird. Ein Beispiel: Der Abgasskandal hat die deutsche Automobilindustrie in eine Krise gestürzt und schwer erschüttert. Es ging dabei nicht nur Vertrauen in zahlreiche Premiummarken verloren, sondern die Autokonzerne hatten auch mit enormen Kosten, Reputationsschäden, Klagen und taumelnden Aktienkursen zu kämpfen. Auch wenn zu solchen Krisen medial kommuniziert werden muss, wird jeder Pressesprecher von VW, Audi oder Daimler lieber über technische Fortschritte, neue Modelle oder gute Verkaufszahlen sprechen, aber beim besten Willen nicht über einen anhängigen Skandal.

Und so versuchen Pressesprecher in ihrer täglichen Arbeit, alles dafür zu geben, dass ihr Chef in der Öffentlichkeit bestmöglich wahrgenommen wird. Das beginnt bei einfachen Formulierungen von Stellungnahmen gegenüber Medien. Der Sprecher legt dem Kanzler oder Minister ein paar Worte in den Mund. Medial werden sie wahrgenommen als Zitat des Kanzlers oder Ministers. Es geht weiter mit klassischen Pressekonferenzen. Dazu wird im Regelfall eine Unterlage vorbereitet mit den zentralen Botschaften, mit Punktationen über die wichtigsten Inhalte und natürlich auch mit einem Katalog an potenziellen Fragen von Journalisten, mit dazu passenden Antwortvorschlägen. Gleiches gilt bei Interviews.

Ein klassisches Zeitungsinterview wird nicht gegeben, ohne vorher die Regeln festzulegen: Wer genau führt das Interview? Ist ein Fotograf dabei? Wie lange dauert das Interview? Über welche Themen wird gesprochen? Wann genau erscheint das Interview? Und natürlich: Ohne Autorisierung gibt es überhaupt kein Interview. Heißt: Der Pressesprecher bekommt vor Veröffentlichung das Interview, das der Journalist meist auf Tonband aufgenommen und dann transkribiert und oft verkürzt hat, zu sehen.

Ich achte immer auf den Textfluss, den Satzbau und die Tatsache, dass Politiker gerne Sätze mit „Ich“ beginnen. Dann greife ich ein und baue die Sätze um, ohne am Inhalt etwas zu ändern. Sätze, die mit „Ich“ beginnen, suggerieren den Lesern, dass es den Politikern zuerst um sich selbst geht, obwohl es in der Natur der Sache ist und viele Menschen bei Erzählungen Sätze mit „Ich habe“, „Ich bin“, „Ich will“, „Ich werde“ und so weiter beginnen.

Manchmal werden auch Zahlen ergänzt oder korrigiert, wenn der Interviewte gerade die richtigen Werte nicht bei der Hand hat. Bei solchen Interviews wollen beide Seiten einen Mehrwert erreichen. Der Journalist möchte im Interview etwas Neues oder Interessantes aus dem Politiker herausholen, und umgekehrt will ein Politiker und sein Pressesprecher, dass das Interview „gut daherkommt". Also kann es auch passieren, dass ein Pressesprecher im Vorfeld mit dem Journalisten gewisse Deals abschließt. „Sprich ihn im Interview zum Thema XY an, dann bekommst du deine Schlagzeile." Im Gegenzug werden andere Themen im Interview ausgeklammert, oder es wird ausgemacht, dass zu einem unangenehmen Thema maximal eine Frage gestellt wird.

Eine andere Liga und auch für uns immer ein Highlight sind Studiointerviews in der ZIB2. Man kann das Setting mit einem Boxring vergleichen. Natürlich fliegen dort keine Fäuste, aber ein verbaler Schlagabtausch ist garantiert, wenn sich Kurz und ZIB2-Moderator Armin Wolf eine 20-Minuten-Wortschlacht liefern. Da holt man Popcorn und legt die Füße hoch. Es ist, was Interviews betrifft, immer wieder ein Kampf der Giganten. In der einen Ecke der rhetorisch brillante Bundeskanzler, in der anderen Ecke ein immer top vorbereiteter Moderator.

Wenn wir eine Einladung in die ZIB2 erhalten, ist Kurz' erste Reaktion: „Moderiert eh Armin Wolf?" Er liebt die Interviews mit dem ORF-Moderator, und der Moderator ist bei uns schon einmal das Entscheidungskriterium, eine Einladung abzulehnen. Natürlich haben wir mehr als nur eine Einladung nicht angenommen. Aber Kurz ist nie abgeneigt, sich regelmäßig mit Armin Wolf ein Match vor laufender Kamera zu liefern. Das Verhältnis der beiden würde ich aus meiner Beobachtung als sehr professionell bezeichnen. Es gibt nur sehr wenige Telefonate zwischen den beiden, und bis auf einmal verlässt Kurz nach dem Interview immer gleich das ORF-Zentrum. Ich erinnere mich an nur einen Auftritt, bei dem sich beide nach der Sendung noch zirka 20 Minuten lang unterhalten haben.

Die Vorbereitung für ein ZIB2-Interview ist ähnlich wie bei

den TV-Duellen. Wir investieren viel Zeit in Recherche und Briefing. Wir schließen Wetten ab, mit welcher Frage Wolf beginnen wird. Seine Twitter-Aktivitäten und geführten Interviews der Tage zuvor schauen wir uns genau an, um mögliche Fragen an Kurz herauszudestillieren. Wir stecken Themenfelder ab und versuchen, alle möglichen Inhalte zusammenzutragen, die Wolf fragen könnte. Für Kurz bereiten wir sogenannte imaginäre „Schubladen" vor. Es dürfen nur maximal fünf sein. Jede Schublade beinhaltet eine zentrale Botschaft und ist unterfüttert mit Daten, Fakten und weiteren Details. Aus diesen fünf Schubladen wird sich Kurz bei jedem ZIB2-Interview bedienen. Egal welches Thema angesprochen wird, eine der Schubladen sollte Kurz öffnen und die Botschaft absetzen. Wir fahren immer zufrieden von den ZIB2-Interviews nach Hause. Manche Interviews laufen besser, andere sind ok. Bei einer Veranstaltung in Niederösterreich wird Wolf einmal nach besonders professionellen Interviewpartnern gefragt. Er nennt Kurz als Beispiel. „Er ist ein genialer Kommunikator und durch nichts aus der Ruhe zu bringen",[22] wird der ZIB2-Moderator in einer Zeitung zitiert.

Schmunzeln muss ich oft, wenn Medienschaffende in sogenannten „Chefredakteursrunden" in Diskussionen zusammensitzen, wie beispielsweise jede Woche in ORF III, und sie gelegentlich Kritik an der Medienarbeit der Regierung üben, zum Beispiel, dass gewisse Medienhäuser in Sachen Informationsfluss bevorzugt würden. Spricht man mit ihnen alleine unter vier Augen, dann haben auch sie absolut nichts dagegen, wenn sie eine Geschichte exklusiv erhalten.

Der Chefredakteur einer auflagenstarken Zeitung, die auch online mit sehr hohen Leserzahlen vertreten ist, beschwert sich während meiner Zeit im Bundeskanzleramt mehrmals und recht klar über die Informationspolitik des Bundeskanzleramtes. Er macht mir den Vorwurf, dass wir nicht alle Medien gleichermaßen behandeln und zu viele Geschichten nur in anderen Zeitungen platzieren würden. Zudem sei es von uns ein klares Signal an seine Zeitung, wenn wir wichtige Pressekonferenzen immer an einem Freitag ansetzen oder Mediengeschichten am Wochenende platzieren, wenn ausgerechnet sein Printmedium nicht erscheint.

Aus seiner Sicht verstehe ich die Kritik vollkommen, aber für uns Pressesprecher und die Politik zählen oft andere Parameter als der Erscheinungstermin eines einzelnen Mediums. Umgekehrt ist es genau jener Chefredakteur, der mich oft am Sonntagnachmittag anruft und auf seine direkte Art fragt: „Herr Frischmann, was muss ich für die kommende Woche wissen?" Auch diese Frage ist vollkommen berechtigt, und es ist meine Aufgabe als Pressesprecher, demgemäß Auskunft zu geben. Jedes Mal bekommt er von mir eine entsprechende Antwort mit nützlichen Infos. Dass er meine Informationen als exklusive Geschichte in seinem Medium und auf seinen Kanälen verwertet, ist vollkommen klar und selbstverständlich. Ich schätze diesen Chefredakteur außerordentlich, weil ich trotz der „Kämpfe" mit ihm auch immer Zeit für Humor habe. Seine Beharrlichkeit und Genauigkeit, Details aus dem Innenleben der Regierung in Erfahrung zu bringen, ärgern mich manchmal, aber gleichzeitig beeindrucken sie mich auch, weil es ihm immer gelingt, mit eigentlich nebensächlichen Informationen unterhaltsame Beiträge zu veröffentlichen.

Aber auch auf unserer Seite der Pressesprecher werden Fehler gemacht. Vor allem im Zugang zu ihrem Berufsbild. Ich lerne einige kennen, die Medien nicht als Teil des funktionierenden politmedialen Systems sehen, sondern als Gegner, wenn nicht sogar als Feind. Auch ich falle manchmal in dieses Freund-Feind-Schema hinein, wenn sich Medienarbeit wie ein harter Boxkampf anfühlt.

Recherchieren Medien eine unangenehme Geschichte, empfinden es wir Pressesprecher und die Politiker oft als persönlichen Angriff und reagieren auch dementsprechend. Manchmal jedoch absolut berechtigt, denn ich werde über die Jahre auch mit Mediengeschichten oder Recherchen konfrontiert, die einfach nicht stimmen. Befindet sich eine schlechte Berichterstattung im Anmarsch, entsteht sofort eine Art Schutzmechanismus gegenüber seinem Chef und der Verdacht von Verschwörungstheorien, während sich im Kopf des Pressesprechers schon das schlimmste Kino abspielt.

Als Pressesprecher sehe ich meine Rolle vor allem darin, eine Servicestelle für Medien und Journalisten zu sein und deren Anfragen so gut wie möglich zu beantworten. Auch hier habe ich schon einmal Kollegen meiner Zunft erlebt, die sich gegenüber Journalisten als die eierlegende Wollmilchsau präsentieren. Ich bin oft erstaunt, wenn ein (junger oder neuer) Pressesprecher zu allem immer prompt eine Antwort hat, und frage mich, woher weiß der das so genau. Wenn ich einmal eine Medienanfrage nicht beantworten kann, dann bleibe ich ehrlich und sage das auch. „Du, da muss ich erst nachfragen“ oder „Bitte gib mir Zeit, ich muss dazu erst alle Informationen ausheben“. Und mit einem direkten „Nein, das weiß ich nicht“ fällt mir auch noch kein Zacken aus der Krone.

Es gibt aber auch die Kategorie Pressesprecher, die Journalisten dumm sterben lassen und Anfragen gar nicht beantworten. Dann wundern sie sich allerdings über den veröffentlichten Presseartikel, regen sich auf und beschweren sich schließlich sogar bei Chefredakteuren oder Herausgebern. Es ist unprofessionell, Journalisten im Unklaren zu lassen. Das führt oft zu unnötiger Kritik. Auch mir passiert in der Flut von Anfragen, dass der eine Anruf oder das andere Mail von Journalisten unbeantwortet bleibt.

Andererseits lerne ich auch Kollegen in der Sprecherszene kennen, die sich ungemein intensiv in die Fachmaterien vertiefen, sich Expertise aneignen und nach ihrer Tätigkeit in einem Ministerium zu gefragten Kommunikatoren in der Privatwirtschaft oder in Organisationen werden. Viele von ihnen erzählen mir später, wie „angenehm" die Arbeit außerhalb der Politik sei. Viele sind aber unterfordert, weil sie in Unternehmen oder Konzernen im Regelfall nicht jeden Tag wie in der Politik mit Dutzenden Medienanfragen konfrontiert werden und nicht Tag für Tag unter enormem Druck stehen.

Medien sind in unserem demokratischen Gefüge unverzichtbar. Sie bilden die Brücke zur breiten Masse. Diese Rolle ist ihnen bewusst, und einzelne Akteure ihrer Branche nutzen diesen Hebel, um auch die eine oder andere journalistische Grenze zu überschreiten. Daher wundert es mich auch nicht, dass Medien genauso wie Politik im Vertrauensindex gefühlt mit Waffenhändlern um die letzten Plätze kämpfen.

Die Vorgänge und Entwicklungen in Österreich seit der Migrationskrise 2015 haben zu einem starken meinungs- und ideologiegetriebenen Journalismus geführt. Das finde ich bedauerlich. Beim Lesen mancher Artikel wird man oft den Eindruck nicht los, dass Teile der Medien die Bevölkerung belehren und nicht informieren wollen. Einige Akteure nehmen die Bezeichnung, dass Medien die „vierte Gewalt im Staat" sind, manchmal zu wörtlich.

Einige wenige sehen sich in der Tat in der Rangordnung gleich hinter dem Bundespräsidenten und dem Präsidenten des Verfassungsgerichtshofs unserer Republik. Das ist eine grobe wie fahrlässige Fehleinschätzung. Es führt aber leider zu einer Verschiebung der Realitäten. Das soll absolut kein Pauschalurteil sein, sondern ist mein Eindruck aus unzähligen Gesprächen mit Journalisten und dem, was ich jeden Tag lese und selbst miterlebe. Denn es gibt auch viele in ihrer Branche, die gewissenhaft und mit großer Sorgfalt, Akribie und Verantwortung ihre journalistische Arbeit machen.

Nach vielen Jahren der intensiven Zusammenarbeit mit Journalisten und Medienhäusern bin ich der festen Überzeugung, dass beide Seiten – Politik und Medien – einander zu wenig verstehen. Regierungsbüros und Pressesprecher speziell wissen immer noch nicht genau, nach welchen Abläufen in Zeitungsredaktionen gearbeitet wird, welchem enormen Druck der klassische Zeitungsmarkt ausgesetzt ist, und wie knapp die Ressourcen – finanziell wie personell – in den Redaktionen werden. Verteilt man eine Medieninformation an alle Redaktionen, macht sich bei Pressesprechern nach einer Stunde schon Nervosität breit, wieso noch kein Artikel auf den Onlineportalen erschienen ist. Spätestens nach zwei Stunden „brennt schon die Hütte". Das führt zum Griff zum Handy und Nachtelefonieren und der Frage an den Journalisten, wann die Geschichte erscheint oder ob sie überhaupt erscheint. Journalisten verstehen das zum Teil als „Druck", ein Vertrauensverlust ist die Folge. Ebenso steht die Logik der Medien im Widerspruch zur Logik der Politik. Was für die Pressesprecher manchmal eine „riesige Story" ist, kann für Journalisten oft eine unbedeutende Mediengeschichte sein.

Andersrum fehlt vielen Medienakteuren oft das Verständnis, wie in politischen Kabinetten gearbeitet wird und was sich dort abspielt. Es ist eine falsche Vorstellung, dass wir zusammensitzen und uns stundenlang überlegen, wie man die Medien am Schmäh und in die Irre führen kann.

Es sind oft lange und mühsame Abstimmungsprozesse, die dahinterliegen. Viele Entscheidungen können nicht frei und allein getroffen werden. Nicht selten müssen Experten und Juristen herangezogen werden. Es gilt, Vor- und Nachteile abzuwägen und vor allem die Auswirkungen und Folgen von Entscheidungen richtig einzuschätzen. Bis es ein Thema in die Medien schafft, liegt meistens ein weiter Weg der internen Abklärung mit zahlreichen Gesprächen und Diskussionen zurück. Kein Kanzler kann einfach allein anschaffen und entscheiden. Das ist ein falscher Eindruck und ist auch unter Kurz nicht anders.

In unserem Fall kann es passieren, dass wir nächtelang ein und dasselbe Thema behandeln. Was mit kurzen Telefonkonferenzen beginnt, kann sich über Tage ziehen und in einem langen nächtlichen Meeting im Kanzlerbüro enden. Je nach Thema sitzen dann verschiedene Personen am Tisch. Im Kern ist das Team unverändert. Neben Kanzler Kurz sind dies Kabinettschef Bernhard Bonelli, Büroleiterin Lisa Wieser, der stellvertretende Kabinettschef Markus Gstöttner, Kristina Rausch, Gerald Fleischmann, Stefan Steiner, Etienne Berchtold und ich. Geht es auch um Parteifragen, sind der Generalsekretär und Bundesgeschäftsführer dabei, werden parlamentarische Themen erörtert, wird der Klubobmann hinzugezogen. Stehen interministerielle Themen auf der Agenda, sitzen die zuständigen Minister oder deren Mitarbeiter mit am Tisch.

Das Thema wird so lange besprochen, bis es für alle reif für die Umsetzung ist. Das kann auch zu hitzigen Debatten führen. Manchmal kommt ein Einspruch des Kabinettschefs, der für die interne Abwicklung zuständig ist und den Prozess auf Regierungsebene mit dem Koalitionspartner auf Schiene bringen muss.

Wenn es heißt „das ist strategischer Vollholler", dann hat Stefan Steiner seine Bedenken. Und auch wir Pressesprecher stellen uns quer, wenn uns eine Idee in den medialen Untergang führt. So tasten wir uns gemeinsam an die Lösung heran. Das Schöne dabei ist, dass jeder die Entscheidung mitträgt und sich voll für die erfolgreiche Umsetzung einsetzt. Niemand verlässt den Tisch enttäuscht, nur weil er mit seiner Meinung keine Mehrheit findet. Das macht die Arbeit angenehm.

Das enge Team von Kurz wird von Gegnern kritisch gesehen und bekommt – in Erinnerung an Jörg Haider – mit der Bezeichnung „Buberlpartie" gleich die entsprechende Brandmarkung. Ok, dann schauen wir uns diese „Buberln" mal genauer an. Alle haben einen Maturaabschluss und zum Teil Studienabschlüsse und Doktortitel. Alle stehen mitten im Leben, haben ausreichend Erfahrung in ihren Bereichen gesammelt, und einige davon haben viele Jahre im Ausland verbracht. Gerald Fleischmann und Stefan Steiner steuern ihren 50. Geburtstag an, und einige von uns haben bis zu vier Kinder. Der Großteil von uns ist verheiratet, und würde man alle Kinder dieser kleinen Runde zusammenzählen, wären sie im Nationalrat so groß wie die NEOS und die Liste Pilz zusammen.

Als Kurz in der ÖVP-Bundespartei in den Abteilungen Politik, Kommunikation und Marketing drei junge Frauen fördert und in Führungspositionen hebt, ist plötzlich auch von der „Pupperlpartie" die Rede. Diese Bezeichnung kommt genau aus jenem Eck, in dem sonst laut nach Gleichberechtigung und gleichem Lohn für Frauen gerufen wird. Es sind einfach nur oberflächliche und primitive Bezeichnungen.

Das Verhältnis von Pressesprechern und Medien beruht für mich bis heute zum Teil auch auf einem Missverständnis. Weil es oft an gegenseitiger Anerkennung der jeweiligen Arbeit und an mangelndem Einblick in das Tun des anderen fehlt. Beide versuchen jeden Tag, einen exzellenten Job zu machen, die Blickwinkel könnten nicht unterschiedlicher sein. Ich plädiere keinesfalls für eine Art „Harmonisierung", aber dem politmedialen Geschäft würde es ungemein guttun, wenn beide Seiten einen Schritt zurückmachten, mehr gegenseitiges Verständnis aufbrächten und die Dinge etwas entspannter und unaufgeregter angingen. Das sage nun ausgerechnet ich. Ich weiß, das ist ungemein schwer, weil auf beiden Seiten der Druck immer größer wird. Und vielleicht lässt es sich jetzt von der Seitenlinie aus auch viel leichter sagen. Ich für meinen Teil bedauere es jedenfalls, dass ich erst spät zu dieser Erkenntnis gekommen bin. Sich mit Journalisten auszutauschen und gewiss auch kontroversielle und lebhafte Telefonate mit ihnen zu führen, empfinde ich rückblickend als eine Bereicherung, weil es mich in die Lage des anderen versetzt und ich meinen Horizont erweitern kann. Auch wenn ich manchmal kritische Anfragen der Medien sofort als persönlichen Angriff verstehe, lerne ich mit der Zeit, dass für persönliche Empfindlichkeiten in diesem Geschäft kein Platz ist und das Agieren der Journalisten nicht auf mein Empfinden abzielt. Sie machen auch nur ihren Job, so wie ich Tag und Nacht mit aller Kraft den Kanzler und unsere Positionen vertrete und verteidige.

Daher ist für mich trotz der harten Arbeit und mitunter auch Aufregung die Zusammenarbeit mit Journalisten mit vielen positiven Emotionen verbunden. Ich habe immer sehr gerne mit ihnen zusammengearbeitet.

DAS MYSTERIUM MESSAGE CONTROL

Was wir im Wahlkampf in Ansätzen versuchen, probieren wir während der Koalitionsverhandlungen mit der FPÖ, um es später in der Regierung zu perfektionieren: mit einer Stimme und in einer Sprache zu kommunizieren. Im Wahlkampf überraschen wir zunächst damit, dass wir das Wahlprogramm nicht auf einmal, sondern in drei Tranchen präsentieren. Das bringt uns eine viel längere mediale Aufmerksamkeit und hält einen Spannungsbogen aufrecht, der nicht nach einer Pressekonferenz verpufft. Während alle Parteien ihr Wahlprogramm schon präsentiert haben und medial nicht mehr umfangreich darüber berichtet wird, legen wir erst los – und zwar in Häppchen.

Gleichzeitig wird das Wahlprogramm nicht nur vom Spitzenkandidaten allein präsentiert, sondern von Experten, Praktikern und Menschen mitten aus dem Leben. Die Erzählung und mediale Relevanz werden dadurch größer als sonst. Ein Wahlprogramm zählt in einer Kampagne oft nur zur Pflicht und weniger zur Kür. Wer durchackert schon gerne 150 Seiten Textwüste? In unserer Kampagne ist es diesmal umgekehrt. Der grundsätzlich schnöde und meist unaufgeregte Teil „Wahlprogramm“ wird zu einem elementaren Teil unserer Kommunikation in der Kurz-Kampagne 2017.

Die gleiche Vorgehensweise wählen wir auch bei der Präsentation der Kandidaten. Während eine Bundesliste üblicherweise per Gremienbeschluss fixiert und maximal im Rahmen einer Pressekonferenz präsentiert wird, wenden wir bei der Vorstellung der Kandidaten der Bundesliste auch die Salamitaktik an. Über eine längere Zeitspanne wird jeder Kandidat einzeln und in besonderen Settings präsentiert.

Drei Beispiele: Leichtathletin Kira Grünberg, die seit einem Sportunfall im Rollstuhl sitzt, präsentieren wir auf der Sportanlage auf der Marswiese. Rudolf Taschner, bekannter Mathematiker und Wissenschaftler des Jahres, wird in der Aula der Wissenschaft den Medien vorgestellt. Opernball-Organisatorin Maria Großbauer präsentieren wir auf der Terrasse der Albertina mit Blick auf die Staatsoper. Mit diesem an sich nicht weltbewegenden Move wird unsere Medienpräsenz von einer einmaligen Listenvorstellung plötzlich vervielfacht und rückt gleichzeitig auch inhaltliche Themen mehr in den Mittelpunkt.

Nun wollen wir aus den gewonnenen Erkenntnissen der vergangenen Monate auch in der Regierung neu und vor allem besser kommunizieren. Wir gehen dabei nach keinem Lehrbuch vor. Wir orientieren uns an unserem gesunden Hausverstand, aber vor allem an den schmerzlichen Erfahrungen unter der rot-schwarzen Regierungskoalition der letzten zehn Jahre. Denn was man unter guter und professioneller Kommunikation versteht, kam in der großen Koalition eigentlich nie zur Anwendung.

Das war keine Regierungskommunikation, sondern tägliche Krisenkommunikation. Schuld daran war die Kurzsichtigkeit beider Regierungsparteien und die abgrundtiefe gegenseitige Abneigung und Verachtung. Im Regierungsboot saßen mit SPÖ und ÖVP zwei Parteien, die jeweils in die andere Richtung ruderten. Es war ein Kräftemessen, bei dem das Boot keine Meter wettmachte und Österreichs Innenpolitik somit in permanentem Stillstand und Streit nicht vom Fleck kam. Währenddessen ruderte rechts die FPÖ vorbei. Die Fronten waren dauerhaft verhärtet. Der Knoten war nicht zu lösen. Man wollte ihn auch nicht lösen. Es war am Ende eine Koalition am Werk, die nur noch zum Selbstzweck regierte, damit das Land so aufgeteilt bleibt, wie wir es seit 1945 kennen. Bei allem Respekt für die Errungenschaften dieser beiden Parteien, für den Wiederaufbau unseres Landes, für die Schaffung des Wohlstandes und für den gemeinsamen Weg in die EU – aber die Koalition aus SPÖ und ÖVP war in den Jahren 2015, 2016 und 2017 ein totgerittenes Pferd. Dieses sterbende Pferd hing nur noch an der Herz-Lungen-Maschine namens Sozialpartnerschaft und Landeshauptleute.

Dass die Sozialpartner und Landeshauptmänner immer wieder den Ton angeben, hat sich über die Jahrzehnte eingeschlichen und verselbstständigt. Ich weiß, die Republik wurde seinerzeit von den Ländern gegründet. Dieses Argument ist mir aber zu wenig, wenn ich gelegentlich aus den Ländern daran erinnert werde, wenn es wieder einmal, eine Unstimmigkeit gibt.

Auf einmal gibt es Gremien wie den halbjährlich wechselnden Vorsitz der Landeshauptleutekonferenz, der in unserer Bundesverfassung mit keinem Wort erwähnt wird, in der politischen Realverfassung allerdings eine nicht unwichtige Rolle spielt. Sozialpartner und Landeshauptleute sind immer dann stark, wenn die Regierung schwächelt und nichts weiterbringt.

Ein Beispiel aus der Zeit der Corona-Bekämpfung: Herbst 2021. Kurz ist schon seit fünf Wochen nicht mehr Bundeskanzler, und die Länderchefs treffen sich zu ihrer turnusmäßigen Landeshauptleutekonferenz am Achensee in Tirol. Bei diesem Treffen drängen die Landeshauptleute die Regierung zur Einführung der Impfpflicht, die unter Kurz niemals in Frage gekommen wäre. Nur Tirols Landeshauptmann Günther Platter stemmt sich massiv gegen den Willen der anderen acht Länderchefs. Leider vergeblich. Es sind übrigens genau einige der Landeshauptleute, die sich nach Beschluss der Impfpflicht wenige Monate später als Erste von dieser Maßnahme distanzieren und öffentlich eine Aussetzung fordern, weil sie merken, dass sich die Menschen im Land (vollkommen berechtigt) nicht per Gesetz vorschreiben lassen wollen, was in ihren Körper gespritzt wird. Erklären muss es aber die Bundesregierung. Apropos Impfpflicht: Noch bevor es überhaupt einen Impfstoff gibt und die Forschung auf Hochtouren läuft, spricht sich schon im Mai 2020 einer der Landeshauptmänner öffentlich für eine Impfpflicht aus. Kurz ist dagegen, und er widerspricht diesem Ansinnen auch öffentlich. „Kurz gegen Impfpflicht",[23] schreiben Medien Anfang Juni 2020. Diese Linie verlässt Kurz bis ans Ende seiner Kanzlerschaft nicht. Anreize und Überzeugungsarbeit ja, aber niemals ein Zwang zur Coronaimpfung. Der betroffene Landeshauptmann deutet die Kurz-Haltung in einer SMS an ihn so: „Wer gegen die Impfpflicht ist, ist auch gegen mich."

Auch die Sozialpartner agieren wie eine Schattenregierung und haben phasenweise sogar selbst ihre Leute in der Regierung sitzen. Sie treffen Entscheidungen und stellen die zerstrittene Regierung nicht nur einmal vor vollendete Tatsachen. Es mag auf den ersten Blick beruhigend wirken, wenn andere das Heft des Handelns übernehmen, weil die Regierung wieder einmal mit sich selbst statt mit dem Land beschäftigt ist. Aber auf Dauer ist das auch kein demokratiepolitisch gesunder Zustand. Jede Institution hat ihre Rolle und Verantwortung. Sie sollten sich aber auf jene Zuständigkeitsbereiche beschränken, für die sie auch geschaffen und gewählt wurden. Nicht selten dient der Bund auch als Ventil, wenn wieder einmal im eigenen Bereich der Druck steigt. Da sind

Bundesparteichefs, Regierungsspitzen oder einzelne Minister immer nützliche Zielscheiben. Auch daran gewöhnt man sich über die Jahre. Ungewöhnlich wird es für viele, als mit der Übernahme der Partei und der Kanzlerschaft von Sebastian Kurz der Bund als Reibebaum verloren geht. Bis Kurz die Partei übernimmt, hat die ÖVP rund 15 Wahlen hintereinander verloren. Seit 2009 machte die Partei bei keiner Landtagswahl ein Plus. Erfolge bei Nationalratswahlen und EU-Wahlen liegen noch weiter zurück. Mit dem Sieg bei der Nationalratswahl 2017 und der Rückeroberung des Kanzleramtes kommt es unter Kurz zu einer Trendwende. Die Erfolgswelle der ÖVP im Bund wirkt sich auch auf die Länder aus. Hermann Schützenhöfer macht bei seinem Landtagswahlsieg im November 2019 auch kein Geheimnis und dankt Kurz für den Rückenwind vom Bund. Diese gegenseitige Unterstützung ist eine Win-Win-Situation für beide Seiten. Die Bundes-ÖVP profitiert von der Geschlossenheit der Partei, die Länder von der Regierungspolitik, die breite Zustimmung in der Bevölkerung findet. Das entfaltet eine ungemeine Kraft in der Volkspartei. Erfolge im Bund *und* auf Landesebene tun der Partei als Ganzes gut. Mich freut das für eine Gruppe ganz besonders: die vielen ehrenamtlichen Funktionäre in den Städten und Gemeinden. Ein neues Selbstbewusstsein war wieder da, das die Volkspartei nach den vielen Jahren der Niederlagen bitter notwendig hatte. Als der Kanzler die politische Bühne verlässt, werden auch die Landeshauptmänner der Reihe nach wieder von Wahlergebnissen aus der Zeit vor Kurz eingeholt. Die Ergebnisse fallen bei den Landtagswahlen in schwarzen Kernländern sogar noch schlechter aus als davor.

Starke Regionen und Bundesländer finde ich extrem wichtig und auch identitätsstiftend. Bei manchen Themen bin ich jedoch der Meinung, dass wir zu kleinstrukturiert organisiert sind und es besser wäre, wenn es der Bund einheitlich regelte oder zumindest Zuständigkeit und Verantwortung besser zusammengeführt würden. Durch meine Prägung in der Tiroler ÖVP ist auch meine Arbeit in Wien und im Kanzleramt ein Stück weit ländergeprägt. Ich versuche mich bei vielen Maßnahmen in die Situation der Bundesländer zu versetzen, und wir berücksichtigen das auch immer sehr stark bei der Entscheidungsfindung. Teamintern werde ich daher nicht selten als der Föderalist gesehen. Auch wenn der Kanzler zu den (ÖVP-)Landeshauptleuten einen intensiven Kontakt pflegt, versuche ich auf meiner Ebene ebenfalls mit den türkisen oder schwarzen Pressesprechern der Landeshauptleute im regelmäßigen Austausch zu stehen. Wahrscheinlich greife ich manchmal zu spät zum Hörer, um gewisse Punkte mit den Sprecherkollegen in den Ländern abzustimmen. Dennoch glaube ich, dass ich mich sehr der Mentalität und Denkweise jedes einzelnen Bundeslandes angepasst und versucht habe, bestmöglich mit meinen Kollegen zu kommunizieren und zu kooperieren. Jeden einzelnen von ihnen schätze ich sehr, auch wenn wir den einen oder anderen Strauß ausfechten müssen. Sie machen bei ihrer Arbeit nichts anderes als ich: Sie kämpfen für ihren jeweiligen Chef und für ihr Land. Und mir persönlich ist auch eines wichtig: Jeder von uns hat bisher nur Wahlniederlagen erlebt. Nun soll jeder am aktuellen Erfolg der ÖVP durch Sebastian Kurz teilhaben.

Jedenfalls sind wir zum Start von Türkis-Blau fest entschlossen, die Kommunikation nach außen, aber auch nach innen völlig neu aufzustellen. Das sehe ich als Vertragsbediensteter des Bundes sogar als meine Pflicht gegenüber der Bevölkerung. Jeden Tag, wenn ich das Bundeskanzleramt betrete, muss ich am Haupteingang ein

Drehkreuz passieren. Hinter diesem Durchgang steht ein großer Spiegel, der vom Boden bis zur Decke reicht. Man kann sich also beim Betreten des Kanzleramtes in voller Größe betrachten und sich in die eigenen Augen schauen. Am oberen Teil des Spiegels ist ein Schriftzug mit dem 1. Artikel der Österreichischen Bundesverfassung angebracht: „Österreich ist eine demokratische Republik. Ihr Recht geht vom Volk aus." Diese zwei Sätze lese ich jeden Tag und verinnerliche sie für meine Arbeit. Für mich bedeuten diese zwei einfachen Sätze mehr als nur die Einleitung in unsere Verfassung. Sie sagen mir, dass ich dem Land und seinen Menschen verpflichtet bin und niemand anderem. Und nur dafür arbeite ich. Jeden Tag und sehr hart.

Als im Jänner 2018 erstmals der Begriff Message Control in den Medien genannt und damit unsere Kommunikationsarbeit bezeichnet (und kritisiert) wird, ärgere ich mich ungemein. Ich bin zornig und auch beleidigt. Denn der Begriff wurde von jenen Menschen kreiert, die noch ein Jahr zuvor nahezu durch die Bank in Analysen, Kommentaren und Berichten die katastrophale Performance der rot-schwarzen Bundesregierung von Kern und Mitterlehner kritisiert hatten. Vor allem den ständig auf offener Bühne ausgetragenen Streit. Was wurde da nicht alles geschrieben. Das Neuwahl-Wort geisterte schon Anfang 2014 durch den Blätterwald, also nicht einmal drei Wochen nach der Angelobung des Kabinetts Faymann-Spindelegger. Auch in der Bevölkerung festigte sich der Eindruck, dass die große Koalition mit ihrem wöchentlichen Gezänk und Gerangel am Ende ist. „Nach diesem ständigen Gejammere und den Blockaden einiger vorgeschlagener Reformen, sollten doch endlich vom Nationalrat Neuwahlen mit neuen Führungspersonen bei Rot und Schwarz ausgerufen werden. Dieses ständige Hin und Her nervt. Keiner gönnt dem anderen irgendeinen Erfolg, und wer bezahlt's? Der Steuerzahler, so wie in den letzten fünf Jahren", brachte es ein Bürger in einem Leserbrief in der Kleinen Zeitung am 18. Jänner 2014 auf den Punkt und sprach damit bestimmt vielen, aber jedenfalls mir aus der Seele. Dieser öffentliche Eindruck festigte sich über die Jahre, bis es schließlich im Mai 2016 zum Rücktritt von Bundeskanzler Werner Faymann kam und fast auf den Tag genau ein Jahr später von Vizekanzler Reinhold Mitterlehner. Rot-Schwarz war am Ende.

Dass wir den Medien mit unserer neuen Arbeitsweise ihre Arbeit ein wenig erschweren, möchte ich nicht abstreiten. Niemand im Land ist es gewohnt, dass es auf einmal eine Regierung gibt, die versucht, geeint nach außen aufzutreten und ein Bild der Ordnung und gemeinsamen Zusammenarbeit abzugeben. Es gehört zum Geschäft jedes Journalisten, dass er bei seiner Arbeit das sucht und findet, das sozusagen Hintergründe ausleuchtet, Reibung auslöst und die entsprechende Geschichte und Schlagzeile liefert. Und natürlich ist es die Aufgabe von Medien, ja sogar ihre Pflicht, die Arbeit der Regierung kritisch zu hinterfragen und jene Aspekte in der Berichterstattung zu bringen, die von den Regierenden weniger beachtet oder sogar ignoriert werden. Dass es uns in weiten Teilen gelingt, es diesmal besser zu machen, daran zweifle auch ich lange Zeit.

Aber je öfter wir mit der FPÖ zusammensitzen, je mehr Regierungssitzungen stattfinden, je mehr Beschlüsse aus dem Regierungsprogramm gefasst werden, desto enger rückt diese Regierung zusammen. Ich bin nicht so naiv, um anzunehmen, dass nicht auch Türkis und Blau ihre Eigeninteressen weiter verfolgen.

Natürlich kommt es oft zu Troubles im Regierungsgefüge, und Innenminister Herbert Kickl liefert mit der BVT-Hausdurchsuchung den besten Beweis dafür. Aber es macht eben den Unterschied, ob die Koalitionsspitzen und Kabinettsmitarbeiter in der täglichen Koalitionsarbeit miteinander reden oder es bevorzugen, zuerst mit Journalisten über einander zu sprechen und dort alles aufzutischen. Genau auf Letzteres versucht jeder Akteur weitgehend zu verzichten.

Bereits bei meinem Masterlehrgang zehn Jahre zuvor befasse ich mich mit dem Phänomen des Agenda Settings und dem Zusammenwirken von Medien und Politik. Politik und Medien sind nichts anderes als kommunizierende Gefäße. Performed die Regierung schlecht und bringt nichts weiter, übernehmen die Medien sozusagen das Ruder und haben die Hoheit über die Berichterstattung und Themenlage. Sie wirken stark und treiben die Politik vor sich her. Schafft es jedoch die Politik zu liefern, Themen zu setzen und ein Bild der Einheit abzugeben, dann liegt der Vorteil natürlich auf der Seite der Regierung und wirkt sich auch auf die Berichterstattung aus. Türkis-Blau gelingt es, den Druck in diesem kommunizierenden Gefäß für sich positiv zu verändern.

Dass die Kommunikation unter Türkis-Blau funktioniert, geben die Medien auch zu. Anlässlich des einjährigen Bestehens der türkis-blauen Bundesregierung schreibt die stellvertretende Chefredakteurin der Tageszeitung „Der Standard" – und bestimmt kein großer Fan dieser Regierung – in einem Kommentar: „(…) Die gezielte, punktgenaue Kommunikation der türkisen Regierungsmannschaft, die Message-Control der ÖVP, läuft zumeist glatt und geschmiert – und übertüncht so, dass es auf der blauen Regierungsseite mitunter stark holpert, vor allem wenn es die Ressorts von Beate Hartinger-Klein oder Herbert Kickl betrifft. Kurz' nahezu perfekte Präsentation ist wohl auch einer der Gründe, warum die Österreicher mit dieser Regierung so zufrieden sind, wie etwa die aktuelle STANDARD-Umfrage zeigt. (…)“[24] Meinungsforscher Peter Hajek urteilt nach einem Jahr Türkis-Blau unter anderem so: „Sie wickeln ihr Programm ziemlich klar ab“, und das sei dank „sehr professioneller Kommunikation“[25] auch sichtbar.

Was uns oder mir persönlich aber sehr übel genommen wird, ist der Eindruck oder Vorwurf mancher Medien, dass wir den Boulevard bevorzugen und mehr bedienen als andere Tageszeitungen und Medien. Dazu habe ich eine klare Haltung. Das ist falsch oder nur bedingt richtig. Warum?

Wenn mich jeden Tag zwischen acht und neun Uhr früh die diensthabenden Innenpolitik-Redakteure der in Österreich bekannten Boulevardmedien anrufen und fragen, was denn heute so im Kanzleramt und in der Regierung ansteht oder ob sich sonst was tut, dann geschehen zwei Dinge: Erstens, der Redakteur macht eine Recherche und will wissen, ob es von unserer Seite irgendwelche nennenswerten Mediengeschichten gibt. Und zweitens: Ich als Pressesprecher des Bundeskanzlers gebe natürlich Auskunft. That's it. Wenn die Redakteure aller anderen Zeitungen auch jeden Tag anrufen würden, dann würden sie von mir genauso eine Auskunft erhalten. Was ich allerdings nicht mache, ist alle Medien durchrufen, um ihnen zu sagen: „Nur dass du weißt, es hat mich die Krone angerufen, und die wollten wissen, was sich bei uns so tut.“ Sorry to say, aber hier müssen sich einige Medien selbst an der Nase nehmen und nicht überrascht sein, wenn sie am nächsten Tag im Boulevard Geschichten lesen, die sie selbst auch hätten locker recherchieren und schreiben können.

Was jedoch stimmt: Boulevardmedien erzielen Reichweiten und sind schnell. Und wie sehr wir alle von den sozialen Medien und der besten Schlagzeile getrieben sind, und wie rasant sich eine Botschaft verbreitet, muss ich an dieser Stelle nicht ausführlich erklären. Pressetermin um 11.00 Uhr, Redaktionsschluss um 16.00 Uhr, Zeitungsdruck um 18.00 Uhr, Auslieferung um 23.00 Uhr, Hauszustellung um 5.00 Uhr und gemütliches Zeitungslesen um 7.00 Uhr ist leider nicht mehr die Regel, sondern die Ausnahme. Die Medienwelt von heute lautet: Livestream, Push-Meldung, Ticker, Teilen, Liken und Kommentieren. Dabei hat der Kanzler die Pressekonferenz noch gar nicht beendet. Eine gründliche Recherche, ein Check – Re-Check – Doublecheck, wie es im Journalismus heißt, ist somit praktisch unmöglich – vielleicht erst im Nachgang, wenn die Nachricht keine Nachricht mehr ist. Das hat aber weniger mit der Message Control zu tun, sondern mit dem gesellschaftlichen Wandel und der Digitalisierung.

Trotzdem hat für uns natürlich die Sonntagsausgabe der Kronen Zeitung eine Bedeutung. Welche Zeitung wird noch von 2–2,5 Millionen Menschen gelesen? Online nicht einmal dazugerechnet. Dieses Medium für die politische Kommunikation nicht zu nutzen beziehungsweise zu ignorieren, wäre ein Knieschuss für jeden Pressesprecher.

Ungeachtet dessen versuche ich in einer Dauerschleife mit allen relevanten Medien des Landes in Kontakt zu stehen. Es gibt Tage, da gehe ich mit einem brennenden, rot angeschwollenen Ohr und Surren im Inneren ins Bett, weil ich den ganzen Tag permanent telefoniere. Abseits dieser Telefonate treffe ich viele Journalisten zum Kaffeetermin in der Früh, zum Mittagessen oder auf einen Drink nach der Arbeit, sofern es die Zeit erlaubt. Es entwickelt sich dadurch selbstverständlich eine nähere Arbeitsbeziehung. Besonders zu den Bundesländerzeitungen versuche ich eine enge Zusammenarbeit aufzubauen, die nicht überall punktgenau gelingt. Hauptsächlich bin ich dabei mit den Redakteuren der „Wien-Büros" in Kontakt, also mit jenen, die über Innenpolitik berichten. Gelegentlich telefoniere ich auch mit den Chefredakteuren in den Landeshauptstädten. Damit auch sie einen Einblick in das Innenleben der neuen Bundesregierung aus dem Mund des Bundeskanzlers erhalten, etablieren wir ein eigenes Format: ein Abendessen im Kanzleramt oder in einem Lokal. Zwei- bis dreimal im Jahr laden wir die Chefredakteure der Vorarlberger Nachrichten, Tiroler Tageszeitung, Salzburger Nachrichten, Oberösterreichischen Nachrichten, Kleine Zeitung sowie der Tageszeitung Die Presse zum Kanzleressen ein. Nachdem bis auf die Bundesländerzeitungen alle Medien in Wien konzentriert sind und dort am Abend einfach im Vorbeigehen Politiker und Medienverantwortliche aufeinandertreffen, wollen wir mit diesen Abendessen den Chefredakteuren aus den Ländern einen eigenen exklusiven Zugang zum Bundeskanzler anbieten, der von allen auch gerne angenommen wird.

Kurz ist bei diesen Hintergrundgesprächen sehr offen und authentisch. Es wird über alles gesprochen, und die Dialoge verlaufen manchmal auch kontrovers. Hintergrundgespräche sind, wie der Name schon sagt, Gespräche im Hintergrund, ohne dass Medien die erhaltenen Informationen direkt in der Berichterstattung verwenden. Diese Gespräche sind also auch sehr viel auf Vertrauen aufgebaut.

Nach einem dieser Abende lese ich am nächsten Tag im Morgennewsletter einer Bundesländerzeitung folgende Zeilen mit dem

Titel: „Gestern Nacht. Ein Hintergrundgespräch mit dem Bundeskanzler." Der Chefredakteur schreibt unter anderem Folgendes: „Ein Hintergrundgespräch ist ein Gespräch, zu dem ein Politiker eine Runde ausgewählter Journalisten einlädt, dieses Mal: in ein gutbürgerliches Lokal in Wien Döbling. Zu den Verhaltensregeln gehört es, dass das Gesagte vertraulich bleibt und nicht öffentlich zitiert werden darf. Es ist ein Gespräch ‚unter drei'. So lautet die Vertraulichkeitsstufe. Ein Bruch des Kodex gilt als verpönt und ist Politikern schon zum Verhängnis geworden."[26] Dann berichtet der Chefredakteur seinen Lesern aus dem Hintergrundgespräch, das er selbst im Newsletter einleitend als „vertraulich" beschreibt.

Der Ärger ist groß, weniger bei mir als vielmehr bei den anderen Chefredakteuren, die auch dabei waren und sich an die Regeln gehalten haben. Da ich nicht der Erste und Einzige bin, der den schreibenden Chefredakteur auf den Bruch des von ihm selbst bezeichneten „Kodex" aufmerksam macht, wirkt er einsichtig und zerknirscht. Er begründet seinen Newsletter im Telefongespräch damit, dass er sich zu wenig betreut fühle und selten Informationen aus Wien erhalte. Ich entgegne, dass es nach der bisherigen Berichterstattung über die böse „Message Control" auch nicht mein Ziel ist, jedes Mal zum Hörer zu greifen und ihn direkt anzurufen, zumal ich mit dem Wiener Redaktionsteam seiner Zeitung ohnehin ein gutes und kooperatives Arbeitsverhältnis habe. Dass dieses Problem ausgeräumt wird, ist mir aber sehr wichtig. Also biete ich dem Chefredakteur an, sollte er gelegentlich Informationen benötigen, auch im Hintergrund, dann soll er mich bitte doch einfach anrufen. Wenn er den Bundeskanzler direkt sprechen möchte, auch kein Problem. Er nimmt das Angebot freundlich und dankend an. Gebrauch davon macht er aber nie. Jedenfalls nicht bei mir. Für mich ist die Sache erledigt, für ihn offenbar nicht. Viele Monate später liegt erneut morgens ein Newsletter im Mailpostfach. Diesmal mit dem Titel: „Kurz will zu jeder Sekunde wissen, wer ihn liebt und wer ihn ablehnt."

Dass er Kurz' Arbeit kritisiert, ist sein gutes Recht. Dass er im Newsletter aber auch mir eine Retourkutsche zum Disput von Monaten davor liefert, hat dieser Chefredakteur eigentlich gar nicht notwendig. Denn es gilt auch als ungeschriebenes Gesetz, dass die politischen Akteure das eine sind und deren Mitarbeiter das andere. Über Kurz gilt es zu beurteilen, zu bewerten und zu kommentieren, aber nicht über mich, der nicht in der ersten Reihe steht und nur seine Arbeit macht. Also schreibt er im Newsletter vom „machtbewussten Pressesprecher" und beschreibt mich, ohne mich beim Namen zu nennen, so: „Sie unterscheiden sich von den einflussreichen Pressesprechern der großen Koalition nur im offener zur Schau gestellten Machtbewusstsein und ästhetisch vielleicht durch die blütenweißen Hemden mit den smarten Hosenträgern."[27] Touché.

Da es nur einen Pressesprecher im Kanzleramt gibt, der bei der Arbeit Hosenträger trägt, kann nur ich gemeint sein. Wenn ein Chefredakteur einer der größten Tageszeitungen des Landes solche Zeilen schreiben muss, dann finde ich das nicht nur eine oberflächliche Beurteilung, sondern auch unter seinem Niveau. Sein Redakteur in der Wien-Redaktion, der mich sehr gut kennt und meine Arbeit nach vielen Jahren der Zusammenarbeit auch gut einordnen kann, entschuldigt sich bei mir am Telefon persönlich für die Wortwahl seines Chefredakteurs. Das sei zum Fremdschämen, tue man nicht und hätte ich nicht verdient.

Mit Selbsteinschätzung tun sich viele Menschen immer etwas

schwer. Natürlich arbeite ich im Zentrum der Macht, und das macht auch aus einem etwas. „Machtbewusst“ würde ich mir aber nicht als erste Charaktereigenschaft zuordnen. Das unterstellt den Charakter des Drüberfahrers, des Rücksichtslosen oder des Gnadenlosen und Brutalen. Aus innerster Überzeugung und einer gehörigen Portion Selbstreflexion kann ich sagen, dass keines davon zutrifft. „Hart“ oder „Überzeugungstäter“ würde passen. Aber wer ist das nicht, wenn er für Positionen und Themen kämpft? Würde es das nicht geben, wäre die Welt der Politik menschenleer.

Wie angespannt die Atmosphäre in der Medienszene ist, und mit welchem Argwohn einander Medienhäuser und Herausgeber beobachten, bekomme ich bei meiner Arbeit oft zu spüren. In meiner gesamten Kanzlerzeit waren Inserate nicht mein Verantwortungs- und Zuständigkeitsbereich, und schon gar nicht habe ich bei Medien positive Berichterstattung aufgrund von Inseratschaltungen eingefordert. Aber die Taschenrechner in manchen Medienhäusern laufen offenbar Tag für Tag, und es wird gegengerechnet, in welchen Medien wo und wie viel inseriert wird. Meine Ansprechpersonen in Medienhäusern sind immer die Redaktionen, aber das Fett mancher Redakteure, die auch unter dem wirtschaftlichen Druck ihrer Eigentümer stehen, bekomme oft ich ab. Führende Zeitungsmacher lästern und schimpfen in einer Art und Weise über ihre eigene Zunft, die in Stil und Wortwahl locker jede hitzige Parlamentsdebatte ersetzen könnte. Manchmal lassen mich die Aussagen ratlos zurück.

Die von uns aufgesetzte Medienarbeit ist keineswegs perfekt und hat auch Defizite. Unser Anspruch ist es, den schweren Regierungstanker wie ein Schnellboot durch die hohe See zu manövrieren. Wir agieren oft zu hastig und zu überhitzt. Kaum ist ein Thema medial abgefrühstückt, setzen wir bereits beim nächsten an. Es sind nicht wenige Pressekonferenzen, nach denen Kurz direkt ins Kanzlerbüro zurückkommt und gleich den nächsten thematischen Pflock einschlagen will, während wir zur Verschnaufpause einen Cappuccino trinken.

Es ist unser aller Anspruch, dem Wählerwillen gerecht zu werden und am laufenden Band zu „liefern". Die Zeit des Stillstands ist nämlich vorbei. Dabei gelten bei uns zwei Grundsätze: Wir müssen immer allen anderen um eine halbe Nasenlänge voraus sein. Nicht mehr und nicht weniger. Und, wenn wir irgendwo einen Grashalm wachsen hören, schrillen die Alarmglocken. Das führt manchmal zu exzessiven Zuständen.

Das Hamsterrad läuft Tag und Nacht. Unser Nachrichtenfilter ist eng gestrickt. Von APA-Meldungen über Onlineberichte bis hin zu Tweets, alles wird gescreent, man kommt nicht zur Ruhe. Aber es ist eben genau die eine halbe Nasenlänge, die viel Kraft kostet, uns aber von den anderen unterscheidet. Unser Apparat schläft nie, immer ist irgendjemand wach und online. So treiben wir uns selbst gegenseitig voran, das kostet aber Unmengen an Substanz.

Vor allem Medienvertreter sprechen mich mehrfach an, endlich Tempo rauszunehmen. Niemand würde noch mitkommen und realisieren, was alles von der Regierung gemacht wird. Journalisten werden mit Ansagen, Ankündigungen und Beschlüssen überrumpelt und die Menschen mit einer Flut an Themen zugeschüttet. Da ist was dran. Aber Stopp ist für uns keine Option. Also machen wir weiter, setzen uns selbst unter Druck, wenngleich es zwei Gänge langsamer auch gehen würde. Die Regierung hat in der Bevölkerung einen hohen Zuspruch, die Opposition – besonders die SPÖ – ist mit sich selbst beschäftigt. Wenn nicht wir die Zeitungen mit Themen befüllen, dann tun es andere. Und so geschehen auch handwerkliche Fehler.

Für die entsprechende mediale Umsetzung von Regierungsprojekten nehmen sich Gerald Fleischmann und ich immer gesondert Zeit. Wir überlegen uns, wie man am besten das Thema medial hochbekommt. Mit einer Mischung aus Reflex und Hilflosigkeit wird uns von der Opposition mehrmals der Vorwurf gemacht, dass es sich bei dem einen oder anderen Thema nur um einen PR-Gag handle. Dazu ein Beispiel: Bis heute wird im Zusammenhang mit der Fusionierung der Sozialversicherungen die sogenannte „Patientenmilliarde" kritisiert. Woher dieser Begriff genau kommt, hinterfragt niemand, aber es muss ja die Medienküche des Kanzlers gewesen sein. Ein Koch kann aber immer nur mit jenen Zutaten arbeiten, die er im Einkaufskorb hat. Man kann also schwer aus einem Rinderrostbraten und Zwiebeln ein Wiener Schnitzel vom Kalb zubereiten. Als die Zusammenlegung der Sozialversicherungen angegangen wird, versuchen wir im Medienteam so viel Informationen wie möglich zusammenzutragen. Es finden eine Reihe von Besprechungen zwischen dem Kanzleramt und dem Sozial- beziehungsweise Gesundheitsministerium statt. Zum Teil auf Mitarbeiterebene, und manchmal auch mit dem Bundeskanzler und der Sozialministerin Beate Hartinger-Klein. In einer dieser Sitzungen legt die Ministerin eine Präsentation vor. Es wird aufgelistet, welche Effekte die Zusammenlegung bringen wird. Strukturen würden straffer werden, viele Funktionäre eingespart (rund 75 Prozent), die Zahl der Verwaltungsgremien fast halbiert und das Leistungsspektrum für die Patienten würde erweitert werden. So die Conclusio aus den Papieren des Sozialministeriums. In

Summe könnten dadurch eine Milliarde Euro eingespart werden, die im Gegenzug den Patienten durch Leistungsharmonisierungen und Leistungsausbau zur Verfügung gestellt werden können, so die Rechnung aus dem Sozialressort. Mit diesen hier grob skizzierten Informationen der Ministerin arbeiten wir unseren Vorschlag für die Kommunikation aus. Wir sprechen sogar die Ministerin direkt an, ob das mit der Milliarde auch stimmt. Sie widerspricht uns nicht.

Mein Staunen ist groß, als sie Jahre später im Untersuchungsausschuss sagt, dass sie bei der Bezeichnung „Patientenmilliarde" einen „Wutanfall" bekommen hätte. Ich erlebe die Ministerin in der Phase der Vorstellung und des Beschlusses der Zusammenlegung der Krankenkassen kein einziges Mal wütend. Im Gegenteil. Als die Reform am 14. September 2018 präsentiert wird, ich selbst moderiere die Regierungspressekonferenz, geht Hartinger-Klein vor laufenden Kameras sogar auf die Aussage des neben ihr stehenden Vizekanzlers Strache ein, der in der Pressekonferenz meint, dass mit der Reform aus einer Funktionärsmilliarde eine Patientenmilliarde werde. Hartinger-Klein wörtlich: „Es werden die Rationalisierungspotenziale, die im System ausgeschöpft werden, den Versicherten, den Patienten zur Verfügung gestellt. Also diese eine Milliarde, die der Herr Vizekanzler genannt hat, das wird den Versicherten, den Patienten zur Verfügung gestellt."[28] Sie liest diese Sätze von keiner Unterlage ab, sagt es frei und voller Überzeugung, ohne Fleischmann oder mich als Zuflüsterer. In einer Parlamentsdebatte ein paar Wochen später verteidigt Hartinger-Klein diese Milliarde erneut: „Das vieldiskutierte Einsparungspotenzial von einer Milliarde Euro kann durch die Reduktion beim Personal- und Sachaufwand von insgesamt 30 Prozent bis 2023 lukriert werden. Durch das Zielsteuerungssystem wird sichergestellt, dass durch die Effizienzsteigerung frei werdende Mittel für die Leistungen zur Verfügung gestellt werden."[29] Das klingt keineswegs nach einem Wutanfall, sondern erinnert mich an Konrad Adenauer: „Was interessiert mich mein Geschwätz von gestern?"

Abgesehen von dieser Diskussion hat bis heute kein einziger Kritiker gefordert, die Fusion der Krankenkassen von 21 auf fünf zurückzunehmen und das System wieder auf 21 verschiedene Kassen aufzublasen. Jede Partei hätte im Wahlkampf die Möglichkeit gehabt, das zu fordern. So falsch kann die Reform also nicht gewesen sein.

Dass „Message Control" auch nur der Versuch einer sorgfältigen Kommunikation in einem getriebenen Umfeld ist, möchte ich anhand eines weiteren Beispiels veranschaulichen.

Wieder steht Weihnachten vor der Tür und wieder meine Hoffnung, dass es ruhige Feiertage mit der Familie werden. Da ein paar Tage davor „1 Jahr Türkis-Blau" zelebriert wird, beginne ich schon Ende November mit der Ausarbeitung des Medienplans für die Feiertage bis hinein zum Dreikönigstag 2019. Zwischen 10. und 20. Dezember werden die Medien und die Koalition Bilanz über das erste gemeinsame Regierungsjahr ziehen. Diese Phase wird fein säuberlich vorbereitet. Für die Zeit später, also 22.12.2018 bis 6.1.2019, schlage ich wieder Schwerpunkte für jedes Regierungsmitglied vor.

Jeden Tag soll es wieder ein Thema mit einem Minister geben. Wieder soll jeder seine Präsenz erhalten, und keinesfalls dürfen gleichzeitig Themen in dieser „Saure-Gurken-Zeit" gesetzt werden. Gemeinsam mit den Kollegen der FPÖ tragen wir alle Themen zusammen. Minister sollen Bilanz ziehen und Ausblick geben auf das neue Jahr.

Da rund um Weihnachten und den Jahreswechsel auch die Zeitungsredaktionen dünner besetzt sind als sonst, sind sie über jede Geschichte dankbar. Nachdem es üblich ist, dass meistens TV-Anstalten um Interviews mit einem Regierungsmitglied fragen, nachdem ein Thema in den Zeitungen aufschlägt, gehe ich dieses Mal mit meiner Serviceorientierung sogar einen Schritt weiter. Bei der letzten Regierungssitzung vor Weihnachten biete ich dem ORF und anderen TV-Stationen an, zur Regierungspressekonferenz mit einem zweiten Kamerateam im Bundeskanzleramt zu erscheinen. Die Idee: Während Kurz und Strache im traditionellen Pressefoyer nach der Ministerratssitzung stehen und die Medien über aktuelle Beschlüsse informieren, sollen die anderen Kamerateams in einem Raum daneben ihre Ausstattung aufbauen. Im Minutentakt werden dort von allen Ministern Interviews laut meinem erstellten Medienplan für die Feiertage aufgenommen. Es sind sozusagen Interviews „aus der Dose“. Wenn an den Feiertagen oder rund um den Jahreswechsel Minister XY seine Mediengeschichte setzt, gebe ich den TV-Stationen die Info, dass sie an diesem Tag das entsprechende Interview ausstrahlen können.

Es ist ein witziges Bild, das sich bei der Aufzeichnung der vielen Interviews ergibt. Im Normalfall stehen Medien für ein Interview bei einem Minister an, diesmal ist es aber umgekehrt. Die Idee funktioniert. Fast jeden Tag erscheinen in der „Zeit im Bild“ und anderen Nachrichtenformaten die bereits vor Weihnachten aufgezeichneten Interviews mit den Ministern. Ich spare mir dadurch viel Koordinierungsarbeit im Weihnachtsurlaub, und die Medien sind froh, dass sie in dieser Zeit, in der das politische Wien praktisch ausgestorben ist, nicht hektisch nach Ministern für Interviews suchen müssen.

Das erste Jahr Türkis-Blau bringen wir eigentlich recht gut über die Bühne. Die BVT-Hausdurchsuchung sowie die „Einzelfälle" haben zwar ordentlich Sand ins Koalitionsgetriebe gebracht, dennoch kommt der Regierungsmotor eigentlich selten ins Stottern. Die Koalition funktioniert, und die Menschen im Land sind mit der Arbeit sehr zufrieden. Zufrieden schließe auch ich persönlich mein erstes Jahr im Kanzleramt ab. In den Tiroler Bergen verbringe ich erneut die Weihnachtsfeiertage mit meiner Familie. Daheim bei Mamas guter Küche und meinen vielen Freunden gelingt es mir, ein paar Tage abzuschalten.

2019 erwartet die Koalition der erste große Stimmungstest. War 2018 der Fokus voll auf die Regierungsarbeit gerichtet, steht mit der EU-Wahl erstmals ein landesweiter Wahlgang unter der neuen Regierung an. Im Jahr davor schon konnte die ÖVP bei den Landtagswahlen in Niederösterreich, Tirol und Salzburg drei Wahlsiege einfahren.

Nun steht bei der EU-Wahl Ende Mai 2019 Kurz vor der ersten großen Bewährungsprobe, obwohl er selbst gar nicht kandidiert. Legt die ÖVP zu, ist es eine Bestätigung seines Kurses. Kommt es zu Verlusten, wird es als erste Delle für Kurz' Regierungsarbeit gewertet werden. Kurz will so lang wie möglich Regierungsprojekte umsetzen und erst zum spätmöglichsten Zeitpunkt in den EU-Wahlkampf einsteigen. Für viele Beobachter ist es nur eine Frage der Zeit, bis für die ÖVP das beste Pferd im Stall in den Wahlkampf einsteigt und die positive Welle auch für die EU-Wahl genutzt wird. Exakt zwei Wochen vor dem Wahlgang betritt Kurz schließlich auch den Wahlkampfring im Kampf um Mandate in Brüssel und Straßburg.

Es soll eine Mediengeschichte platziert werden, mit der Kurz im EU-Wahlkampf eine kleine thematische Duftmarke setzt. Der Auftrag lautet: „Frischi, überleg dir was für Sonntag!“. Um Bewegung in den Wahlkampf zu bringen, reicht ein oberflächliches Blabla nicht aus. Dass die EU in erster Linie ein Friedensprojekt ist, steht sowieso außer Diskussion. Auch das klare Bekenntnis zur EU. Diese Positionen sind bekannt, also haue ich mitten in der Nacht ordentlich in die Tasten und formuliere ein Medienpapier, das ich nur mit wenigen Leuten auf schnellem Weg abstimme und der Partei zum Versenden an die Medien übermittle. Kurz selbst bekommt das fertige Papier nie zu Gesicht. In einem der unzähligen nächtlichen Telefonate erkläre ich ihm in Grundzügen, was ich vorhabe. „Mach nur, ich vertraue dir“, so seine Antwort.

Ich lebe mich in dem Medienpapier regelrecht aus und schreibe das hinein, was ich über die EU denke, was die Menschen ärgert, und wie man die EU besser machen kann. Natürlich alles in den Mund von Bundeskanzler Kurz gelegt. Als am Sonntag, den 12. Mai um 6.00 Uhr früh die APA-Meldung rausgeht, ist der EU-Wahlkampf in Österreich endgültig ausgebrochen. Die Wellen schlagen bis nach Brüssel. „EU-Wahl – Kurz fordert Ende der ‚Bevormundung‘ durch Brüssel“, titelt die APA. Untertitel: „‚Regelungswahnsinn‘, ‚Bürokratiekorsett‘: Kanzler richtet scharfe Angriffe an die EU“. In den zahlreichen Onlineartikeln, die am Sonntagvormittag die Startseiten füllen, heißt es weiter: „Statt ständig mehr Geld zu verlangen, sollte die EU aufhören, den Menschen immer mehr vorzuschreiben, wie sie zu leben haben“, so Kurz. Konkret verlangt der Kanzler in einer der APA übermittelten Stellungnahme die Streichung von 1000 nicht näher definierten EU-Verordnungen beziehungsweise die Rückgabe der Kompetenzen dieser Verordnungen an die Mitgliedsstaaten. „Die

Menschen verlangen von der EU Antworten in großen Fragen wie der Sicherheit, Außengrenzschutz oder Klimawandel. (…) Aber kein Mensch braucht EU-Vorgaben, etwa für die Zubereitung von Schnitzel und Pommes."

Mehr ist nicht notwendig, um die Politlandschaft und Brüssel in Aufregung zu versetzen. Die Opposition schäumt. Die Reaktion der NEOS erfolgt schon knapp drei Stunden später um 9:17 Uhr. Die SPÖ folgt um 10:21 Uhr. Eine erste Expertenreaktion eines Europarechtlers gibt es um 14:34 Uhr. Selbst Kommissionspräsident Juncker sieht sich genötigt, darauf zu reagieren. Das Thema ist gesetzt, und alle diskutieren zwei Wochen vor dem Urnengang nur noch über den Kurz-Vorstoß. Als ÖVP-Spitzenkandidat Othmar Karas in einer ersten Reaktion Kurz widerspricht und dann doch zurückrudert, ist sogar vom „Pommes-Konflikt" die Rede. Tagelang dominiert dieses Thema das mediale Geschehen im Land. Kurz wird von Gegnern erneut als „antieuropäisch" abgekanzelt. Das ist natürlich maßlos überzogen und eine Elitendiskussion, wie sie so oft in Zusammenhang mit Brüssel geführt wird – an den Menschen vorbei. Aber anhand der Aussagen von Kurz kann jeder mitdiskutieren, weil es jeder versteht und viele dieses Gefühl teilen, dass Brüssel nicht überall mitreden sollte. Ich würde sagen: Natürlich habe auch ich im Medienpapier zugespitzt, aber Mission erfüllt: Die Menschen reden über Europa. Internen Rüffel bekomme ich für dieses Papier keinen. Eher Lob und Bewunderung, dass Pommes einen Wahlkampf dermaßen aufwirbeln können. Auch das ist Kommunikation: Pommes isst eben fast jeder, Kaviar nur wenige.

Man hat also als Mitarbeiter sehr viel Einfluss auf manche Geschichten in den verschiedensten Nachrichtenformaten. Damit muss man auch sehr sorgsam und verantwortungsvoll umgehen. Ich versuche immer, im Rahmen zu bleiben. Diese Art von verliehener Macht im Kanzleramt hat natürlich etwas Verführerisches. Aber ich kämpfe damit, so zu bleiben, wie ich am ersten Tag das Kanzleramt betreten habe: leutselig, bodenständig und vor allem realistisch und demütig.

Mit dem Begriff „Message Control" freunde ich mich über die Zeit an und gewöhne mich daran, dass jeder mediale Schritt von Kurz und seinem Team von der Opposition und Beobachtern mit diesem Schlagwort kritisiert wird. Mangels inhaltlicher Alternativangebote haben die Oppositionsparteien auch keine andere Wahl, als dieses eine Pferd zu reiten. Dabei merken sie nicht, wie sehr der Bevölkerung die ruhige, unaufgeregte und koordinierte Regierungskommunikation gefällt. Je mehr sich Christian Kern und später Pamela Rendi-Wagner empören, desto besser für uns.

Die „Message Control" wird für mich zum persönlichen Gradmesser meiner Arbeit. Sie treibt mich an, und jede Kritik an ihr ist für mich noch mehr Motivation, es noch besser zu machen. Nur selten gerät sie außer Kontrolle. Zum Beispiel in jenen Abendstunden und dem Folgetag, als ein Video aus Ibiza die Republik in Atem hält.

IBIZA UND EINE ZIGARETTE MIT VDB

Am Donnerstag, den 16. Mai 2018, ist die Regierungswelt noch in Ordnung. Um 8:45 Uhr laden wir zu einer gemeinsamen Pressekonferenz mit Kurz, Strache, Hartinger-Klein und Klubobmann August Wöginger. An solchen Tagen komme ich bereits frühmorgens zu Kurz nach Hause. Auf der Fahrt ins Kanzleramt besprechen wir die Vorbereitung für die Pressekonferenz. Die Unterlage dazu habe ich ihm bereits am Vorabend gegeben. Wie immer überfliegt er sie nur, weil er die wichtigsten Botschaften und Eckpunkte lieber aus dem Mund seiner Mitarbeiter hören möchte. Mit der Anhebung der Mindestpensionen wird ein weiterer Schritt der Entlastung, besonders für jene mit kleinen Einkommen, präsentiert. Menschen mit 40 Beitragsjahren bekommen in Zukunft 1200 Euro netto Mindestpension statt bisher 995 Euro. Das ist die zentrale Botschaft dieser Maßnahme. Es ist eine Pressekonferenz wie viele zuvor. Nichts deutet darauf hin, dass es sich um den letzten gemeinsamen medialen Auftritt von Türkis-Blau handelt.

Nach der Pressekonferenz ist jedoch etwas anders. HC Strache ist aufgebracht. Sonst raucht er nach solchen Veranstaltungen noch entspannt eine Zigarette. Diesmal telefoniert der Vizekanzler gestikulierend und in einem sehr bestimmten Ton mit einem Mitarbeiter.

Wir stehen im Nebenraum des Kongresssaals und können das unüberhörbare Telefonat mitverfolgen. Der Inhalt des Gesprächs ist harmlos; es geht um ein noch nicht veröffentlichtes Posting. Kurz versucht, Strache nach dem Telefonat zu beruhigen, aber vergeblich. Man merkt ihm an, dass sein Unmut und seine Aufgeregtheit nicht nur an diesem Posting liegen können. Wie nach jeder Pressekonferenz löst sich auch diese Runde nach einem kurzen Wortwechsel auf. Kurz geht mit uns in sein Büro. Strache, Hartinger-Klein und Wöginger verlassen mit ihren Mitarbeitern das Kanzleramt.

Der Tag verläuft entsprechend. Die NEOS bringen im Parlament eine Dringliche Anfrage an den Bundeskanzler ein. Der Terminkalender muss also angepasst werden, da die Anwesenheit des Kanzlers um 15:00 Uhr im Parlament notwendig ist. Den Termin mit einem ORF-Team für ein Kanzlerinterview verschiebe ich nach hinten.

Gegen 16:00 Uhr ruft mich Kurz an. Er hat das Plenum für ein paar Minuten verlassen und bittet mich, das ORF-Team ins Parlament-Ausweichquartier in die Hofburg zu schicken. Er würde nach der Dringlichen Anfrage nicht mehr ins Kanzleramt kommen. Seine Oma liegt im Sterben, und er möchte gleich nach der Parlamentssitzung zu ihr nach Niederösterreich fahren.

Eine Stunde später lese ich in seinem Terminkalender, dass nun doch das Interview im Kanzleramt stattfindet. Ich schreibe ihm eine SMS und erkundige mich, ob es eine erneute Änderung im Kalender gibt und wo das Interview nun stattfinden soll. Seine Antwort fällt kurz aus: „Bitte im BKA, HC will mich noch sprechen.“ Tatsächlich sehe ich im Kalender einen weiteren neuen Eintrag: „HC.“ Dauer 20 Minuten. Gleichzeitig schickt Kurz eine SMS nach, mit der Frage, ob mir in den Medien heute etwas Außergewöhnliches aufgefallen sei, speziell zur FPÖ. Nein, antworte ich. Komisch, ich weiß nicht, was HC will. Er sagt, es ist dringend, und er will mich heute noch sprechen, erwidert er sinngemäß.

Es ist gegen 18:00 Uhr, als Kurz im Marmorecksalon dem ORF-Team das Interview gibt. Sein gutes und enges Verhältnis zu seiner Oma ist uns bekannt. Er will so schnell wie möglich zu ihr fahren.

„Ist HC schon da?“, fragt er mich, als er sich nach der Interviewaufzeichnung von den ORF-Mitarbeitern verabschiedet. „Er wartet bereits in deinem Büro“, antworte ich. Ich begleite den Kanzler bis zur Bürotür.

Beim Hineingehen weist Kurz den Vizekanzler nach der Begrüßung gleich darauf hin, dass er nicht viel Zeit hat. Strache wirkt nervös und ist ganz blass. Während ich hinter den beiden Parteichefs die Tür des Kreisky-Zimmers schließe, höre ich nur noch einen Satz von Strache: „Du, Sebastian, da kommt etwas Unangenehmes.“

Vertieft in meine Arbeit verliere ich das Zeitgefühl und merke nicht, dass der Termin von Kurz mit Strache schon vorbei ist. Kurz verlässt gerade mit dem Dienstwagen den Innenhof des Kanzleramts in Richtung Niederösterreich. Ich rufe ihn an und erkundige mich, was Strache so dringend wollte. Kurz erzählt mir, dass Strache nicht so richtig mit der Sprache herausgerückt sei. Es gehe jedenfalls um Recherchen der Süddeutschen Zeitung und des Spiegels. Schon wieder ein „Einzelfall“, denke ich mir. Etienne Berchtold und ich sollen zunächst einmal unsere deutschen Kontakte anzapfen und versuchen, etwas herauszufinden, lautet sein Auftrag. „Und bitte machen wir in zehn Minuten eine Telefonkonferenz mit der üblichen Runde. Nachher bin ich nämlich sicher mal für zwei Stunden nicht erreichbar.“

„Keine Anzeichen für irgendwas. Niemand sagt etwas“, lautet der Bericht von Etienne und mir zehn Minuten später in der Telefonkonferenz. Wir haben alle vertrauensvollen Kontakte bei Welt, Bild, FAZ und Spiegel angerufen.

Wir tappen also weiter im Dunkeln und wissen nicht, was für eine Mediengeschichte auf Strache zukommt. In den Abendstunden versuchen wir auf mehreren Ebenen, das Umfeld von HC Strache zu erreichen, zum Teil vergeblich. Um 0:30 Uhr werde ich noch einmal aus dem Schlaf gerissen. Gerald Fleischmann ruft mich an und meint, dass er Straches Sprecher erreicht habe, dieser habe ihn aber auf morgen vertröstet.

Wir ahnen, dass hier eine etwas größere Mediengeschichte auf Strache und eventuell auch auf die Regierung zukommen könnte. Nur fehlt uns immer noch auch nur eine „kleine" Information, worum es sich handeln könnte. Dementsprechend früh geht es bereits am nächsten Tag los. Ab acht Uhr treffen die ersten Mitarbeiter im Kanzlerbüro ein. Im Laufe des Vormittags wird die Runde immer größer.

Nationalratspräsident Sobotka, Klubobmann Wöginger und auch die Führungsspitze der Bundespartei stoßen hinzu. Wir navigieren uns weiter durch eine dicke Nebelschicht. Sebastian erreicht Norbert Hofer, der sich gerade in Innsbruck aufhält. Auch der Infrastrukturminister und blaue Regierungskoordinator kann keine Informationen liefern.

Erst am Nachmittag können wir uns ein Bild machen und die Tragweite einschätzen, was auf uns zukommen wird, denn mittlerweile macht es bereits die Runde, dass an diesem Tag um 18:00 Uhr via Süddeutsche Zeitung und Spiegel eine FPÖ-Geschichte gezündet wird. Es wird eine Bombe werden. Nach vielen Telefonaten gelingt es uns, dass uns der Sprecher von Strache jene Fragen weiterleitet, die von den deutschen Redakteuren im Zuge ihrer Recherchen an den Vizekanzler gerichtet wurden. Antworten sind keine dabei, weil auch der Sprecher von Strache nicht weiß, was der FPÖ-Chef den deutschen Medien direkt geantwortet hat. Was aus Sicht des Strache-Umfeldes noch als harmlose Geschichte heruntergespielt wird, ist für uns jedoch klar: Jetzt geht es um die Koalition.

Mit aufgeklappten Notebooks warten wir im Kreisky-Zimmer, bis es Punkt 18:00 Uhr schlägt. Stefan Steiner und ich sitzen vor meinem Notebook, lesen die ersten Zeilen wortlos durch, ich scrolle weiter nach unten und schaue mit ernster Miene Steiner an. „Wenn das stimmt, dann wird's heftig." Wir beide haben den ersten Online-Artikel noch gar nicht fertiggelesen, es ist 18:03 Uhr, da ruft mich der erste Journalist an. Es ist ein Wien-Redakteur der Kleinen Zeitung. „Und, gehen wir jetzt wählen?", so seine Frage. Ich spiele auf Zeit und erkläre, dass wir uns erst ein genaueres Bild machen müssen.

Das Ibiza-Video sprengt alle bisherigen Innenpolitik-Nachrichten. Eine Sondersendung folgt der nächsten, die bereits druckfertigen Samstagsausgaben der Tageszeitungen müssen umgebaut werden, und Twitter geht sowieso über.

Kurz ist in diesen Stunden die Anspannung anzusehen, er behält aber den Überblick und führt alle Sitzungen und Gespräche in gewohnter Professionalität. Er will über jede Entwicklung informiert werden. In seinem Rückzugszimmer, das direkt mit dem Kreisky-Zimmer verbunden ist, ziehen wir uns in sehr kleiner Runde zurück: Kurz, Steiner, Fleischmann, Bonelli, Melchior und ich.

Der Raum ist eng und besteht nur aus einem kleinen Sofa, einem Schreibtisch und einem Regal. Von dort gehen zwei Türen weiter.

Eine führt zu einer Sanitärzelle mit Dusche für den Bundeskanzler, die andere Tür führt ins Büro von Kabinettschef Bernhard Bonelli. Die Bilder aus Ibiza verstören, aber jeder in dieser Runde will die Koalition retten, jeder will mit den Freiheitlichen weiterarbeiten, und keiner möchte, dass diese erfolgreiche Regierungszusammenarbeit nun vorzeitig beendet wird. Dieses Projekt ist auf fünf Jahre, wenn nicht zehn, angelegt. Das Bild ist nach wie vor diffus. Wir analysieren mehrmals jene sieben bis acht Minuten Videomaterial, das von der Süddeutschen Zeitung und dem Spiegel veröffentlicht wurde. Wir stehen vor einem Dilemma: Es sind sieben Minuten von mehreren Stunden Videomaterial aus einer Finca auf Ibiza bekannt. Wir kennen also nicht einmal zwei Prozent dieser Nacht. Sind diese sieben Minuten nur das „Best-of" oder ist es erst der Gruß aus der (Medien-)Küche, und es folgt scheibchenweise ein Fünf-Gänge-Menü mit feinen delikaten verbalen Leckerbissen des FPÖ-Chefs und entsprechender medialer Filetierung?

Strache bittet noch am selben Abend um ein Vier-Augen-Gespräch mit Kurz. Um 21:00 Uhr trifft ein von den Ereignissen der vergangenen Stunden gezeichneter Vizekanzler im Kanzlerbüro ein.

Das Vier-Augen-Gespräch wird zu einer Zehn-Augen-Unterredung, denn der Vizekanzler kommt nicht allein. Er wird von Innenminister Herbert Kickl und seiner Frau begleitet. Also zieht Kurz auch Stefan Steiner als weiteren Gesprächsteilnehmer hinzu. Ich befinde mich während des Gesprächs in meinem Büro nebenan und kann nur das wiedergeben, was mir nach dem Treffen erzählt wird.

Herbert Kickl befasst sich weniger mit den Inhalten des Videos. Ihm geht es vor allem um die Drahtzieher. Wer steckt hinter dieser

Videofalle? Aus seiner Sicht und der der FPÖ völlig verständlich, aber so einfach ist es auch wieder nicht. Die enorme politische Tragweite ist Strache bewusst, und er weiß, dass ihm dieses Video das Amt kosten wird. Ermittlungen und Aufklärung sind ohne das Innenministerium nicht möglich. Es stellt sich die Frage, ob der zuständige Innenminister Kickl, der zum Zeitpunkt der Videoerstellung auch Generalsekretär der FPÖ war, eine wirklich objektive Aufarbeitung gewährleisten kann? Außerdem ist Kickl kein unbeschriebenes Blatt, wenn man an die rechtswidrige Razzia beim Bundesamt für Verfassungsschutz und Terrorismusbekämpfung (BVT) denkt.

Man verbleibt so, dass Strache am Samstagmorgen um 8:00 Uhr Kurz anrufen und ihn über die weitere Vorgehensweise in der FPÖ informieren wird. Zu diesem Zeitpunkt schwebt die Gefahr der Neuwahl über der Regierung, der mediale Druck ist enorm, aber entschieden ist das von unserer Seite noch lange nicht. Wir alle sind weiter dafür, mehr Klarheit zu schaffen und an dieser Koalition festzuhalten.

Die Nacht fällt kurz aus. Das Team versammelt sich bereits ab 7:00 Uhr in der Wohnung des Kanzlers. Längst ist jedem die enorme Wucht bewusst und dass dieser Tag wohl entscheidende Weichenstellungen bringen wird. Auch am Esstisch von Kurz hat jeder wie im Kanzleramt seinen festen Sitzplatz. Zunächst berichten wir Medienleute über die mediale Lage, die natürlich vernichtend ausfällt, besonders für die FPÖ und HC Strache. Aber letztlich liegt nun der Ball bei Kurz. Was werden er und die ÖVP machen? Der Kanzler informiert uns über sämtliche Telefonate, die er noch letzte Nacht geführt hat.

Die Meinung innerhalb der Partei und in den Bundesländern

geht weit auseinander. Manche Länder sind für einen Bruch und Neuwahlen, andere Player für eine Fortsetzung der Koalition. Die eine Stunde bis zum Anruf von Strache um 8:00 Uhr ist eine Mischung aus „Was haben wir alles zu tun?“ und einem Schwelgen in Erinnerungen, wie gut diese Regierung bisher für Österreich gearbeitet hat. Pünktlich um acht meldet sich Strache. Es sei noch alles etwas unklar, jedenfalls möchte er Sebastian noch einmal persönlich im Kanzleramt sprechen. Kurz kommt Straches Wunsch nach, und es wird für den Vormittag ein neuerliches Treffen fixiert.

Als wir kurz vor neun Uhr im Kanzleramt eintreffen, stehen nur ein paar Menschen am Ballhausplatz. Der sollte sich jedoch im Laufe des Tages mit mehreren tausend Menschen füllen. Wieder erscheint Strache mit Herbert Kickl im Schlepptau. Strache teilt Kurz mit, dass er noch am gleichen Tag seinen Rücktritt als Vizekanzler und Parteichef verkünden wird.

Straches Erklärung erfolgt um 12:00 Uhr. Dass sich Kurz im Anschluss beziehungsweise im Verlauf des Tages auch der Öffentlichkeit erklären wird müssen, ist klar. Nur wann genau ist noch offen.

Als ich um die Mittagszeit auf den gut gefüllten Ballhausplatz gehe, um mir selbst ein Bild vom Menschenauflauf zu machen, treffe ich bei der Absperrung eine Reihe von Journalisten. Ich rede kurz mit ihnen und sage, dass sich Kurz natürlich bald äußern wird. Ich rechne so mit 14.00 Uhr. Zu diesem Zeitpunkt ist mir selbst nicht klar, dass nach dem Strache-Rücktritt noch einige Fragen offen sind. Vor allem die über die zukünftige Rolle von Herbert Kickl in der FPÖ. Wieso war der designierte Parteichef Norbert Hofer bei den zwei wichtigen Gesprächen mit Kurz nicht dabei? Wer hat in Zukunft tatsächlich das Sagen in der FPÖ? Kein unwesentlicher Punkt, um eine gute Koalitionsarbeit fortsetzen zu können. Es waren Strache und Hofer, die bisher unsere ersten Ansprechpartner auf blauer Seite in der Regierung waren. Es war eine vertrauensvolle Partnerschaft. Einer davon tritt zurück, und der andere war bei den entscheidenden Gesprächen der vergangenen 24 Stunden nicht dabei. In welche Richtung sich die FPÖ nun entwickelt, auch wenn Hofer Parteichef wird, ist mehr als fraglich. Die Frage wird erst zwei Jahre später beantwortet, als Hofer hinschmeißt und für Kickl an der Spitze der FPÖ Platz macht.

Für die Medien bleibt meine Aussage, dass sich der Bundeskanzler gegen 14.00 Uhr äußern wird. Jede Verzögerung nährt Spekulationen und wirkt, als würde der Kanzler nicht wissen, was er machen soll. Und so ist der Termin 14.00 Uhr auch nicht einzuhalten. Die Telefone zwischen ÖVP und FPÖ laufen auf allen Ebenen heiß. Auch mit den ÖVP-Landeshauptleuten ist Kurz in Kontakt. Die Meinungen in den Ländern sind nach wie vor unterschiedlich.

Nachdem Vizekanzler Strache bei einer Pressekonferenz seinen Rücktritt erklärt, will Kurz persönlich mit dem Bundespräsidenten sprechen. Ein normaler Gang über den Ballhausplatz ist nicht mehr möglich. Schon zu viele Menschen füllen um die Mittagszeit den Platz. Den unterirdischen Gang, wie seinerzeit bei der Angelobung des Kabinetts Schüssel I, wollen wir vermeiden. Also greifen wir zu einer etwas untypischen Art, wir fahren mit dem Auto hin. Die Polizei am Ballhausplatz sichert uns zuerst zu, dass ein normales Vorfahren an der Hofburg, von der Löwelstraße kommend, noch möglich ist. Also machen wir uns auf den Weg.

Aus der Tiefgarage des Innenministeriums fahren wir über die Herrengasse zum Burgtheater und biegen dort in die Löwelstraße ein. Schon aus der Entfernung sehen wir, dass sich zu viele Menschen auf dem Ballhausplatz aufhalten und ein Durchkommen mit dem Auto nicht möglich ist. Also biegen wir wieder ab und fahren durch den Hintereingang ins Bundeskanzleramt. Wir sind also dort, wo wir vor 15 Minuten auch schon waren. Es nützt nichts, wir kommen nur unterirdisch in die Hofburg. Wir verwenden den Tunnel, den wir Mitarbeiter auch mittags nutzen, wenn wir zum Essen in die Kantine gehen. Die Hofburg und das Regierungsviertel sind unterirdisch gut mit Gängen verbunden.

Auf halbem Wege werden wir mehrere Meter unterhalb der Menschenmenge von Hofburgmitarbeitern an einer Tür abgefangen und durch einen staubigen dunklen Gewölbekeller gelotst. Am Ende dieses Korridors leuchtet hell der offene Aufzug, der uns in den Leopoldinischen Trakt bringt.

Kurz wird von Stefan Steiner und mir begleitet. Das Treffen mit dem Bundespräsidenten findet unter Ausschluss der Öffentlichkeit statt. So wie bei öffentlichen Anlässen gehen wir durch den historischen Trakt bis zum Maria-Theresien-Zimmer, wo uns Bundespräsident Alexander Van der Bellen in Empfang nimmt.

Ich gehe durch eine Nebentür in eines der hinteren Arbeitszimmer und begegne dort dem mittlerweile verstorbenen ehemaligen Verfassungsgerichtshofpräsidenten und Präsidentenberater Ludwig Adamovich. Die Hofburg ist also auch schon auf alle Eventualitäten vorbereitet. Zu meiner Verwunderung findet das Gespräch zwischen dem Bundeskanzler und dem Herrn Bundespräsidenten nicht unter vier Augen statt. Es sitzen sechs Leute am kleinen Besprechungstisch im Büro des Staatsoberhauptes. Neben Van der Bellen und Kurz auch der Bürochef und der persönliche Berater des Bundespräsidenten sowie Stefan Steiner und ich.

Ich gebe zu, hier jetzt anwesend zu sein, ist für mich durchaus etwas Besonderes. Wann schafft man es schon, bei einer Staatskrise in der ersten Reihe dabei zu sein und dann auch noch mitzubekommen, was sich hinter dieser prominenten Tapetentür in der Hofburg abspielt, die in der Geschichte immer wieder von unzähligen Fotografen und Kameraleuten ins Visier genommen wurde?

Dieser rund 30-minütige Termin ist für mich prägend, aber auch sehr ernüchternd. Meine Erwartungen werden enttäuscht. Zunächst muss ein Aschenbecher für den Herrn Bundespräsidenten geholt werden. In der für alle im Land bekannten Ruhe holt sich der Herr Präsident gemütlich eine Zigarette aus der Packung und zündet sie an. Nach einem tiefen Zug an der Zigarette fragt er in Richtung Kurz, wie er nun gedenke, weiter vorzugehen.

Kurz, der nie viel für Smalltalk übrig hat, kommt zur Sache und erklärt die Situation in ein paar Sätzen. Nachdem der Termin eigentlich nach gut drei Minuten schon wieder erledigt ist, wird aus Höflichkeit noch ein wenig über Demokratie und Parteien gesprochen, bis Kurz darauf aufmerksam macht, dass er wieder ins Kanzleramt muss. Es bleibt in diesen turbulenten Tagen nicht beim einzigen Besuch in der Hofburg.

Auch beim zweiten Treffen einen Tag später sitze ich mit am Tisch. Die Situation ist ähnlich wie am Vortag. Diesmal müssen beide im Anschluss aufgrund der Neuwahlankündigung vor die anwesenden Medien treten. Wieder sitzen wir im Präsidentenbüro, fast im gleichen Setting. Die Faktenlage ist klar, und es gibt erneut wenig zu besprechen, nach 15 Minuten ist alles geklärt. Die beiden Statements für die Medien sind bereits von den Teams vorbereitet worden. Man stimmt sich kurz ab. Ansonsten vertreibt man sich eine Dreiviertelstunde die Zeit bei Kaffee (und Zigaretten), um der Öffentlichkeit zu suggerieren, dass hinter der roten Tapetentür eifrig beraten wird.

Kurz holt sich an diesem „Ibiza-Samstag“ für mich wahrnehmbar nur eine externe Meinung ein. Er greift zum Handy und ruft Wolfgang Schüssel an. Schüssel befindet sich gerade bei den Medientagen im Ausseerland.

Dem Kanzler geht es weniger um eine Empfehlung Schüssels, als um eine Gesamteinschätzung. Der Altkanzler gibt Kurz auch keine Ratschläge, dekliniert aber recht plakativ sowie kurz und bündig die Vor- und Nachteile beider Varianten und alle denkbaren Konsequenzen herunter.

Im Team macht sich immer mehr die Ernüchterung breit, dass Neuwahlen unausweichlich sind. Die Entscheidung dafür trifft Kurz gegen 15:00 Uhr gemeinsam mit seinem Team. Die Betroffenheit ist groß, denn es heißt wieder zurück an den Start.

Die für rund 18 Stunden lahmgelegte Message Control erwacht aus dem Koma. Nun schlägt die Stunde der Medienleute. Heftig diskutieren wir im Team, wie, wann und wo die Neuwahl verkündet werden soll. Teile des Teams vertreten am Tisch die Meinung, nun etwas Ruhe reinzubringen und die Neuwahl erst am Sonntagvormittag zu verkünden, also noch mal 18 Stunden später. Gerald Fleischmann und ich sind komplett anderer Meinung.

In der Onlineberichterstattung wurde das Ibiza-Video längst von der Frage verdrängt, wann sich endlich der Bundeskanzler äußert. Die APA meldet um 16.23 Uhr sogar: „Strache geht, Kurz zaudert.“ Ohne uns abzusprechen, sind Fleischmann und ich gleicher Meinung: Noch am selben Abend, kurz nach 19.30 Uhr, wenn das ganze Land vor den TV-Geräten sitzt und die Hauptnachrichten schaut, muss der Kanzler sprechen. Kurz stimmt zu.

Umgehend beginnen wir mit der Formulierung einer Rede. Verantwortlich dafür ist wie immer Markus Gstöttner. Steiner, Fleischmann, ich und andere Teammitglieder liefern verschiedene Inputs und „Sager". Alles läuft bei Gstöttner zusammen, den letzten Schliff macht er mit Kurz allein.

In Windeseile wird die Rede formuliert, während ich parallel die Medien informiere, dass sich Kurz gegen 19.45 Uhr an die Öffentlichkeit wenden wird. Dieses plötzliche Ende schmerzt. Aber diese Art des Regierens ist zu diesem Zeitpunkt nicht mehr gewährleistet, und weiter schwebt die Frage aller Fragen über uns: Kommt da noch mehr und kann es wirklich eine objektive Aufarbeitung und Untersuchung geben? Damit Kurz nach der langen Nacht und dem anstrengenden Tag weiter frisch über den Bildschirm kommt, zieht er sich für eine halbe Stunde zurück, während das Team die Stellungnahme vorbereitet. Ab 18:00 Uhr gilt sein voller Fokus der Rede, die live auf allen Kanälen übertragen wird. Währenddessen informiere ich Kristina Rausch über die zentralen Inhalte. Für Social Media werden Share Pics und Postings vorbereitet.

Es ist 19.30 Uhr. Die Zeit im Bild ist schon seit den Morgenstunden mehr oder weniger live auf Sendung. Diesen Tag werden sich auch Tobias Pötzelsberger, Matthias Westhoff und Simone Stribl dick im Kalender markieren. Zu dritt schaukeln sie den ganzen Tag die Ibiza-Berichterstattung in den Sondersendungen des ORF. Im Kanzlerbüro ist es mittlerweile ruhig geworden. Nur noch der engste Kreis ist bei Kurz. Über den Tag hat sich der Besprechungstisch mit Wasserflaschen, Gläsern und Kaffeetassen angehäuft. Nun ist alles aufgeräumt.

Alle anderen Mitglieder des Teams haben sich in der Zwischenzeit in unserem Pressebüro ausgebreitet. Kurz geht nochmal die Rede durch und zupft sich am Sakko. Dann mache ich mich mit ihm allein auf den Weg zur Pressekonferenz. Wir werden nur vom Fotografen begleitet. Das Setting für diese Medienstellungnahme ist komplett neu. Aufgrund des Lärms der Demonstranten am Ballhausplatz kann das Kanzlerstatement nicht im Kongresssaal abgehalten werden. Zu groß ist die Gefahr, dass die Kurz-Stellungnahme vom Lärm übertönt wird. Also wird das Setting mit Rednerpult, Hintergrundwand, Beleuchtung und Technik in den Steinsaal verlegt. Kurz ist dermaßen auf die Stellungnahme konzentriert, dass er nicht mehr weiß, wo wir uns gerade aufhalten. Bevor ich die Tür zur anwesenden Presse öffne, drehe ich mich noch mal um und erkläre ihm, wo wir uns gerade befinden und dass er mit einem überfüllten Saal rechnen muss.

Einmal atmen wir noch tief durch, bis er selbst die Tür zum Steinsaal öffnet und von einem Blitzlichtgewitter empfangen wird. Seine 7:35 Minuten lange Rede ist bekannt. Kurz lässt die erfolgreiche Regierungsarbeit der letzten 1,5 Jahre noch einmal Revue passieren und dankt allen Regierungsmitgliedern beider Parteien. Er spricht aber auch die ständigen „Einzelfälle" in der FPÖ an. Allein im ORF wird das Statement von 2,12 Millionen Menschen mitverfolgt – ein Rekordwert. „Genug ist genug", sind die drei zentralen Worte. Türkis-Blau ist Geschichte. Schon fünf Minuten nach der Kanzlerrede klingelt mein Handy. Es ist eine Mitarbeiterin von Puls4, die mit mir die Termine für die TV-Duelle abstimmen möchte. Der Wahlkampf ist eröffnet.

EU-WAHL, ABWAHL, NEUWAHL

Es ist wieder so ein Moment. Meine Frau wirkt am Telefon unbeeindruckt und gelassen über die Entwicklungen in Wien. Ich winde mich, es ihr direkt zu sagen, aber sie weiß es selbst: Der Sommerurlaub fällt dem Wahlkampf zum Opfer.

„Das ist mir egal, dann fahre ich mit den Kindern ohne dich. So weit kommt es sicher nicht, dass ich wegen eines Strache-Videos und eurer Neuwahl in den Sommerferien auf unseren Urlaub verzichte." Da hat sie ein Argument, und sie zieht es tatsächlich im August durch. Sie packt ihre Sachen und fährt mit den Kindern ohne mich für eine Woche nach Frankreich. Derweil wartet auf mich wieder eine Österreich-Tour mit Kurz. Bis es aber so weit ist, erlebt Österreich noch einen turbulenten Mai und Juni.

Der Bundespräsident nimmt, wie erwartet, den Vorschlag zur Abberufung von Herbert Kickl als Innenminister an. Auf Kickls Abberufung folgt mit Ausnahme der Außenministerin auch der Rücktritt des restlichen blauen Regierungsteams. Nun scheint das absolute Chaos auszubrechen. Ich muss aber eingestehen, dass in der Woche der vielen Umwälzungen die Achse Kurz–Van der Bellen nach meinen ersten ernüchternden Erfahrungen doch exzellent funktioniert.

Kanzleramt wie Hofburg sind extrem bemüht, dass kein Chaos ausbricht. Ich erlebe Kurz und den Bundespräsidenten sowie beide Büros eng abgestimmt. Jeder Schritt ist akkordiert. Die Suche nach Ministern, die nun die blaue Lücke füllen sollen, offenbart erneut die tiefen Gräben zwischen Rot und Türkis.

Wir suchen Persönlichkeiten für das Infrastrukturministerium, das Innenministerium, das Sozial- und Gesundheitsministerium sowie für das Verteidigungsministerium. Und darüber hinaus ist für diese neuen Minister eine Mehrheit im Nationalrat notwendig. Fieberhaft wird nach Kandidaten gesucht, die nicht ein türkises Parteibuch haben. Uns ist klar, dass wir die Stimmen der SPÖ benötigen. Also erstellen wir eine Liste von Experten und keinen Parteigängern.

Zwei der vier vorgeschlagenen Minister können dem roten Lager zugeordnet werden. Alle vier Personen verfügen über die jeweilige Expertise in ihrem Ressort, das sie übernehmen sollen. Um die Namen mit der SPÖ abzustimmen, führt Kurz am Abend ein Telefonat mit Pamela Rendi-Wagner. Er weiht sie vollumfänglich in die Pläne ein und nennt ihr alle vier Namen. Rendi-Wagner hält sich bedeckt und sichert Kurz zu, ihn nach internen Beratungen in einer halben Stunde zurückzurufen. Keine zehn Minuten später erhalten wir einen Anruf. Er kommt nicht von der SPÖ, sondern von der Kronen Zeitung, die uns mit den vier Namen konfrontiert und um Bestätigung bittet. Die Roten haben alle Namen der neuen Minister geleakt. Am Tag der Angelobung der Übergangsminister erklärt Wiens Bürgermeister Michael Ludwig gegenüber Medien, dass er bei Kurz „vertrauensbildende Maßnahmen" vermisse. „In einer solchen Situation liegt es am Bundespräsidenten und am Kanzler sicherzustellen, dass es künftig für inhaltliche und personelle Vorschläge eine Mehrheit im Nationalrat gibt", betont Ludwig. Er erwarte sich deshalb, dass Bundeskanzler Kurz den anderen Parteien die Hand ausstrecke und vertrauensbildende Maßnahmen setze. Schon etwas schizophren, wenn ich an die Gespräche von Kurz mit Rendi-Wagner denke, aber so ist Politik. Und die SPÖ wird in dieser Phase noch mehr vermasseln, als ihnen lieb ist. Denn genau solche Tage sind die Stunden der ruhigen Hand. Hier ist politisches Gespür statt Parteipolitik gefragt. Es gilt, eine politische Krise nicht noch weiter zu befeuern, sondern verantwortungsvoll Schritt für Schritt zu lösen. Kurz und Van der Bellen machen zweifelsohne eine gute Figur.

Für die FPÖ und die SPÖ geht es von Tag zu Tag weniger um das Land. Immer stärker rückt der Grundsatz „Kurz muss weg" in den Mittelpunkt. Die FPÖ tobt ob der Entlassung von Kickl, und die SPÖ wittert die Chance, das Kanzleramt mit Rendi-Wagner als erste Kanzlerin wieder zurückzuerobern. Es zeichnet sich ab, was viele erwarten: Dem Kanzler droht im Nationalrat das Vertrauen „versagt" zu werden, wie es formal heißt. Dafür gibt es plötzlich eine rot-blaue Allianz. Ansonsten sind sich diese zwei Parteien selten grün, aber wenn es gegen Kurz geht, wird gemeinsame Sache gemacht. Wie zwei balzende Auerhähne benehmen sich Rot und Blau in der politischen Arena. Sie realisieren offenbar nicht, was sich gleichzeitig im Land abspielt, und was ein Großteil der Bevölkerung von diesen Machtspielen hält.

Wir als Team sind in dieser Phase sehr gefasst. Wir ahnen früh, was passieren wird, und richten auch dementsprechend unsere Arbeit und Kommunikation aus. Es sind lange Nächte, die wir im Kanzleramt und bei Kurz zu Hause verbringen. Es wird manchmal auch emotional diskutiert, weil jeder fassungslos ist, wie weit Blau und Rot gehen wollen, nur um der Macht willen. In einer dieser nächtlichen Sitzungen bei Kurz zu Hause fällt in der Emotion ein Satz, der unsere Geschichte der Rückkehr ins Kanzleramt erzählen soll. Bis dahin fehlen uns noch die richtige Erzählung und die Dramaturgie, wie wir nach einer möglichen Abwahl von Kurz in den Wahlkampf gehen sollen. Einer im Team redet sich in Rage.

„Es ist völlig egal, was die Roten und Blauen jetzt machen. Das Parlament kann bestimmen, was es will, aber die Bevölkerung wird bei der Wahl entscheiden.“ Aus dieser Wortmeldung entsteht an Kurz’ Küchentisch der Slogan für die Kampagne nach der Abwahl: „Das Parlament hat bestimmt, aber das Volk wird entscheiden.“ Der Satz trifft es auf den Punkt. Hier die Wiener Parteienelite mit Rendi-Wagner, Kickl, Drozda und Co., dort der abgewählte Kanzler und die Bevölkerung. Das Drehbuch steht.

Die Abwahldebatte und das Ibiza-Video überlagern den ganzen EU-Wahlkampf, der sich in der Endphase befindet. Für den Tag nach dem Wahlsonntag findet eine Sondersitzung des Nationalrats statt. Ich rechne fix mit der Kurz-Abwahl und gehe deshalb am Samstagnachmittag ins Bundeskanzleramt. Ich hole mir eine Tasse Kaffee, schalte Musik an und beginne in Ruhe, meinen Schreibtisch zu räumen. Wieder steht er bereit: mein kleiner Karton, der mich seit 2008 mit ein paar persönlichen Gegenständen in Wien begleitet.

Die EU-Wahl, neun Tage nach Ibiza, bringt einen Erdrutschsieg für die ÖVP. Jeder politische Kenner, Beobachter und Kommentator weiß, dass dies kein Sieg von ÖVP-EU-Spitzenkandidat Othmar Karas ist, sondern ein klares Signal, was die Bevölkerung von einer möglichen Abwahl von Sebastian Kurz hält. Auch wenn Othmar Karas am Wahlabend wohl glaubt, dass er das Zugpferd bei dieser Wahl war und dieser Sieg auf ihn zurückzuführen ist, bleibt er mit seiner Einschätzung sehr alleine. Denn es wissen alle in der Partei und im polit-medialen Zirkel, worauf dieser Wahlsieg zurückzuführen ist. Und trotz des ÖVP-Sieges und der klaren Botschaft der Wähler lässt es sich Pamela Rendi-Wagner nicht nehmen, am späten Wahlabend vor die Kamera zu treten, um in der ZIB2 den Beschluss der SPÖ-Gremien zu verkünden, dass am nächsten Tag bei der Nationalrats-Sondersitzung nicht nur Kurz das Vertrauen entzogen wird, sondern gleich der Regierung als Ganzes. Dieses Interview ist ein Stück weit legendär und auch später Teil unserer Erzählung im Wahlkampf.

In der dunklen EU-Wahlnacht steht Rendi-Wagner vor einer Handvoll SPÖ-Granden am Heldenplatz, hält mit beiden Händen das ORF-Mikro und versucht ganz verkrampft, eine auf Staatsfrau zu machen.[30] Was für ein düsteres Bild. Ich frage mich, wer so ein Interviewsetting zugelassen hat. Als verantwortlicher Pressesprecher würde ich ein Loch suchen und darin versinken. Rendi-Wagner kann einem fast leidtun. Aber wie so oft, seit Christian Kern Werner Faymann abgelöst hat, fehlt es der SPÖ an strategischen Überlegungen, einem langfristigen Plan, einer Erzählung, den richtigen Bildern und schlicht und ergreifend an der handwerklichen Umsetzung. Alles Faktoren, die Einfluss darauf nehmen, ob einem die Menschen im Land die Kanzlerschaft zutrauen oder nicht. Das Ziel der SPÖ ist klar, nämlich dass Kurz das Kanzleramt nie mehr betreten darf. Das ist weder eine Strategie noch eine Erzählung, daher geht der Schritt der SPÖ ordentlich schief und ist rückblickend der Anfang vom Ende von Pamela Rendi-Wagner als Parteivorsitzende der SPÖ. Dass sie dennoch fast vier Jahre im Amt bleibt, ringt mir Respekt ab. Ihre Beharrlichkeit und ihr Durchhaltevermögen in dieser offenkundig nach wie vor sehr männerdominierten SPÖ haben mich beeindruckt. Und nachdem sie weg ist, merken viele in der SPÖ erst, dass sie eigentlich doch nicht so schlecht war.

Der Tag der Abwahl ist für uns furchtbar. Wie Kurz, nachdem die zweite Nationalratspräsidentin das Abstimmungsergebnis verkündet hat, sich mit einem kleinen Nicken von der Regierungsbank erhebt, sich von Doris Bures verabschiedet, mit seinem Regierungsteam den Sitzungssaal verlässt und sich noch einmal leicht zur Seite dreht und der ÖVP-Fraktion zuwinkt, ist für uns alle ein harter Schlag. Denn jetzt ist es amtlich. Kurz als Kanzler ist Geschichte. Aber die Enttäuschung ist nicht von langer Dauer. Im Laufe des Tages erhalten wir immer mehr Anrufe aus den Bundesländern, besonders aus Niederösterreich und der Steiermark. Funktionäre würden sich in Bussen auf den Weg nach Wien machen, um sich mit Kurz zu solidarisieren.

Wir sind zuerst etwas überfordert. Wer kommt, wie viele kommen und wohin mit den Menschen? Es wird improvisiert und beschlossen, die Unterstützer an die Politische Akademie – kurz PolAk genannt – zu lotsen. Bilder von demonstrierenden Türkisen am Ballhausplatz wollen wir jedenfalls verhindern. So wird aus dieser nicht organisierten und spontan entstandenen Veranstaltung mit über tausend Leuten der inoffizielle Auftakt des ÖVP-Wahlkampfes. Es ist jedenfalls ein beeindruckender Startschuss zum Projekt „Rückeroberung Kanzleramt“.

Und die Bilder könnten nicht besser sein. Hier wieder die Parteieliten in der Hofburg, dort der abgewählte Kanzler mitten in der Menschenmenge. Kurz fährt direkt von der Abwahl nach Hause, zieht sich um und geht gleich weiter zur PolAk, die nur ein paar Meter entfernt von seiner Wohnung in Wien-Meidling liegt. Bereits auf der Autofahrt von der Hofburg nach Meidling findet eine Telefonkonferenz statt. Kurz wirkt mit keinem Wort geknickt oder angeschlagen. Im Gegenteil, er ist vollgepumpt mit Kampfeslust und Energie, das Kanzleramt wieder zurückzugewinnen. Wir alle wissen, an der PolAk muss er vor seinen Anhängern den einen

Satz sagen, und der Spieß ist wieder umgedreht. Während sich also SPÖ und FPÖ in der Innenstadt im Kurz-Abwahl-Rausch befinden, setzen wir bereits den nächsten Schritt. Es ist wieder diese eine halbe Nasenlänge. Kurz und sein Team arbeiten schon am Comeback.

In strömendem Regen sagt Kurz etwas emotional vor den 1200 Anhängern: „Heute hat das Parlament entschieden, aber am Ende des Tages, im September, entscheidet in einer Demokratie das Volk.“ Parallel wird auf Social Media und über allen anderen Kanälen die entsprechende Kampagne hochgezogen. Bevor es noch so richtig losgegangen ist, hat der Wahlkampf das sogenannte „Framing“ schon erhalten.

Am nächsten Tag räumen wir das Kanzleramt. Mein Karton wird vorübergehend an der PolAk zwischengeparkt. In einem großen Raum im Erdgeschoss des Bundeskanzleramtes ist eine „Straße“ mit Stationen aufgebaut. Handy, Notebook, Ladekabel, Zutrittskarte und andere BKA-Sachen müssen abgegeben und Formulare unterschrieben werden. Es gibt keine Kündigungsfrist. Unsere Jobs sind per Sonderverträge an die Funktion des Politikers gebunden. Ist der Politiker weg, ist auch der Mitarbeiter weg. Dieses Risiko kennt man von Beginn an, und ich habe damit auch kein Problem. Sonderverträge klingen immer etwas privilegiert, ganz richtig ist das aber nicht. Hinter den Sonderverträgen stecken sogenannte „All-in-Verträge“. Du bekommst ein gut bezahltes Monatsgehalt, das ist richtig. Aber du darfst keine einzige Überstunde schreiben. Im Zeiterfassungssystem müssen wir immer eintragen, dass wir von 8.00 bis 12.00 und von 13.00 bis 17.00 arbeiten. Als ich einmal aus Versehen im Zeiterfassungssystem 18.00 eintrage, erhalte ich einen Anruf aus der Personalabteilung, mit dem freundlichen Hinweis, meinen Eintrag zu berichtigen. In Wirklichkeit bringen wir es jede Woche inklusive der Wochenenden locker auf 70 Stunden und mehr. Der Stundenlohn ist somit in einer anderen Relation zu sehen. Aber das Geld spielt in solchen Jobs eine untergeordnete Rolle. Ich mache meine Arbeit nicht wegen der Kohle, sondern aus Begeisterung für das Land und die Politik.

Ab jetzt bin ich Pressesprecher von Kurz in seiner Funktion als ÖVP-Parteiobmann und wechsle noch am gleichen Tag in die Parteizentrale. Im dritten Stock befindet sich dort seit Jahren das Generalsekretariat. Bundesgeschäftsführer Axel Melchior hat bereits drei Büros für uns freiräumen lassen.

Ich verspüre keine Wehmut und vermisse das Kanzleramt nicht. Mir hat der Job des Kanzlersprechers viel gegeben, ja sogar „a mords Freid" gemacht, aber nicht das Kanzleramtsgebäude. Vielleicht liegt es daran, dass ich es früher immer als das rote Haus gesehen habe, als die ÖVP noch in der Rolle des Juniorpartners in der großen Koalition war, und Woche für Woche schon vor der Regierungssitzung von Ministern beider Parteien Medienstatements gegen den Koalitionspartner abgegeben wurden.

Das neue Büro teile ich mir wieder mit Berchtold. Ich muss lachen. Der Spitzendiplomat, der fünf Sprachen spricht, ist endgültig in den Niederungen der österreichischen Innenpolitik angekommen. Kurz benötigt aber auch in dieser Phase einen Sprecher für alle internationalen Aktivitäten. Wir machen nämlich sofort weiter, nur eben ohne das Kanzleramt.

Wir starten gleich die erste Bundesländertour. Was uns dort erwartet, übertrifft die Erlebnisse vom Wahlkampf 2017. Überall, wo wir hinkommen, sind die Menschen verärgert über das Vorgehen von SPÖ und FPÖ. Eine Solidarisierungswelle mit Kurz und der ÖVP geht durch das Land.

Wie sehr wir an unsere körperlichen Grenzen gehen, erleben wir erstmals bei dieser Tour. Wir sind in Kärnten unterwegs, haben einen langen Tag mit Veranstaltungen hinter uns. Der Abend ist diesmal nicht mit Terminen blockiert, also können wir etwas gemütlicher weiter nach Graz fahren, wo Kurz am nächsten Tag am Österreichischen Gemeindetag teilnehmen wird. In Pörtschach legen wir einen Stopp ein und genießen bei einem Essen die Abendsonne auf der Terrasse eines Lokals, direkt am See. Kärnten ist jenes Bundesland, das ich bisher noch am seltensten besucht habe. Das fast mediterrane Klima beeindruckt mich. Ich mache Fotos und schicke sie meiner Frau. „Das wäre doch auch einmal ein schönes Urlaubsziel."

Auf der Weiterfahrt beklagt sich Sebastian über plötzliche Atembeschwerden. Er bekommt immer weniger Luft, beginnt zu schwitzen. An einem Parkplatz neben der Autobahn bleiben wir stehen. Unser Begleitfahrzeug mit den drei Cobra-Beamten verfügt über eine Notfallausrüstung. Allerdings für Zwischenfälle anderer Art. Kurz steht nach vorne gebeugt auf dem Rasen, sein weißes Hemd steckt schon längst nicht mehr in seiner Anzugshose. Er würgt, übergibt sich und ringt nach Luft. Keiner von uns kann ihm wirklich helfen. Ich stehe neben ihm und rufe meine Frau an. Ich erkläre ihr die Symptome. Zuerst glauben wir, dass es vielleicht eine allergische Reaktion auf das Abendessen sein könnte. Jedenfalls können wir das Problem nicht an einem Autobahnparkplatz lösen. Wir brauchen ein Krankenhaus. Also schauen wir, dass wir zügig nach Graz kommen. Mit Kurz fahren wir direkt ins Krankenhaus. Dort wird er untersucht und mit Medikamenten aufgeputscht. Lisa Wieser und ich legen ihm nahe, eine Pause einzulegen. Er lehnt das ab. Die Probleme verschwinden nicht an diesem Abend und begleiten ihn über den ganzen Sommer. Es ist eine schmerzhafte Speiseröhrenentzündung. Er verliert an Gewicht, was auch Journalisten nach einigen Wochen auffällt. Ich kaschiere es mit Argumenten, dass er trotz Wahlkampf versucht, regelmäßig Sport zu betreiben und weniger zu essen. Überrascht bin ich, als Kurz zu Beginn des ORF-Sommergesprächs mit Tobias Pötzelsberger Anfang September sein gesundheitliches Problem ansprechen will. Es ist einer der seltenen Einblicke, die der Politiker Kurz in den Menschen Sebastian geben will. Wir stimmen im Team zu, er soll aber nicht im Detail darüber reden und nicht das Bild eines armen Opfers suggerieren oder weitere Spekulationen über seinen Gesundheitszustand befeuern. Politik hat ihren Preis. Auf Dauer ist so ein Lebensrhythmus nicht haltbar. Weder für einen Spitzenpolitiker noch für einen Mitarbeiter, denn ich durchlebe den Grenzgang mit meiner Gesundheit erst in einer späteren Phase.

Der Wahlkampf 2019 wird zu einem Déjà-vu. Es wiederholt sich irgendwie alles vom Wahlkampf 2017. Alle gegen die ÖVP. Alle gegen Kurz. Themen sind Nebensache, auch wenn diesmal eine starke Debatte zum Klimawandel geführt wird, der die Grünen ihren Wiedereinzug ins Parlament verdanken. Ansonsten betreffen die Diskussionen neuerlich viele Nebenschauplätze der Republik, die die Menschen eigentlich nicht interessieren. Wahlkampffinanzierung und Wahlkampfspenden stehen erneut im Mittelpunkt. Diesmal kommt noch ein Hackerangriff auf die ÖVP dazu und die sogenannte Schredderaffäre. Der Wahlkampf ist wieder mal an Aufgeregtheit und Empörung kaum zu überbieten.

Im Juli steht mein zehnter Hochzeitstag an, und ich überrasche meine Frau mit einem Wochenende zur Jedermann-Premiere bei den Salzburger Festspielen. Das erste Mal nach zehn Jahren verbringen wir zwei Tage ohne Kinder. Am Vortag poppt in den Medien die Schreddergeschichte auf.

Die ganze Autofahrt von Stuttgart nach Salzburg telefoniere ich mit der Partei und Journalisten. Die Aufregung ist groß. Erstmals wird versucht, Kurz nicht direkt im Wahlkampf anzugreifen, sondern einen seiner Mitarbeiter in den medialen Fokus zu ziehen. Die Optik mit den geschredderten Druckerfestplatten ist natürlich schief, es stellt sich jedoch schnell heraus, dass keine strafrechtliche Relevanz besteht. Aber wie dieser Vorgang von den politischen Mitbewerbern und Teilen der Medien zu einer Staatsaffäre hochstilisiert wird, ist jenseitig. Als hätte er die BAWAG, die Bank Burgenland oder die Hypo-Alpe-Adria in den Sand gesetzt. Jeder, der diesen Mitarbeiter kennt, weiß, dass kein einziger Funke von krimineller Energie in ihm steckt. Ich kenne ihn mittlerweile gut, und er ist mir als Arbeitskollege ans Herz gewachsen. Die Verschwörungstheorien überschlagen sich, Vermutungen, Spekulationen und unwürdige Unterstellungen prägen das Mediengeschehen. Der Mitarbeiter wird mit Namen, Foto und Videoaufzeichnungen wie eine Sau durch die mediale Arena getrieben. Er nimmt psychologische Betreuung in Anspruch und ist vereinzelt noch heute das Ziel von verbitterten Twitter-Usern. Wie viel braucht's eigentlich noch in einem Wahlkampf? Tote, damit alle zufrieden sind? Es ist nur noch letztklassig. Als ich im Januar 2017 erstmals mein Büro im Bundeskanzleramt betrete, ist nicht einmal ein leeres Blatt Papier vorhanden. Das Kanzlerkabinett unter Christian Kern hat nichts hinterlassen. Ich habe mir auch nicht erwartet, etwas vorzufinden. Erinnern wir uns noch weiter zurück: Als Karl-Heinz Grasser im Jahr 2000 das von Rudolf Edlinger rot geführte Finanzministerium übernimmt, sind sogar Strom- und Telefonkabel aus den Wänden gerissen (!), und verwüstete Kabinettbüros werden vorgefunden. Das scheint alles okay zu sein. Erst als sich herausstellt, dass auch unter Bundeskanzler Christian Kern geschreddert und vor allem mehr geschreddert wurde und auch Übergangskanzlerin Brigitte Bierlein in mehreren parlamentarischen Anfragebeantwortungen das Schreddern als „legitimen" Vorgang[31] bezeichnet, wird es etwas ruhiger. Aber der Schaden und die persönliche Denunzierung des Mitarbeiters ist angerichtet. Und es hält die Opposition nicht davon ab, den Mitarbeiter auch vor den Untersuchungsausschuss zu zerren. Mein Kollege hat Gott sei Dank zu seiner alten Lebensfreude zurückgefunden, aber er benötigt viel Zeit, um diese mediale Hinrichtung zu verarbeiten. Die Schredderaffäre führt jedoch zu etwas Besonderem im Team. Es schweißt uns noch enger zusammen. Einer für alle und alle für einen. Von Kurz abwärts setzt sich jeder für unseren Kollegen ein. Wir lassen uns sicher niemals ein Teammitglied herausschießen!

Der Wahlkampf gewinnt mitten im Sommer an Tempo. Trotzdem versuchen wir, unsere Wahlkampfrakete erst so spät wie möglich zu zünden. Die Menschen wollen im August ihre Ruhe haben und die Zeit mit ihren Familien irgendwo zwischen Gänsehäufel, Hohen Tauern und der Adria verbringen. TV-Duelle und Wahlkampf kommen noch früh genug. Jeder von uns nützt irgendwie die Zeit, um sich zu erholen, denn neben Kurz ist auch das halbe Team gesundheitlich angeschlagen. Mich plagen immer noch die Folgen eines schweren Muskelfaserrisses im linken Bein, den ich mir im Frühjahr 2019 zuziehe. Als der Arzt mir mindestens fünf

Wochen Ruhe verordnet, schüttle ich den Kopf. Nach zwei Wochen humple ich schon wieder durchs Kanzleramt. Noch schlimmer trifft es Stefan Steiner. Er zieht sich nach dem Ibiza-Video ebenfalls beim Fußballspielen einen Muskelfaserriss zu und reißt sich auch noch die Achillessehne ein. Den ganzen Wahlkampf absolviert er auf zwei Krücken. Als wir im Sommer einmal zu einem Termin müssen und das Büro im 3. Stock über keinen Aufzug verfügt, tragen ihn Kurz und Gerald Fleischmann an den Schultern abgestützt die drei Stockwerke hinauf. Teamwork der Extraklasse!

Wir starten unseren Intensivwahlkampf am 3. September mit dem ORF-Sommergespräch. Kurz hat sich von seinen gesundheitlichen Problemen etwas erholen können und war im August ein paar Tage auf Urlaub. Entspannt und gut gelaunt, kann er nun in die vier herausfordernden Wahlkampfwochen starten.

Der Wahlkampf 2019 wird zur Blaupause von jenem im Jahr 2017. Die Bustour wird diesmal aufgrund des engen Zeitkorsetts auf drei Tage eingekürzt. „9 Länder, 3 Tage, 1 Ziel", lautet das Motto und wird zu einem Mammutprojekt. Wir besuchen alle Bundesländer und absolvieren pro Tag drei Wahlkampfgroßveranstaltungen. Es beginnt am Freitagvormittag an der PolAk in Wien. Das Gelände zwischen dem denkmalgeschützten Springer-Schlössl – dem Herzstück der PolAk – und dem Seminarhotel ist komplett gefüllt mit Menschen und Anhängern. Als prominenter Überraschungsgast wird Kiews Bürgermeister Vitali Klitschko eingeflogen. Mit den Klitschkos verbindet Kurz eine langjährige Freundschaft. Während die Veranstaltung schon läuft und in gewohnter Art und Weise von Peter L. Eppinger moderiert wird, halte ich mich mit Klitschko und ein paar anderen Mitarbeitern in der Aula des Springer-Schlössls auf und warte auf den Auftritt des ehemaligen Box-Weltmeisters. Wir stehen nebeneinander und unterhalten uns. Vor mir steht wahrlich ein Riese, dem ich wirklich ungern in der Nacht begegnen möchte. Wir machen Fotos und klatschen mit den Händen ab. In diesem Moment glaube ich, er will mich verschlingen. Von meinem rechten Unterarm ist nur noch wenig zu sehen. Nicht umsonst wird er Dr. Eisenfaust genannt.

Die dreitägige Bustour hat die Anmutung einer Konzerttournee. Wir benötigen die technische Ausstattung in dreifacher Form, um in so kurzer Zeit so viele Wahlkampfveranstaltungen durchführen zu können. Mit fünf Reisebussen fährt die Tourcrew von Veranstaltungsort zu Veranstaltungsort. Von Wien geht es am Freitagmittag weiter in die Messehalle nach Tulln, wo Kurz von 3500 Menschen erwartet wird, und von dort nach Oberpullendorf im Burgenland. Noch in der Nacht fahren wir weiter nach Ried im Innkreis in Oberösterreich. Dort sorgt auf der Rieder Messe am Samstagvormittag ein bis auf den letzten Platz gefülltes Festzelt mit mehr als 3000 Gästen für Gänsehautatmosphäre. Weiter geht es nach Graz und Klagenfurt und in der Nacht Richtung Mozartstadt. Den letzten Tag verbringen wir am Vormittag in der Messe Salzburg, am Nachmittag im Tiroler Kufstein und zum Abschluss am Abend in Bregenz. Kurz kommt mit seinem Wahlkampfbus immer erst zur Veranstaltung, wenn diese schon läuft. Da fährt der erste Bus mit Mitarbeitern bereits weiter zur nächsten Location. Wir überlassen nichts dem Zufall. Auf dem Weg zum jeweiligen Veranstaltungsort wird im Bus immer ein Video mit Kurz aufgezeichnet, in dem er seine baldige Ankunft ankündigt – vor Ort wird es in der schon laufenden Veranstaltung abgespielt. Auf der Fahrt zu jedem Event überlegen wir uns im Bus noch einen kleinen bundesländerbezogenen Gag, den Kurz in seiner Rede einbaut. Rund 15.000 Menschen kommen in Summe zu den neun Wahlkampfevents. In Bregenz findet im Anschluss ein Abendessen mit allen Mitarbeitern und den Bühnentechnikern statt. Es sind noch drei Wochen bis zur Wahl, aber der Abend fühlt sich an, als würden wir jetzt schon einen Wahlsieg feiern. Jeder kann es schnuppern, spricht es aber nicht aus: Wenn nichts schiefgeht, dann ist ein kleiner politischer Erdrutsch möglich.

Einmal mehr stehen an die 25 TV-Duelle bzw. Auftritte auf dem Programm. Das Procedere bleibt bei uns unverändert. Wir machen die Vorbereitung wieder so wie vor zwei Jahren. Aber diesmal bringen die Duelle zum Teil skurrile Geschichten hervor. Im Mittelpunkt steht natürlich Sebastian Kurz. Im ORF-Duell mit Pamela Rendi-Wagner wirft diese dem ehemaligen Kanzler vor, er hätte dafür gesorgt, dass ein paar Tage zuvor ein Fieberschub des freiheitlichen Spitzenkandidaten Norbert Hofer den Weg in die Medien gefunden habe. Ihr konkreter Vorwurf lautet: Kurz hätte mich vor Start einer ORF-Duell-Runde beauftragt, Medien anzurufen und über den Gesundheitszustand des FPÖ-Chefs zu informieren. Sie und ihr Pressesprecher hätten das beobachtet. Als das über den Bildschirm läuft, bin ich verdutzt.

Worum geht es? Vor dem Start einer TV-Duell-Runde im ORF, die bei der Wahl 2019 in Form von sogenannten „Speed-Duellen" durchgeführt werden, teilt Norbert Hofer hinter den Kulissen vor versammelter Runde mit, dass er sich nicht wohlfühle und Fieber habe. Kurz bietet ihm daraufhin an, die TV-Konfrontation zu verschieben. Hofer meint aber, er schaffe das schon. Das ist die Geschichte.

Nach dem Vorwurf von Rendi-Wagner rücke ich ungewollt für ein paar Stunden in den Mittelpunkt. Ich bin auf die SPÖ so sauer und aufgebracht, weil sie es einfach nicht lassen können, mit unredlichen Mitteln und nur mit Unwahrheiten zu arbeiten. Zuerst widerspreche ich den Rendi-Wagner-Aussagen auf Twitter – einer meiner wenigen Tweets überhaupt. Als mich das Thema am nächsten Tag weiter beschäftigt, gehe ich der Sache nach. Zunächst verlange ich von der Partei einen Auszug meiner Handy-Anrufdaten, um belegen zu können, dass ich in jenem Zeitraum, den Rendi-Wagner meint, keinen Anruf getätigt habe. Dann fordere ich vom Fotografen der Partei, der uns im ORF-Zentrum begleitet hat, sämtliche Fotos an, die er an diesem Abend gemacht hat. Ich durchforste hunderte von Fotos, die zum Teil im Zeitraffer erstellt wurden, gleiche sie mit dem Zeitstempel ab und erstelle eine Zeitleiste. Die Bilder sprechen Bände. Man sieht tatsächlich auf einigen Fotos im Backstagebereich des ORF im Hintergrund tuschelnd Pamela Rendi-Wagner mit ihrem Pressemitarbeiter, aber nicht mich mit Kurz irgendwo alleine stehen.

Aus Gesprächen mit ORF-Mitarbeitern, Hofers Mitarbeiter und einigen Journalisten, die ebenfalls am Küniglberg waren, formt sich für mich ein Gesamtbild.

Kurz trifft in Begleitung von mir als letzter aller Kandidaten im ORF-Zentrum ein. Bis Kurz auf Hofer trifft, hat dieser schon mit ORF-Redakteuren und anderen anwesenden Personen über seinen Fieberschub gesprochen. Kurz ist von allen Protagonisten der letzte, der von den gesundheitlichen Problemen Hofers erfährt. Ich habe sogar eine eidesstattliche Erklärung aufgesetzt, die aber nicht benötigt wird. Zwar legt Rendi-Wagner am Tag darauf noch mal nach, aber sie lässt mehr oder weniger nur eine kopfschüttelnde Öffentlichkeit zurück. Wieder einmal gibt es für 24 Stunden helle Aufregung für nichts. Eigentlich ist das gestohlene Lebenszeit, die man nie mehr zurückbekommt. Aber es ist wieder diese sinnlose Strategie der SPÖ, Kurz als Lügner oder unglaubwürdig hinstellen zu wollen. Rendi-Wagner spricht schon wieder nicht über Inhalte, sondern über Nichtigkeiten, welche die Menschen nicht interessieren.

Es wäre nicht Österreichs Innenpolitik, wenn Rendi-Wagner nicht noch einen Versuch dieser Art starten würde. Und es wird immer kindischer. Diesmal macht sie Kurz im gleichen TV-Duell den Vorwurf, dass er es mit seiner Herkunft nicht genau nehme. Er behaupte zwar immer, ein Wiener zu sein, in Wirklichkeit sei er aber ein Niederösterreicher, so Rendi-Wagner vor laufender Kamera und hunderttausenden Menschen daheim vor den TV-Geräten. Es wird also nicht über Entlastungen, Standort, Sicherheit oder Klimaschutz gesprochen. Nein, Rendi-Wagner möchte über Kurz' Herkunft reden. Also reden wir darüber. Diese Debatte, ob jetzt Kurz in Wien oder Niederösterreich aufgewachsen ist, wird bis in die ORF-Pressestunde ein paar Tage später geführt, die eine Woche vor der Wahl stattfindet. Wir rechnen damit, dass dieses Thema auch angesprochen wird. Auf dem Weg ins ORF-Zentrum ist es Kurz, dem ein lustiger Schachzug einfällt. Sollte er danach gefragt werden, wird er live im Studio mich beauftragen, ein Video aus dem Wahlkampf 2017 auf seinem Facebook-Account zu posten, bei dem es genau um die Frage seiner Herkunft und seine Kindheit geht. Dann soll sich die Bevölkerung selbst ein Bild machen. Und tatsächlich startet die Pressestunde mit den Rendi-Wagner'schen Scharmützeln über seine Herkunft. Kurz klärt auf und bittet mich live im TV, das Video vom letzten Wahlkampf zu posten. „Mit mir ist da der Johannes Frischmann, mein Pressesprecher, weiß nicht, ob er Mittagessen gegangen ist oder ob er noch zuschaut, aber falls er zuschaut, würde ich ihn bitten, ein Video zu posten, das wir im letzten Wahlkampf gemacht haben, wo ich über meine Herkunft erzähle (…)", sagt Kurz in der Pressestunde. „Aber das ist jetzt eine echte Weltpremiere, dass ein Pressesprecher von seinem Chef in einer Livesendung einen Auftrag erhält", kommentiert ORF-Innenpolitik-Chef Hans Bürger die Bitte von Kurz. Im Video sieht man Kurz auf dem Bauernhof seiner Oma im Waldviertel, und er erklärt, dass er in Wien geboren und dort aufgewachsen ist, aber viel Zeit seiner Kindheit in Niederösterreich verbracht hat. Der SPÖ-Torpedo taumelt schon wieder orientierungslos durch das rote Meer und trifft letztlich erneut den eigenen Bug.

Wie 2017 beenden wir den Wahlkampf erst wieder am Samstagnachmittag. Für die abschließende Elefantenrunde am Donnerstag vor der Wahl wird auf der PolAk ein Public Viewing mit Anhängern und Sympathisanten organisiert. Nach der Elefantenrunde fahren wir direkt zur PolAk. Das Public Viewing ist mittlerweile in eine kleine Party übergegangen. Da muss schon viel passieren, dass uns der Wahlsieg noch abhandenkommt. Nur Kurz ist sich noch unsicher und bleibt etwas unruhig. Wir stoßen auf den abgelaufenen Wahlkampf an. In der Aula des Springer-Schlössls wird Partymusik gespielt und getanzt. Die schwere dunkle Holztreppe war schon öfter Kulisse für die eine oder andere TV-Produktion. Ich setze mich allein auf die Stufen und beobachte die Feier – als wäre schon Wahlsonntag. Kurz kommt mit zwei Getränken zu mir und setzt sich neben mich. Wir führen ein langes persönliches Gespräch. Davon werden Fotos gemacht. Im Dezember 2021, Kurz ist schon zurückgetreten, schenkt er mir ein eingerahmtes Bild von diesem Wahlkampfabend. „In tiefer Dankbarkeit dem besten Pressesprecher! Für all die schönen Momente! Dein Sebastian".

Den Wahltag verbringen wir bei Kurz zu Hause. Wieder säumen Menschen an Fenstern und Balkonen den Weg zur Stimmabgabe ins Wahllokal, erneut erwartet uns dort eine große Traube an Fotografen und Kamerateams. Das enge Kurz-Team trifft sich zum Mittagessen im Restaurant Marios in Wien Hietzing. Der Spitzenkandidat selbst verbringt die Mittagszeit mit seiner Lebensgefährtin und seinen Eltern. Ab 14.00 Uhr treffen der Reihe nach Freunde, Verwandte und das Team bei Kurz zu Hause ein. Ich gründe eine WhatsApp-Gruppe mit allen wichtigen Akteuren der Volkspartei, von denen ich weiß, dass sie bei verschiedenen TV-Stationen ab 17.00 Uhr Rede und Antwort stehen und erste O-Töne zur Hochrechnung geben werden. Mit den uns vorliegenden Informationen formuliere ich mit Stefan Steiner ein Wording mit den wichtigsten Botschaften. Sie sollen allen bei den Interviews als Leitfaden dienen.

Als die letzten Wahllokale schließen und im ORF der Countdown runtergezählt wird, versammeln wir uns alle vor dem großen Flachbildschirm im Wohnzimmer von Kurz. Er, seine Freundin und seine Eltern sitzen auf dem Sofa. Kurz ist noch in Jeans und T-Shirt gekleidet. Dahinter steht das Team und verfolgt gespannt die Anmoderation im ORF mit. Der türkise Balken schießt auf über 37 Prozent in die Höhe, die SPÖ macht Verluste und die Freiheitlichen verlieren nach dem Ibiza-Video massiv. Es bricht Jubel und Applaus aus. Nur ich stehe regungslos, die Hände vor dem Gesicht, im Wohnzimmer. Ich kann es kaum glauben. Es hat funktioniert. Das Parlament hat bestimmt, aber das Volk hat entschieden. Alle fallen einander um den Hals. Kurz wird der Reihe nach von allen umarmt. Von Natur aus bin ich ein etwas emotional angehauchter Typ. Ich setze mich auf meinen Stammplatz am leerstehenden Esstisch. Freudentränen laufen über meine Wangen. Der Wahlkampf, der mehr einem Psychokrieg glich, ist erfolgreich geschlagen. Jetzt zeichnet sich ab, was schon gegen Ende des Wahlkampfes gemunkelt wurde. Diesmal könnte es nach den gescheiterten Koalitionsverhandlungen 2002 wirklich zu Türkis-Grün kommen, die mit einem für sie starken Ergebnis von rund 13 Prozent wieder in den Nationalrat einziehen. Für uns ist dieses Thema am Wahlabend aber eine Nebensache.

Die Abendstunden sind wieder fix durchgetaktet mit Interviews und Diskussionsrunden. Auf dem Weg in die Innenstadt bekommt Kurz zwei bemerkenswerte Nachrichten. Zum einen schreibt ihm Christian Kern eine SMS. Sein größter Konkurrent im Wahlkampf 2017 gratuliert ihm zum Wahlsieg. Ungeachtet der politischen Differenzen zollt er ihm Respekt und Anerkennung zu diesem Ergebnis. Die andere Nachricht ist ein Anruf aus dem Weißen Haus. Selbst in Washington wird die Österreich-Wahl mitverfolgt.

Wieder feiern wir den Wahlabend im Kursalon Hübner. Die Ankunft und der Einzug vor den rund 3500 wartenden Unterstützern, Funktionären und Sympathisanten wird zu einem wahren Triumphzug. Kurz ist der erste ÖVP-Chef in der Geschichte der Zweiten Republik, dem zwei Wahlsiege hintereinander gelingen. Noch nie gab es mit rund 16 Prozent einen so großen Abstand zwischen dem Erst- und Zweitplatzierten. Die ÖVP ist mit 37,5 Prozent stärker als die SPÖ und FPÖ zusammen.

Die Wahlparty reicht bis tief in die Nacht hinein. Wie schon 2017 feiert das enge Team zu späterer Stunde in kleinem Rahmen in einem Wiener Innenstadtlokal. Mich will es aber nicht dorthin ziehen. Ich genieße das Fest mit den vielen hunderten freiwilligen

Helfern im Kursalon. Um Mitternacht erklingt durch die Boxen des Festsaals das Happy-Birthday-Lied, und ich werde auf die Bühne gebeten. Es ist mein 39. Geburtstag. Alle singen mit, und ich mache mit den begeisterten Parteianhängern mehrmals die Welle. Ich genieße die Minuten auf der Bühne, im Wissen, dass ich so einen Wahlsieg wohl nie mehr wieder erleben werde. Bei der kleinen Feier im Anschluss werde ich auch mit Happy-Birthday-Gesängen begrüßt. Kurz schenkt mir zum Geburtstag einen türkisen Hosenträger mit batteriebetriebener LED-Beleuchtung. Am nächsten Tag wache ich mit blinkendem Hosenträger im Bett auf.

DER GRÜNE KOALITIONS-VERSUCH

Obwohl das Wahlergebnis diesmal noch klarer ausfällt als zwei Jahre zuvor, dauert es ein wenig länger, bis es zu richtigen Koalitionsverhandlungen kommt. Für die Sondierungsgespräche nimmt man sich ausführlich Zeit, und die Situation ist nicht ganz unkompliziert. Schon am Wahlabend deutet die FPÖ das Wahlergebnis so, dass das Wählervotum keinen Regierungsauftrag für die Freiheitlichen vorsieht. Die FPÖ mit Parteichef Norbert Hofer nimmt sich somit selbst aus dem Spiel, auch wenn der Austausch nach der Wahl mit Kurz laut Hofer ein „sehr gutes Gespräch"[32] war. Dass es mit der SPÖ schwierig wird, ist von Beginn an klar. Die Abwahl nach dem Ibiza-Video, der aggressive Konfrontationskurs im Wahlkampf und allein schon der Gedanke, dass man wieder zur alten „großen" Koalition mit ihren vielen Narben zurückfindet, erschweren die Situation zusätzlich. Außerdem ist die Sozialdemokratie neben der FPÖ der zweite große Wahlverlierer. Dass Parteivorsitzende Pamela Rendi-Wagner am Wahlabend nach einem Minus von 5,7 Prozentpunkten dennoch davon spricht, dass „die Richtung stimmt", hat selbst in den Reihen der SPÖ für große Verwirrung gesorgt. Die NEOS nutzen die Bühne der Sondierungsgespräche, um in gewohnter Art und Weise selbstbewusst und großspurig aufzutreten. Parteichefin Beate Meinl-Reisinger, die mit ihrer Partei zwar leicht zulegen kann, aber weiter im einstelligen Prozentbereich nicht vom Fleck kommt, glaubt, dem Wahlsieger ÖVP in den Gesprächen „rote Linien"[33] aufzeigen zu müssen. Ich persönlich halte von den NEOS sehr wenig, weil ich im Wahlkampf unmittelbar mitbekomme, mit welchen

Mitteln sie arbeiten. Bei einem TV-Duell auf Puls 4 verfolgt der Social-Media-Mitarbeiter von Meinl-Reisinger Kurz mit laufender Handykamera bis zur WC-Tür. Es werden Bilder geschnitten, wie Kurz – so wie jeder andere Kandidat auch – aus der Maske kommt. Über die NEOS-Kanäle werden Videos verbreitet, die zeigen, dass sich Kurz vor TV-Auftritten schminken müsse. Ich spreche den Mitarbeiter an, ob die NEOS, die sonst immer so tun, als wären sie supersauber, so etwas wirklich nötig haben. Es wird nur grinsend mit der Achsel gezuckt. Jaja, Wahlkampf, ich weiß. Man stelle sich vor, ich hätte die NEOS- oder SPÖ-Chefin mit meiner Handykamera irgendwohin verfolgt.

Kurz ist dennoch bemüht, mit den NEOS eine Gesprächsbasis zu finden, da für ihn auch eine Dreierkoalition aus ÖVP, NEOS und Grünen denkbar ist. Das lehnt Werner Kogler jedoch kategorisch ab. Für die ersten Gespräche mit Kogler bereitet sich Kurz intensiv vor. Wir formulieren No-Gos und jene Themenblöcke, bei denen wir den Grünen entgegenkommen können. Nach einem dieser ersten Treffen berichtet uns Kurz vom Inhalt des Gesprächs mit dem Grünen-Parteichef: „Ihr könnt euch nicht vorstellen, worüber ich mit Kogler hauptsächlich sprechen musste", so Kurz in einer unserer nächtlichen Runden. Und er berichtet uns, dass es Kogler weniger um Inhalte ging, sondern darum, wie die Ministerien aufgeteilt werden, welche Posten die Grünen in einer Regierung bekommen, in welchen ausgelagerten Einheiten des Bundes den Grünen Personalvorschläge zustehen und wie man die Posten am besten in der Koalition aufteilt. Diese Doppelmoral der Grünen stinkt schon vor Beginn der Verhandlungen zum Himmel. Dennoch starten 16 Tage nach der Nationalratswahl die offiziellen Koalitionsverhandlungen mit der Ökopartei.

Der Prozess dafür kann, wie bei der FPÖ, auch mit den Grünen rasch aufgestellt werden. Es werden wieder sechs Hauptgruppen mit weiteren Untergruppen gebildet. Auch diesmal sitzen über 100 Verhandler in den verschiedensten Konstellationen am Verhandlungstisch.

Diesmal finden die Koalitionsverhandlungen im Winterpalais im Finanzministerium statt. Dass es mit den Grünen mühsamere Verhandlungen werden, ist uns von Beginn an bewusst. Um welche Punkte zu Verhandlungsstart jedoch diskutiert werden muss, übersteigt unsere bisherigen Vorstellungen. Erster Dissenspunkt: das Buffet. Die Grünen wünschen ein vegetarisches Angebot. Auch die Herkunft der Zutaten muss nachgewiesen werden. Als ich im Verlauf der Koalitionsgespräche einmal gerade zum Mittagsimbiss dazustoße, sehe ich, dass fast jeder grüne Verhandlungsteilnehmer eine Portion Schweinsbraten auf seinem Teller hat. Das vegetarische Mittagsangebot bleibt fast unberührt. Es soll ja jeder essen, was er möchte, aber der Gedanke an die Doppelmoral festigt sich bei mir immer mehr.

Heiß geht es auch bei jenen Themenkomplexen her, bei denen Türkis und Grün meilenweit auseinanderliegen. Migration. Hier rückt Kurz keinen einzigen Millimeter von seiner Position ab. Als sich die Untergruppe zu diesem Thema erstmals trifft, berichtet mir nachher ein Verhandler kopfschüttelnd vom Auftakt dieser Verhandlungen. „Ihr seid Mörder“, sei der erste Satz eines Grünen gewesen, als die Teilnehmer noch gar nicht richtig am Verhandlungstisch Platz genommen haben. „Darauf hat von uns einer gesagt, dass sie Terroristen seien, weil sie jeden nach Europa hereinlassen.“ Die Fronten waren also geklärt. Dieser Fall sagt aber viel und zeigt, mit welch belehrendem Moralismus die Grünen mit Andersdenkenden umgehen. Und das ist abseits der inhaltlichen Differenzen der größte Unterschied dieser beiden Parteien – das Menschenbild: Wir, die Volkspartei, akzeptieren jeden in Österreich so, wie er ist. Die Grünen sehen die Menschen in erster Linie so, wie sie sein sollten. Das sind zwei konträre Zugänge in der Herangehensweise an die politische Arbeit.

Trotz dieser kleinen Reibereien ist dennoch jeder gewillt, diese Koalition zu bilden. Werner Kogler ist wirklich bemüht, seine Grünen zusammenzuhalten. Wenn er nicht am Verhandlungstisch sitzt, ist er damit beschäftigt, seine Basis zu informieren und durch die Bundesländer zu telefonieren. Das führt so weit, dass gegen Ende der Verhandlungen ein völlig entspannter Kurz am Verhandlungstisch sitzt und ihm gegenüber ein etwas erschöpft wirkender Kogler, der aber mit aller Kraft an einem positiven Verhandlungsabschluss arbeitet. Über dem Ergebnis der Verhandlungen hängt jedoch noch eine große Unbekannte: der Bundeskongress der Grünen. Ob Kogler und sein Verhandlungsteam die Delegierten überzeugen können, bleibt bis zum Ende der Koalitionsgespräche ein großes Rätsel. Auch kommunikativ stehen wir vor der Herausforderung, dass zwischen einem Verhandlungsabschluss und dem grünen Bundeskongress mindestens eine Woche vergehen muss, da auch ein Fristenlauf bei den Einladungen vorgesehen ist. Wir im Team der Volkspartei arbeiten in Sachen Fahrplan vier verschiedene Szenarien aus, die wir den Grünen als Vorschlag unterbreiten. Unser Ziel, noch vor Weihnachten die Koalition unter Dach und Fach zu bringen, rückt in weite Ferne. Der basisdemokratische Ansatz der Grünen und der viele Redebedarf von Kogler verunmöglichen es, vor den Feiertagen fertig zu werden.

Gaby Zornig, Pressesprecherin von Werner Kogler, ist in dieser

Phase meine Ansprechpartnerin bei den Grünen. Die Zusammenarbeit mit ihr läuft wirklich hochprofessionell ab, und wir bauen ein gutes gegenseitiges Vertrauen auf. In unzähligen Telefonaten können wir bereits in den Verhandlungen das eine oder andere Problem glattbügeln und aus der Welt schaffen. Auch ich sehe keinen Grund, sie nicht über alle Schritte und To-Dos zu informieren, die im Verlauf solcher Verhandlungen auf uns zukommen. Sie ist eine der wenigen, der es gelingt, mit Sympathie und auch einer gehörigen Portion Humor die eine oder andere Aufregung meinerseits geschickt einzufangen. Durch sie lerne ich auch das Innenleben der Grünen erst richtig kennen, verstehen tue ich es leider bis heute nicht.

Mit meinem Unverständnis bin ich nicht allein. In den Koalitionsverhandlungen kristallisieren sich teils hanebüchene Forderungen der Grünen heraus. Ein Fußgehbeauftragter für jede Gemeinde, Flutlichtverbot in Fußballstadien ab 20:00 Uhr oder dass in Polizeiautos keine halbautomatischen Gewehre mitgefahren werden dürfen. Priorität hat für sie eine Aufstockung der fahrradfahrenden Polizisten, denn in der grünen Welt gibt es im öffentlichen Raum keine Gewaltverbrechen, sondern nur Ordnungswidrigkeiten, die man am besten im Dialog auf Augenhöhe löst. Das ist nur eine kleine Auswahl grüner Ideen für das Regierungsprogramm. Unsere Verhandler kommen zum Teil desillusioniert aus den Verhandlungen heraus. Uns zu missionieren, gelingt den Ökos aber nicht. Auch wenn sie versuchen, 100 % ihrer Interessen wie an einem grünen Bundeskongress durchzusetzen, perlen diese Bestrebungen an uns ab. Aus den vielen Erzählungen von Verhandlern merkt man, dass sich die Grünen sehr schwertun, Kompromisse einzugehen. Für die Entstehung eines Regierungsprogramms ist das absolut notwendig. Schließlich sitzt man am Verhandlungstisch und ist nicht angeklebt auf einer Straße. Wir geben uns jedenfalls viel Mühe, was die Einbindung in sämtliche Prozesse und die Kommunikation betrifft. Gerade beim Thema Migration ist uns bewusst, dass es für die Grünen sehr schwer werden wird. Hier zeigt Kurz weiter klare Kante. Im Wissen, dass genau dieses Thema am Grünen Bundeskongress einer möglichen türkis-grünen Ehe die Zukunft versagen könnte, tüfteln Stefan Steiner und ich zu später Stunde eine Idee aus. Wir schlagen den Grünen einen koalitionsfreien Raum vor. Das heißt: Sollte es während der Regierungsperiode Maßnahmen im Bereich der Migration geben, bei denen die Grünen aus ihrer inneren Haltung heraus nicht mitgehen können, dann darf sich die Volkspartei im Parlament andere Mehrheiten suchen, ohne dass die Koalition als Ganzes gefährdet oder sogar beendet wird. Kogler springt auf diese Idee an. Das Problem ist gelöst.

Vor der finalen Chefrunde kurz vor Weihnachten bitten die Grünen um ein Gespräch mit Gerald Fleischmann und mir. Sigrid Maurer möchte uns gerne kennenlernen, heißt es. Wir ziehen uns in einer kleinen Runde im Winterpalais zurück. Ihr seid die zwei von der Message Control. Dann erzählt mir mal, wie die funktioniert, meint Maurer sinngemäß zu uns. Nicht ohne Schmunzeln erklären wir der zukünftigen Klubobfrau der Grünen, wie wir versuchen, professionelle Regierungskommunikation zu machen. Wir verbergen nichts und legen dar, wie die türkis-blaue Kommunikation Woche für Woche organisiert, vorbereitet und durchgeführt wurde. Maurer findet die Abläufe gut und schlägt vor, dass wir es auch in Zukunft unter Türkis-Grün so machen sollen. Tatsächlich werden alle bisherigen Sitzungsformate aus Türkis-Blau eins zu eins auf die neue Regierung übertragen. Diese „böse" Message Control muss also doch nicht so schlimm gewesen sein, wenn selbst die Grünen Gefallen an professioneller Kommunikation finden.

Einen Tag vor Weihnachten tüten Kurz und Kogler die Koalition de facto ein, ohne es noch offiziell zu verkünden, ein paar kleine Details will man erst nach Weihnachten klären. Ich bin schon in Deutschland und packe meine Koffer für den Weihnachtsurlaub in Tirol, als mich Kurz anruft. Er erzählt mir von der langen Sitzungsnacht mit Kogler. Er bittet mich, die Kommunikation mit der Ankündigung der neuen Regierungsmitglieder vorzubereiten. „Und wir bekommen für die Volkspartei elf statt zehn Regierungsmitglieder", so Kurz. „Wie das?", frage ich ihn. „Das habe ich dem Werner kurz vor Schluss noch herausverhandelt."

Während also Kogler und seine Verhandler an den Weihnachtsfeiertagen damit beschäftigt sind, die Koalition bei den eigenen Leuten durchzubringen und den Bundeskongress vorzubereiten, können wir uns alle ein wenig entspannen. Mich beschäftigt jedoch die Frage der offiziellen Verkündung der Koalitionseinigung. Seit wir fix wissen, dass eine Einigung vor Weihnachten nicht möglich ist, kommt für mich nur ein Zeitpunkt in Betracht. Es muss am Abend des Neujahrstages sein. Und so erkläre ich Kurz und dem Team meine Idee: Das alte Jahr ist vorbei, alle haben den Jahreswechsel gefeiert, und man startet mit guten Vorsätzen ins neue Jahr. Am Abend versammeln sich die Leute vorm TV-Gerät, schauen sich die Neujahrsansprache des Bundespräsidenten an und lassen sich wie jedes Jahr im Anschluss von einer neuen Folge von „Das Traumschiff" berieseln. Während der Film läuft, informieren wir die Medien, dass die Koalitionseinigung steht, und laden zur Pressekonferenz gegen 21:45 Uhr. Der erste Tag des Jahres soll mit einer neuen Regierung enden. Meine Idee wird von allen akzeptiert. Diese Geschichte erzähle ich nur so nebenbei einer Journalistin. Die schreibt am 29. Dezember in ihrem Blatt einen Beitrag unter dem Titel: „Per Traumschiff auf die türkis-grüne Reise". So heißt es im Artikel: „Am Abend des Neujahrstages werden Sebastian Kurz und Werner Kogler an die Öffentlichkeit gehen und den Abschluss der Regierungsverhandlungen verkünden. Der Zeitpunkt wurde offenkundig mit Liebe gewählt: Zwischen ‚Das Traumschiff' und ‚Kreuzfahrt ins Glück' sollen die Österreicher auf die Reise in die türkis-grüne Zukunft eingestimmt werden."[34] Okay, ich gebe zu, dass ich mir jedes Jahr das Traumschiff anschaue. Beides miteinander zu verpacken und am Neujahrstag die neue Regierung zu präsentieren, scheint mir aus kommunikativer Sicht als die logischste Variante. Am Neujahrsabend läuft um 21:03 Uhr über die APA die „Alarm"-Meldung: „ÖVP und Grüne einig". In einer weiteren Meldung kurz darauf wird die Präsentation für 21:50 Uhr angekündigt. An diesem ersten Abend des Jahres sitzt rund eine Million Menschen vor den Fernsehgeräten. Um 23:34 Uhr läuft die letzte APA-Meldung des Tages über den Agenturticker mit dem Titel „Prosit Türkis-Grün". Auch wir stoßen nach der Pressekonferenz mit den Grünen an. Mein kleiner Move geht auf. Der deutsche „Tagesspiegel" schreibt am 3. Januar 2020: „Am Neujahrsabend etwa platzierte die geölte Public-Relations-Maschine der ÖVP im Anschluss an Käpt'n Silbereisens ‚Traumschiff'-Abenteuer die beiden künftigen Kapitäne der Arche Austria im ORF-Hauptabendprogramm (…)"

DIE RÜCKKEHR INS KANZLERAMT

Die ersten Tage im neuen Jahr 2020 bringen nach den heftigen Monaten mit Ibiza, Wahlkampf und den Koalitionsverhandlungen ein wenig Ruhe und Struktur ins Arbeitsleben. Ruhe ist zwar etwas übertrieben, aber es gibt nun eine neue Regierung und ein Arbeitsprogramm für die kommenden Jahre. Von nun an wird sich wieder wöchentlich die Regierung zur Ministerratssitzung treffen, und auch das Parlament wird wieder auf normale Betriebstemperatur kommen. Ich trete meinen alten Job an. Der eine Umzugskarton wird mir von der PolAk ins Kanzleramt zugestellt. Und so ziehe ich am 7. Jänner 2020 wieder ins Bundeskanzleramt ein. Das Büro ist mir vertraut, der Schreibtisch steht immer noch an der gleichen Stelle. Nur ist es jetzt etwas heller, weil in der Zeit der Übergangsregierung Teile des sogenannten „Haerdtl-Traktes" renoviert und gestrichen wurden. Ich gebe zu, auch wenn ich kein gehässiger Mensch bin, kann ich an diesem Tag eine gewisse Genugtuung nicht verbergen. Das Wiederbetreten des Kanzleramtes nach 220 Tagen sowie der Gang zur Angelobung in die Hofburg sind schon ein besonderes Gefühl, erneut das Ziel erreicht zu haben. Vor allem deshalb, weil der politische Mitbewerber versucht hat, in der Geschichte der 2. Republik ein Exempel zu statuieren, damit aber letzten Endes gescheitert ist.

Also räume ich im Kanzleramt den Karton aus und stelle nun zum zweiten Mal die beiden Bilderrahmen mit Fotos meiner Kinder auf den Schreibtisch. Der Adidas-Ball hat etwas Luft verloren, wird aber gleich wieder zum beliebten Spielzeug für zwischendurch. Es ist ein schönes Gefühl, erneut hier zu sein und auch „alte“ Gesichter zu treffen: die Polizisten am Eingangstor, die Kanzleimitarbeiter im Kabinett oder die Mitarbeiter der Abteilung Öffentlichkeitsarbeit. Das Spiel beginnt für uns wieder von vorne.

In der Teeküche steht immer noch die gleiche Kaffeemaschine wie vor der Abwahl. Als sie einmal einen Defekt hat, entdecken wir in den Einstellungen der Maschine, dass man sich jeden Kaffee individuell programmieren und auf seinen Namen abspeichern kann. „Frischi“ leuchtete auch sieben Monate nach meinem Auszug aus dem Kanzleramt am Display der Kaffeemaschine auf. Der Geschmack der Arbeit war wieder da. Ich lehne mich im Bürosessel zurück, halte kurz inne und genieße den Kaffee. Was waren das bloß für Monate, die hinter uns liegen.

Nach der Angelobung durch den Bundespräsidenten in der Hofburg bin ich dabei, als Kurz erneut als angelobter Bundeskanzler das legendäre Kreisky-Zimmer betritt. Sein Stehtisch sowie der Besprechungstisch mit Stühlen stehen genau wieder so da, wie er es zuletzt Anfang Juni 2019 hinterlassen hat. Wie schon bei seiner ersten Angelobung ist er wieder sehr ruhig, als er sein neues altes Arbeitszimmer betritt. „Was sagst, Frischi? Sie wollten uns weghaben, und jetzt sind wir wieder da“, sagt Kurz etwas andächtig. Ich erinnere mich an den Abend, als wir zum ersten Mal das Ibiza-Video gesehen und in diesem Raum diskutiert und überlegt haben, was wir tun sollen.

Unser Arbeitsmodus von früher ist am ersten Tag wiederhergestellt. Alle Minister sind mit Pressesprechern besetzt. Unser alter Sitzungsrhythmus wird wieder aufgesetzt. Erste Vorhaben in der Regierung werden auf Schiene gebracht. Medienpläne mit Antrittsinterviews aller Minister werden abgestimmt und Schwerpunkte für die ersten Wochen festgelegt.

Etienne Berchtold, bereits unter Türkis-Blau der außenpolitische Sprecher von Sebastian Kurz, sitzt mir im Büro wieder gegenüber. Wir beide mischen uns nie gegenseitig in unsere Arbeitsbereiche ein, dennoch unterstützen wir uns und ergänzen uns wie ein altes Ehepaar. Er, der promovierte Jurist, ledig, belesen mit Schwerpunkt Völkerrecht, ledig, belesen und in der Welt der Medien von New York Times, CNN über Le Monde bis Bild und Welt bestens vernetzt. Der in seiner direkten Art nie vergessen hat, dass er aus Innsbruck kommt und uns dies bei jeder Gelegenheit wissen lässt. Auf der anderen Seite ich, auch ein Tiroler, aus einem Tal, den Menschen dort sehr verbunden, Familienvater, vernetzt mit den österreichischen Medien und mit einem Faible fürs Kochen, und der seine verbalen Aggressionen jeden Samstag für 90 Minuten bei Spielen des FC Bayern München auslässt. Wo immer er sich aufregt, bin ich entspannt. Wenn ich wieder mal „ausflippe", ist Etienne der Ruhepol. Und dennoch provozieren wir einander immer ein wenig, um uns noch mehr anzutreiben. Im Duo sind wir grandios. Oft reichen nur Blicke, und der andere weiß, was zu tun oder zu sagen ist.

Berchtold ist derjenige, der uns schon in der Nacht der Koalitionseinigung mit den Grünen auf eine Agenturmeldung vom Silvestertag über ein unbekanntes Virus in einer Stadt in China aufmerksam macht. Während wir alle dabei sind, die Koalition mit den Grünen zu finalisieren, Teams zusammenzustellen und die Präsentation des Regierungsprogramms sowie die Angelobung vorzubereiten, ist er schon damit beschäftigt, sich mit dieser mysteriösen Meldung aus China näher zu beschäftigen. In dieser ersten Agenturmeldung heißt es, dass es ein Experte für „eher unwahrscheinlich" hält, dass es sich bei den 27 erkrankten Personen um den Sars-Virus handelt. Heute wissen wir, mit dieser Einschätzung liegt schon der erste Experte falsch. Etienne ist beharrlich. In jeder Morgenbesprechung thematisiert er das Virus und berichtet über neue Erkenntnisse. Am 11. Jänner wird über das erste Todesopfer berichtet,[35] drei Tage später wird bestätigt, dass es sich um das Sars-Virus handelt, das die chinesischen Behörden noch am 6. Jänner ausgeschlossen hatten. Gleichzeitig beginnt die Verbreitung erstmals außerhalb Chinas. „Es ist dieselbe Virusart, nur in einer anderen Variante", wird am 14. Jänner ein deutscher Virologe zitiert. Sein Name ist Christian Drosten, Direktor des Instituts für Virologie an der Charité in Berlin. Für den Virologen beginnt an diesem Tag wohl auch eine neue Zeitenrechnung. Er wird bestimmt nicht damit rechnen, dass er am Ende dieses erst jungen Jahres 2020 jedem Haushalt in Deutschland und Österreich bekannt sein dürfte. Etienne überzeugt das Team am Tisch, dass wir dem Thema eine erhöhte Aufmerksamkeit schenken sollen. Er kann zu Beginn durch seine internationalen Kontakte und sein tägliches Medienscreening sämtlicher internationaler Medien mehr Informationen liefern als unser Gesundheitsministerium.

Nach wie vor steht jedoch ein guter Regierungsstart im Fokus unserer Arbeit. Trotzdem ist sich niemand sicher, ob diese erstmalige Regierungsbeteiligung der Grünen in der Geschichte des Landes auch funktionieren wird. Zu unserer Verwunderung tun sich die Grünen viel schwerer als die FPÖ, ausreichend Personal für die politischen Büros zu finden. Also fahren wir zu Beginn noch mit leicht angezogener Handbremse, weil die grünen Regierungsbüros am Anfang noch nicht vollständig organisiert sind. Skeptisch werden wir im türkisen Team, als vereinzelt im Umfeld der grünen Minister Mitarbeiter auftreten, die wir aus der rot-schwarzen

Koalition kennen. Es sind nur eine Handvoll Personen, aber das Signal, dass unser neuer Koalitionspartner ehemalige SPÖ-Mitarbeiter um sich schart, ist klar und fördert keineswegs das Vertrauen.

Früher oder später wird auch die erste koalitionäre Bewährungsprobe anstehen. Es ist erwartungsgemäß das Thema Migration. Im Flüchtlingslager Moria auf der griechischen Insel Lesbos kommt es Mitte Jänner zu Ausschreitungen zwischen afghanischen und afrikanischen Migranten. Ein 20-jähriger Migrant aus dem Jemen wird erstochen.[36] Zu diesem Zeitpunkt befinden sich 42.000 Migranten auf der 115.000 Einwohner zählenden Insel. Die griechische Regierung plant, das Lager und andere Camps zu schließen, beziehungsweise durch ein Abschiebezentrum zu ersetzen. Die Proteste halten an, es kommt zu weiteren Ausschreitungen mit der Polizei und auch mit aufgebrachten Inselbewohnern. Der Zustrom neuer Migranten nimmt aber weiter zu. Das überfüllte Lager kann keine weiteren Migranten aufnehmen, es muss ein zweites Lager am Hafen von Lesbos errichtet werden.

Das Thema ist längst kein griechisches mehr, sondern wird in ganz Europa diskutiert. Es erreicht auch die neue Bundesregierung. Die Grünen sprechen sich dafür aus, dass Österreich angesichts der prekären Lage auf Lesbos freiwillig Frauen und Kinder sowie unbegleitete minderjährige Kinder aufnehmen soll. Flankenschutz bekommen sie vom Bundespräsidenten, der sich erstmals unter Türkis-Grün in die Tagespolitik einmischt. „Das kann einen nicht kalt lassen",[37] meint Alexander Van der Bellen bei einem Medientermin. Ja, er hat recht. Das lässt niemanden kalt. Alle Bilder seit Ausbruch der Flüchtlingskrise 2015 lassen einen nicht kalt. Besonders das Bild des angeschwemmten toten Flüchtlingskindes an der türkischen Küste im Jahr 2016 ging um die Welt.

Wir wissen aber auch, wie unsere Staaten in der Flüchtlingskrise reagiert haben: offene Grenzen und staatliche Überforderung mit den ankommenden Flüchtlingen. Auch die Bilder vom Grenzübergang Spielfeld, vom Wiener Westbahnhof und von Menschenkolonnen auf der Ostautobahn zwischen Wien und Nickelsdorf an der österreichisch-ungarischen Grenze haben wir alle noch in Erinnerung. Dieses staatliche Versagen und der Kontrollverlust können auch keinen kalt lassen. Österreich muss sich bei der Flüchtlingshilfe nicht verstecken. Unser Land hat in seiner Geschichte oft genug gezeigt, dass die Türen offen stehen und geholfen wird. Sei es beim Ungarn-Aufstand oder im Jugoslawienkrieg. In den Jahren 2015 bis 2017 zählt Österreich neben Zypern zu jenen Ländern in Europa, die gemessen an der Einwohnerzahl am meisten Flüchtlinge aufgenommen haben.

Nun droht eine ähnliche Diskussion, und aus den Erfahrungen weiß man: Zuerst nimmt man 100 Flüchtlinge, und dann werden es 500, 1000 und noch mehr. Die Grünen argumentieren uns gegenüber ihre Haltung damit, dass es ein Signal Österreichs brauche. Aber es sind genau diese Signale, die nach außen und besonders in Richtung Schlepper fatal wirken. Wir signalisieren natürlich Hilfe, aber gleichzeitig senden wir die Botschaft: Macht euch auf den Weg. Sofern ihr es über das Mittelmeer schafft, habt ihr in Österreich oder Zentraleuropa eine Zukunft.

Auch das Argument, dass es „nur" Frauen und Kinder sein werden, kenne ich aus dem Jahr 2015. Als tausende Flüchtlinge in Budapest stranden und Werner Faymann und Angela Merkel die Schleusen nach Österreich und Deutschland öffnen, wird auch der Wiener Westbahnhof zu einem Drehkreuz der Flüchtlingsbewegung. Damals sitze ich noch im Finanzministerium, und bei uns laufen Berechnungen, was die Flüchtlingswelle kosten wird, welche Auswirkungen der Zustrom auf unser Gesundheitswesen, das Bildungssystem und das Sozialsystem haben wird. Die Bilder vom Westbahnhof lassen mich damals nicht zur Ruhe kommen. Mit einer Kollegin beschließe ich, zum Westbahnhof zu fahren und mir vor Ort ein Bild zu machen. Wir treffen am Westbahnhof auf zwei Welten. In der U-Bahnstation ist von der Flüchtlingswelle nichts zu merken. Es ist die übliche Großstadt-Hektik. Was wir in der Bahnhofshalle zwei Stockwerke darüber sehen, ist bedrückend. Das Bahnhofsareal ist überfüllt mit Flüchtlingen. Es sind auch Frauen und Kinder zu sehen, aber die überwiegende Mehrzahl sind Männer. Allein, in Kleingruppen und in großen Ansammlungen. Allein, ohne Familien. „Hannes, ich will hier raus“, sagt meine Kollegin, und auch ich habe ein ähnliches Gefühl. Von vielen Migranten weiß man später, dass sie sich nicht ausweisen können. Die traurige Wahrheit ist, dass Österreich – und auch Deutschland – in diesen Wochen und Monaten die Kontrolle darüber verloren hat, wer zu uns kommt und wie viele zu uns kommen. Wer das aber sagt, ist ein Rassist, Ausländerfeind oder Extremist.

Für uns ist es undenkbar, fünf Jahre nach der Flüchtlingswelle erneut den gleichen Fehler zu machen. „Unsere Linie als Bundesregierung ist klar, nämlich keine zusätzliche freiwillige Aufnahme in Österreich. Österreich ist unter den am stärksten belasteten Ländern der Europäischen Union. Es gibt kaum ein Land weltweit und schon gar nicht in Europa, das pro Kopf mehr Flüchtlinge aufgenommen hat“[38], erklärt Kurz bei einem Medientermin. Die Zahlen geben ihm Recht: Allein 2019 hat man über 10.000 Menschen aufgenommen, darunter einige tausend Frauen und Kinder.

Seit Ausbruch der Flüchtlingskrise hat es 200.000 Asylanträge gegeben. Vergleicht man diese Zahl mit der Größe Deutschlands, müsste unser Nachbar zwei Millionen Asylwerber zählen. Kurz spricht sich dafür aus, zunächst jene gut zu integrieren, die jetzt schon hier sind, und erinnert an 30.000 arbeitslose Asylberechtigte in Österreich.

Es ist die erste harte Bewährungsprobe für die neue Regierung. Das Thema zieht sich über mehrere Wochen. Kurz lässt sich von den grünen Forderungen aber nicht beeindrucken und hält an seiner Linie fest. Österreich nimmt diesmal keine Flüchtlinge auf.

SARS-COV-2 VERÄNDERT DIE WELT. UND MICH

Corona. Das Virus, das sich Anfang 2020 über den ganzen Globus und unser Land ausbreitet, erzählt Milliarden von Geschichten. Auch ich verbinde mit dieser Zeit viele bleibende Erlebnisse, Erfahrungen, bedrückende Momente, Augenblicke der Tränen, Zeiten der Hoffnung und Phasen der Einsamkeit. Wo also beginnen, beim wohl größten Einschnitt, den unsere Gesellschaft und jeder persönlich jemals erlebt hat?

In der vorletzten Woche im Februar nehme ich mir eine Woche Urlaub. Die Kinder haben Faschingsferien, wie man es in Baden-Württemberg nennt. Ausnahmsweise fahren wir diesmal nicht zum Skifahren nach Tirol, und ich nutze die Woche für ein paar handwerkliche Arbeiten in unserem Haus. In den Badezimmern fehlen seit unserem Hauseinzug immer noch Profilleisten zwischen Wand und Decke. Für ein paar Tage blende ich die Politik komplett aus und falle bei meinen Arbeiten zwischen Hornbach und Badezimmern gedanklich in meine Jugendzeit zurück, als ich jeden Sommer im elterlichen Tischlereibetrieb mitgearbeitet habe. Ich sehe meinen Vater im blauen Arbeitsmantel, wie er millimetergenau Profilleisten zuschneidet und Gehrungen so lange anpasst, bis nur noch eine sehr dünne Kante zu sehen ist. Altes Handwerk eben.

Nachrichten über ein sich ausbreitendes Virus blende ich ebenfalls aus und werde erst an meinem letzten Urlaubstag, am Sonntag, den 23. Februar, richtig hellhörig. In den Abendstunden erscheint auf meinem Handy eine APA-Alarm-Meldung: „Coronavirus: ÖBB-Zug am Brenner mit zwei Verdachtsfällen angehalten." Wer das enge Verhältnis zwischen Nord- und Südtirol kennt, der weiß, dass der Brenner nie mehr geschlossen sein sollte. Wenn also Österreich den Brenner für den Bahnverkehr „dicht" macht, dann ist ein ordentlicher Grund erforderlich. Auch wenn sich später herausstellt, dass es keine Coronafälle sind, beginnt mit dieser Meldung meine persönliche Corona-Odyssee. An diesem Abend mache ich das ganze Team verrückt, das ohnehin schon neben dem Tagesgeschäft mit Corona beschäftigt ist. Etienne Berchtold gibt mir Schützenhilfe.

Wie üblich verabschiede ich mich am Abend von meiner Frau und meinen Kindern. Montags verlasse ich das Haus immer gegen 5:15 Uhr, mein Flugzeug nach Wien hebt wie immer um 6:50 Uhr vom Stuttgarter Flughafen ab. Diesmal kann ich erst wieder in zwei Wochen nach Hause kommen, weil mich eine spannende Dienstreise erwartet. Kurz soll nämlich nach 2019 Anfang März 2020 nun schon ein zweites Mal von US-Präsident Donald Trump in Washington empfangen werden. Zu diesem Zeitpunkt ahne ich noch nicht, dass es ein Abschied für mehrere Wochen wird und die Reise nach Washington wegen Corona ins Wasser fällt.

Die letzte Februarwoche und Anfang März ist im politischen Tagesgeschäft noch eine 50/50-Mischung aus Moria-Debatte und dem Coronavirus. Die Meldungen über das Coronavirus überschlagen sich jedoch von Tag zu Tag und nehmen immer stärker zu. Wir halten den Zeitpunkt für passend, dass Kurz eine Einladung in die ORF-Pressestunde annimmt. Zum einen soll er in Sachen Moria ein paar Dinge einordnen und hinsichtlich der grünen Forderung der freiwilligen Aufnahme von Frauen und Kindern bei seinem Nein bleiben und zum anderen zu Corona Stellung beziehen, obwohl es eine Fahrt im tiefsten Nebel ist. Es liegen nach wie vor zu wenige Informationen vor, auch Experten sind unterschiedlicher Meinung. Jedenfalls soll die Pressestunde dafür genutzt werden, die Bevölkerung zu sensibilisieren. Dementsprechend umfangreich bereiten wir uns auf die Pressestunde vor und tragen jede brauchbare Information zu diesem unbekannten Virus zusammen. Wir gehen davon aus, dass von diesem 55-minütigen Live-Auftritt am Sonntagvormittag gewiss zwei Drittel der Sendezeit dem Virus-Thema gewidmet werden. Das Gegenteil tritt aber ein. Nur zwei Fragen werden Kurz zum Thema Corona gestellt. Die restlichen 48–50 Minuten geht es um Moria, die neue Koalition und die Regierungsarbeit. Es sind Themen, für die sich Innenpolitikjournalisten hauptsächlich interessieren. Am selben Tag werden aus Italien bereits 133 Corona-Tote innerhalb von 24 Stunden gemeldet.[39]

Am Sonntagnachmittag nach der Pressestunde habe ich ein paar Stunden Freizeit und setze mich in mein Lieblingssteaklokal „Mama und der Bulle". Ich treffe dort Maria Kuprian, sie kommt ebenfalls aus meiner Heimatgemeinde. Viele Jahre arbeitete sie im Team von Tirols Landeshauptmann Günther Platter, bis sie schließlich auch nach Wien ins Wirtschaftsministerium wechselt. Es soll mein letzter Lokalbesuch sein, gleichzeitig mache ich davon mein letztes Facebook-Posting ohne Abstandsregeln, Maskenpflicht oder andere Corona-Vorschriften. Am Abend trifft sich das Team im Bundeskanzleramt. Jeder von uns rechnet damit, dass eine große Krise auf uns zukommt.

Die Ereignisse in der zweiten Märzwoche ändern sich stündlich. Normale tagespolitische Arbeit ist kaum noch möglich. Corona hat uns im Kanzleramt fest im Griff. Wie bei allen anderen Themen versuchen wir auch bei Corona offensiv und transparent zu kommunizieren. Zunächst geben Kurz, Gesundheitsminister Rudi Anschober und Innenminister Karl Nehammer gemeinsame Pressekonferenzen. Es ist jener Zeitpunkt, bei dem die türkisgrüne Regierungsarbeit mit ihrem parteipolitischen Klein-Klein verschwindet. Es kristallisiert sich immer mehr ein rot-weiß-rotes Krisenmanagement heraus. Die Nachrichten aus anderen Ländern der Welt, speziell aber die Meldungen aus Bergamo und Norditalien, bereiten uns Angst und Sorge. Besonders die Bilder der Leichenberge und Leichentransporte in der norditalienischen Stadt erschüttern uns zutiefst, wenn man bedenkt, dass Bergamo nur 200 Kilometer von unserer Grenze entfernt liegt.

Nur einem gefällt das zu Beginn nicht so. Am Rande einer der vielen Sitzungen im Ministerratssitzungssaal bin ich Augen- und Ohrenzeuge eines Gesprächs von Vizekanzler Werner Kogler mit seinem Kabinettschef und seiner Pressesprecherin. „Wenn er glaubt, ich überlasse ihm jetzt die Bühne allein, dann liegt der Rudi falsch. In Zukunft will ich bei jeder Pressekonferenz dabei sein“, so Kogler, leicht verärgert. Das Argument seiner Pressesprecherin, dass der Gesundheitsminister zum Thema Corona viel zu sagen hat, lässt er nicht gelten. „Wir werden schon Themen finden, wo ich auch etwas sagen kann.“ Uns ist es egal, ob die Pressekonferenzen zu dritt oder zu viert besetzt werden, aber der grüne Parteichef ahnt offenbar, dass hier ein Minister in den Mittelpunkt der Öffentlichkeit rücken und ihn sogar überstrahlen könnte.

Im Umgang mit Krisen hat Österreich Erfahrung. Staatliche Einrichtungen, Hilfs- und Blaulichtorganisationen sowie die vielen Freiwilligenorganisationen in den Gemeinden wissen, was zu tun ist, wenn eine Lawine abgeht oder Hochwasser und Muren ganze Landstriche verwüsten, Firmen unter Wasser setzen oder Häuser wegspülen. Corona stellt jedoch eine neue Dimension dar. Regionale Katastrophen kann man eingrenzen, und die Zielgruppe der Betroffenen kann manchmal nur eine kleine Siedlung oder eine Region beziehungsweise ein Tal sein. Und vor allem: Man kann die Katastrophe mit freiem Auge sehen und die Dimension abschätzen. Corona sieht man nicht, hört man nicht, und wenn man es spürt, ist es meistens schon zu spät. Und vor allem: Es betrifft keinen abgegrenzten Personenkreis, sondern das ganze Land, also rund neun Millionen Einwohner. Das bedeutet, dass man neun Millionen Menschen eine Antwort auf viele Fragen, Ängste und Sorgen geben muss. Dem einen Haushalt geht es um die Kinderbetreuung, der anderen Familie um die Oma im Pflegeheim, dem Unternehmer um mögliche Auftragsausfälle, dem Arbeitnehmer um Kurzarbeit oder sogar den Arbeitsplatz, dem Hotelier um den Saisonausfall, dem Lehrer um die Gestaltung des Unterrichts und der Verkäuferin im Supermarkt um die Gefahr einer Ansteckung und so weiter und so weiter. Wir haben es mit einem unsichtbaren Feind zu tun, der sein hässliches Gesicht erst auf den Intensivstationen und im Extremfall auf dem Friedhof zeigt.

Es ist nicht nur organisatorisch, sondern auch kommunikativ eine Mammutaufgabe. Gerald Fleischmann und ich setzen uns für eine halbe Stunde zusammen. Wir haben eine klare Vorstellung. Es soll viel, möglichst täglich, in gleicher Besetzung und im selben Setting kommuniziert werden. Die Bevölkerung soll sich damit vertraut machen und wissen, dass dieses Format die wichtigste Informationsquelle zu sämtlichen Corona-Maßnahmen werden soll. So wird das „virologische Quartett“ geboren, wie wir Kurz, Kogler, Nehammer und Anschober bald nennen.

Die Nächte werden in dieser entscheidenden Woche immer

länger. Teilweise verlassen wir erst gegen 3:00 Uhr früh das Kanzleramt. Und von Sitzung zu Sitzung wird die Stimmung bedrückender. Wird es unser Gesundheitssystem aushalten, wenn auch uns eine Welle trifft, ist die alles entscheidende Frage. Und wird es zu einer absoluten Ausnahmesituation kommen, mit verschiedensten Einschränkungen und Regeln für jeden persönlich? Kurz nutzt jeden möglichen Kontakt und telefoniert in der ganzen Welt herum. Geradezu minütlich kommen neue und vor allem negative Informationen herein. Begriffe wie Shutdown und Lockdown kennt man bisher nur aus Weltuntergangsfilmen aus Hollywood. Nun sind sie Thema in den Regierungsbüros zwischen Peking, Tel Aviv, Rom, Wien, Berlin und Washington.

Keiner will es so offen sagen, aber jeder rechnet damit, dass wir auf einen Lockdown zusteuern. Was genau umfasst ein Lockdown? Es ist Neuland für uns alle, das wir unweigerlich betreten *müssen.* Die angespannte Situation im Raum ist spürbar, Nervosität lässt Kurz aber keine aufkommen. Die Zusammenarbeit mit dem Gesundheitsminister und dem Koalitionspartner erlebt in diesen Stunden eine völlig neue Form des Miteinanders. Parteipolitik ist vom Tisch. Es wird an einem Strang gezogen.

Am Donnerstag, den 12. März, findet ein regelrechter Sitzungsmarathon im Bundeskanzleramt statt. Nahezu im Stundentakt treffen die verschiedensten Vertreter mit der Regierungsspitze zusammen. Die Sozialpartner, die größten Lebensmittelkonzerne zwecks Versorgungssicherheit, ebenso Vertreter von Post und Elektrizität sowie der Banken. Wir treffen auch eine Abordnung der Landesverteidigung zwecks Assistenzeinsätzen sowie die Vertreter der 16 gesetzlich anerkannten Religionsgemeinschaften in Österreich. Dieses Treffen bleibt mir besonders in Erinnerung. Angeführt von Kardinal Christoph Schönborn, sitzen uns am Regierungstisch Christen, Juden, Muslime, Buddhisten, Zeugen Jehovas und weitere Glaubensvertreter gegenüber, denn zukünftige Kirchenbesuche und die Religionsausübung müssen auch geklärt bzw. geregelt werden. Und das ist schon der springende Punkt. Im Vorfeld dieses Treffens bereite ich einen Entwurf für eine Presseerklärung der Religionsgemeinschaften vor. Das Wort „Kirchenbesuch" liegt für mich als Katholik auf der Hand, für viele am Tisch kann dieser Begriff natürlich nicht verwendet werden. Der Kardinal geht mit mir zur Seite, und wir beide überarbeiten die Pressemeldung, die jede Glaubensgemeinschaft für sich individuell verwenden kann. „Wie wäre es mit der Bezeichnung ‚spirituelle Veranstaltungen'", schlage ich dem Kardinal vor. „Ein guter Begriff, Herr Kollege, den nehmen wir."

Der Sitzungsreigen wird an diesem Tag um 22:00 Uhr abgeschlossen. Für die letzte Informationsrunde laden wir alle Chefredakteure und Zeitungsherausgeber des Landes ein. Vielen ist die Dimension klar, als wir am Nachmittag alle Teilnehmer anrufen und sie bitten, ins Kanzleramt zu kommen. Der ORF-Generaldirektor kommt genauso wie Eigentümer führender Medienhäuser, Chefredakteure von Bundesländerzeitungen fahren extra nach Wien. Es ist ein sensibles Treffen. In mehrerlei Hinsicht. Die ganze Medienmacht des Landes ist am Regierungstisch versammelt. Kurz weiht alle Medienmacher in die Regierungspläne und den aktuellen Stand zu Corona ein. Er bittet die Anwesenden angesichts der dramatischen Lage, in der Berichterstattung keine Hysterie auszulösen und sich als Teil der Krisenbewältigung zu sehen. Auf das Land werden schwierige Zeiten zukommen, hier würden auch Medien eine wichtige Verantwortung tragen, so seine Bitte und sein Appell.

Der nächste Tag, der Freitag, 13. März, kann getrost als neuer Schwarzer Freitag in die Geschichte eingehen. Viele Medien halten sich an den Appell des Kanzlers. Aber leider nicht alle. Erste Reihe fußfrei bekommen wir Bilder serviert, die wir nur aus anderen Ländern kennen: lange Schlangen vor den Lebensmittelgeschäften. Die Berichterstattung zum Coronavirus und zu einem drohenden Lockdown in Österreich löst bei vielen Menschen den Drang zu Hamsterkäufen aus. Besonders das Klopapier wird plötzlich zur heißen Ware. Den ganzen Tag sind wir damit beschäftigt, für Ruhe zu sorgen, was nur sehr schwer gelingt. Bekenntnisse der Lebensmittelkonzerne und der Politik, dass die Versorgung weiterhin garantiert ist, kommen bei Teilen der Bevölkerung nicht an. Am Samstag mache ich mich selbst gleich in der Früh auf den Weg, um mir ein Bild beim Spar-Markt ums Eck zu machen. Die Schlange reicht bis zur Straße. Am Montag starte ich einen neuen Versuch. Der Laden ist diesmal normal besucht. Ein paar Regale stehen leer beziehungsweise erfolgt der Verkauf von bestimmten Produkten nur mehr in Rationen. Klopapier ist noch vorhanden, ich kaufe keines. Dafür decke ich mich mit 20 Dosen Zipfer-Bier ein.

Corona breitet sich unaufhaltsam auch in Österreich aus. Besonders Skigebiete wie Ischgl rücken in den Fokus der nationalen und internationalen Berichterstattung. Am Freitagvormittag ereilt Kurz ein Anruf von Landeshauptmann Günther Platter. Ischgl soll unter Quarantäne gestellt werden. Platter hat bereits zwei Tage zuvor ein vorzeitiges Ende der Tiroler Wintersaison mit Montag, 16. März, angekündigt. Zu diesem Zeitpunkt ist Tirol mit 112 positiven Fällen das am stärksten betroffene Bundesland. Kurz lässt mich zum Telefonat mit Platter dazuholen. „Du bist Tiroler, kennst du die Region besser?“, fragt mich Kurz, während er noch mit Platter telefoniert. Ischgl entscheidet von sich aus bereits am Freitagabend, den Skibetrieb einzustellen, die Lage spitzt sich allerdings zu, auch in St. Anton am Arlberg. „Das Paznaun ist im Winter nur von der Tiroler Seite erreichbar. Ischgl hat rund 1500 Einwohner und sicher über 10.000 Gästebetten. An Spitzentagen halten sich bestimmt an die 20.000 Skifahrer im Skigebiet auf“, erkläre ich.

Was folgt, hat jeder in Erinnerung. In Erinnerung bleibt mir auch, wie hemmungslos auf den Tourismus und die Verantwortlichen eingedroschen wird. Ein Sündenbock ist gefunden. Es wird geradezu der Eindruck vermittelt, als wäre das Virus in Ischgl gezüchtet und bewusst ausgesetzt worden. Natürlich wurde nicht alles richtig gemacht, obwohl es der Tiroler Gesundheitslandesrat in einem ZIB2-Interview mantraartig wiederholt. Aber wer, bitte, war in Österreich und dem Rest der Welt auf dieses Virus vorbereitet? Viele Faktoren haben dazu geführt, dass Ischgl ein Hotspot wurde. Zeitpunkt, internationales Publikum und die Menschenmenge haben den gefährlichen Mix befeuert. Es hätte auch andere treffen können. Das Oktoberfest in München, die Schinkenstraße auf Mallorca oder das jährliche Treffen der ORF-Korrespondenten aus aller Welt in Wien. Ich glaube, man kann weder einen Wirt noch einen Bürgermeister, einen Bezirkshauptmann oder die Landes- bzw. Bundesregierung dafür verantwortlich machen. Jeder geht in diesen Tagen an seine Grenzen und versucht nur sein Bestes zu geben.

Nicht weil ich Tiroler bin, sondern weil ich es während der Pandemie hautnah miterlebe, möchte ich auch eines nicht unerwähnt lassen: Kein anderer Landeshauptmann hat sich so intensiv mit Corona beschäftigt wie Günther Platter. Er und sein Büro waren das weitaus bestorganisierte Landeshauptmann-Büro aller Bundesländer. Platter war einer der Ersten, der die Tragweite und Auswirkungen der anrollenden Pandemie erkannt hat. Und er war einer der wenigen, der auch die täglichen Corona-Zahlen richtig gelesen und gedeutet hat. Aber weder er noch wir und auch keine andere Regierung in Europa hat ein Handbuch mit dem Titel „Von A wie Ansteckung bis Z wie ZeroCovid – So managen Sie erfolgreich Corona ohne Aufregung" griffbereit gehabt.

Die ersten Regionen Österreichs sind also von der Außenwelt abgeschlossen. Ich rufe Anton Mattle an. Einer breiten Öffentlichkeit bekannt wurde er 1999, als er als Bürgermeister von Galtür, der Nachbargemeinde von Ischgl, die Lawinenkatastrophe managen musste. Seit 2003 sitzt der spätere Landeshauptmann für die ÖVP im Tiroler Landtag. Ich erkundige mich nach der aktuellen Lage im Paznaun. Für den Abend hätten sie ein Treffen aller Bürgermeister, Ärzte und Verantwortlichen in Ischgl vereinbart. Dort wollen sie die nächsten Schritte besprechen, erklärt er mir. Ich biete ihm an, dass sich der Bundeskanzler telefonisch dazuschaltet, was schließlich auch geschieht. Kurz sichert ihnen am Abend volle Unterstützung zu. „Unser Tal hat schon viele Krisen bewältigt, wir schaffen auch diese", so der optimistische Tenor aus dem Quarantänegebiet. Am Nachmittag bin ich auch mit einem langjährigen und sehr verdienten Touristiker und Unternehmer aus Ischgl in Kontakt. Er schickt mir Videos und Fotos, wie tausende Gäste binnen weniger Stunden das Tal verlassen. Seine Bemerkung: „Johannes, im Paznaun ist Armageddon ausgebrochen."

Zur gleichen Zeit gibt in Wien FPÖ-Klubobmann Herbert Kickl eine Pressekonferenz. Er fordert laut APA-Meldung „harte

Maßnahmen“ und einen österreichweiten Lockdown mit Schließung von Grenzen, Geschäften, Restaurants und anderen Lokalen nach italienischem Vorbild. „Es wäre klug, jetzt in einem massiven Einsatz diese negative Entwicklung zu durchbrechen“, so der FPÖ-Klubobmann, der zu einem „rot-weiß-roten Anti-Corona-Schulterschluss“ aufruft. Heute reibt man sich die Augen, wenn man diese Kickl-Aussagen liest.

Der Weg zum Lockdown ist an diesem Wochenende aber noch ein sehr weiter. Wir versammeln uns mehrmals im Kreisky-Zimmer. Gesundheitsminister Anschober wird zum Dauerpendler zwischen dem Gesundheitsministerium und dem Bundeskanzleramt. In unterschiedlichen Formaten sitzen wir stundenlang zusammen, parallel tagen verschiedenste Krisenstäbe in den Ministerien und in den Bundesländern. Experten werden konsultiert, auch deren Meinungen gehen auseinander. Bei der alles entscheidenden Sitzung macht sich eine Stimmung breit wie bei einer Beerdigung. Die Blicke in die Augen aller Beteiligten zeigen nur ein Bild: Betrübtheit und Betroffenheit. Es wird viel diskutiert und abgewogen. In diesen Stunden wird alles hinterfragt. Was schließen wir? Wie lange schließen wir? Wo darf man sich noch bewegen? Wen darf man noch treffen? Es sind Unmengen an Fragen, die man sich bisher in unserer freien und liberalen Demokratie noch nie gestellt hat. Niemand will freiwillig über diese Themen sprechen, aber man muss sich ihnen stellen. In dieser Nacht mache ich auch die Erfahrung, wie kostbar unser hohes Gut Demokratie in Wirklichkeit ist und wie kompliziert Demokratie auch sein kann. Jedes Detail muss per Gesetz oder Verordnung geregelt werden und auch die parlamentarischen Prozesse durchlaufen. Schritt für Schritt gehen wir jeden Bereich des öffentlichen Lebens und nahezu jede Branche durch. Was wird geschlossen, was bleibt offen? In der Diskussion um Geschäftsschließungen spreche ich mich zum Beispiel dafür aus, dass Baumärkte geöffnet bleiben sollen. Ich begründe es mit der Tatsache, dass in großen Baumärkten der Zutritt geregelt werden kann und wir nicht vergessen sollten, dass Millionen von Menschen nun zu Hause sitzen und nach Beschäftigung suchen werden. Viele davon werden bestimmt im Lockdown die Zeit für lang hinausgeschobene Renovierungsarbeiten in ihrem Haus oder ihren Wohnungen nutzen. Daher sollten wir die Baumärkte geöffnet lassen. Zunächst stimmt mir jeder am Tisch zu, bis der Gesundheitsminister von einem Beamten seines Ministeriums zugeflüstert bekommt, dass es doch besser ist, die Baumärkte zu schließen. Die Begründung: Niemand weiß, wie stark die Krankenhäuser wegen Corona ausgelastet werden, wenn jetzt auch noch vermehrt Arbeitsunfälle dazukommen, dann könnten wir ein Problem mit der Versorgung in den Spitälern bekommen. Die Baumärkte werden daher auch geschlossen.

Dass hier Fehler passieren, ist vollkommen klar und vor allem menschlich. Denn in dieser Nacht geschieht trotz eines vollumfänglich funktionierenden Staates mit all seinen Institutionen nichts anderes, als dass wir der Republik den Stecker ziehen. Als die finale Entscheidung für den Lockdown ansteht, wird es sehr ruhig im Kreisky-Zimmer. Für Kurz ist klar, dass Maßnahmen notwendig sind, aber er hadert sehr stark mit der Form der Maßnahmen. „Ich bin Mitte 30, ich will in Freiheit leben, das macht doch unser Land und unseren Kontinent aus. Jetzt müssen wir das ganze Leben in Österreich einschränken, und der Staat schreibt nun den Menschen vor, wie sie zu leben haben. Dafür wollte ich nie gewählt werden“, sagt er während der Pandemie mehrmals.

Keiner im Raum will die Entscheidung treffen, und alle Blicke sind auf den Kanzler am oberen Ende des langen Sitzungstisches gerichtet. Kurz fasst noch einmal die gesamte Runde in den Blick, beißt sich auf die Lippen und klatscht mit beiden Handflächen leicht auf den Tisch. „Okay, dann machen wir es. Gehen wir in den Lockdown."

Ab dieser Nacht wird alles anders. Wir wissen, dass wir nur für ein paar Wochen einen Lockdown machen können, und hoffen, dass die Menschen die Entscheidungen mittragen und sich auch an alle Regeln halten. Wir rechnen aber von Beginn an damit, dass irgendwann der Zeitpunkt kommen wird, an dem die Mehrheit der Bevölkerung nicht mehr mitmachen wird. Daher sollen zu Beginn die Maßnahmen hart sein, damit wir diesen massiven Einschnitt auch schnell hinter uns bringen. Wir ahnen, dass uns Corona länger beschäftigen wird, aber der Lockdown sollte nur einmalig stattfinden.

In einer Blitzsitzung von Nationalrat und Bundesrat wird noch am gleichen Wochenende *einstimmig* die entsprechende gesetzliche Grundlage geschaffen. Am Sonntagnachmittag unterschreibt der Bundespräsident das Gesetz, welches zum Schluss wieder am Schreibtisch von Kurz zur finalen Gegenzeichnung landet. Was 36 Stunden davor an diesem Tisch beschlossen wurde, liegt nun, in ein Gesetz gegossen, vor ihm. Ich denke deshalb oft an diese Szene, weil sich Jahre später der Rechnungshof und der Verfassungsgerichtshof sehr ausführlich mit den Corona-Maßnahmen auseinandersetzen und die Regierung für ihr Handeln im Nachhinein in vielen Bereichen kritisieren und rückwirkend Verordnungen aufheben werden. Dabei wird leider vergessen, in welcher Situation sich Österreich, Europa und die ganze Welt in jenen Märztagen im

Jahr 2020 befunden haben. Unsere Verfassung und Kontrollmechanismen wurden gewiss strapaziert, das steht außer Streit. Aber das Corona-Virus nimmt nicht auf eine sechs- bis achtwöchige Gesetzesbegutachtung, Rückmeldungen von Sozialpartnern und Ländern sowie parlamentarische Prozesse und Debatten Rücksicht. Genauso wenig, welche Einschätzung der Rechnungshof zum Thema hat und ob jeder Euro zum Schutz der Bevölkerung richtig und effizient eingesetzt wird. Weder die Rechnungshofpräsidentin noch der Präsident des Verfassungsgerichtshofes mussten innerhalb weniger Stunden oder Tage dermaßen weitreichende Entscheidungen treffen, wie es die Bundesregierung tun musste. Und keine dieser unzähligen Entscheidungen ist irgendwem leicht von der Hand gegangen. Jahre später den Zeigefinger zu erheben, mag zwar ihren übertragenen Aufgaben entsprechen, keine Frage. Ich empfinde es trotzdem als eine Verhöhnung jener, die damals um ihre Existenzen und ihr Leben kämpfen mussten. Interessantes Detail: Der Rechnungshof hat die Jahre zuvor mehrmals in Berichten den Abbau von Akutbetten in Spitälern, auch der Intensivbetten, gefordert. Es ist möglicherweise der Trägheit des Systems zu verdanken, dass mit Ausbruch der Pandemie dieses Verlangen noch nicht umgesetzt war und mehr Betten vorhanden waren, als vom Rechnungshof vorgeschlagen. Der Rechnungshof sah sich zu Pandemiebeginn auch veranlasst, diese Forderung zu revidieren und eine Neubewertung anzukündigen.[40]

Der Lockdown bedeutet auch, dass wir sehr viel kommunizieren müssen. Es werden am Ende weit über 150 Pressekonferenzen sein, bei denen wir die Bevölkerung laufend informieren. Das virologische Quartett tritt zu Beginn fast täglich auf. Von Anfang an entwickeln wir ein eigenes Arbeitsmuster. Kommt es zu einer

Pressekonferenz, werden mit dem Gesundheitsministerium die Themen abgesteckt. Jedes Regierungsmitglied wird individuell für die Pressekonferenz vorbereitet. Parallel bereiten wir Fragenkataloge auf, um möglichst jede Detailfrage von Journalisten beantworten zu können – ein Kraftakt.

Eine Stunde oder eine halbe Stunde vor Beginn der Pressekonferenz treffen sich alle im Büro des Bundeskanzlers, um die genaue Themenaufteilung und die Redebeiträge abzustimmen. Kurz skizziert immer in groben Zügen und aus der Metaebene die Maßnahmen und setzt die Basisbotschaften ab. Die beiden Fachminister Nehammer und Anschober erläutern die Details. Kogler fasst meist die Dinge zusammen. Zwanzig Minuten vor Beginn der Pressekonferenz verlasse ich die Vorbesprechung und setze mich mit meinem Kollegen vor den Computer. Wir übermitteln vorab allen Medien die Eckpunkte, Inhalte und Details der Pressekonferenz mit der Sperrfrist „ab Beginn der Pressekonferenz". Zusätzlich kontaktiere ich telefonisch alle Redaktionen und erkläre ihnen, was der zentrale Satz, die wichtigste Botschaft des Bundeskanzlers sein wird. Mit Start der Pressekonferenz, die immer live im TV übertragen wird, gehen parallel alle Nachrichtenportale mit ihren Beiträgen online, gleichzeitig setzt auch die APA ihre ersten Alarm- oder Eilt-Meldungen ab. Noch während die Pressekonferenz läuft, screenen wir die Nachrichtenlage und checken, ob bei Beiträgen über neue Maßnahmen inhaltliche Fehler vorkommen. Fällt uns eine Unklarheit auf, rufen wir umgehend die Redaktion an und weisen sie auf die Unschärfe hin. Richtige, sachliche Kommunikation ist in dieser Krise das Um und Auf, es sollte Verwirrung tunlichst vermieden werden. Nach der Pressekonferenz stehen unsere Fachreferenten bereit, allfällige

Nachfragen von Journalisten zu beantworten. Die sind angesichts der dramatischen Lage natürlich sehr hoch.

Der ORF bietet dem Bundeskanzler an, sich noch am gleichen Abend nach Beschluss des Lockdowns um 20:00 Uhr mit einer Rede an die Menschen im Land zu richten. Das TV-Signal wird allen privaten TV-Stationen zur Verfügung gestellt, damit auch sie die Rede übertragen können. Im Hintergrund formuliert ein kleines Team im Eiltempo die Rede, die gegen 18:30 Uhr im Kongressaal des Bundeskanzleramtes vorab aufgezeichnet wird. Kurz spricht frei, ohne Unterlage, und soll seine Rede einmal vor der laufenden Kamera halten. Sollte es gleich im ersten Anlauf ohne Versprecher klappen, umso besser. Im großen Saal sind nur Kurz, der Kameramann, ein Tontechniker, Gerald Fleischmann, Stefan Steiner und ich. Während Kurz die Rede hält, sitze ich im Hintergrund auf einem Sessel und screene am Handy die Medienlage. Als ich die Seite eines Privatsenders aufrufe, sehe ich Kurz im Livestream die Rede halten, die eigentlich nur aufgezeichnet werden soll. Völlig aufgelöst beginne ich im Hintergrund zu gestikulieren, bis Kurz seine Rede abbricht. „Frischi, was ist los?“ Ich bekomme einen regelrechten Anfall und rufe den Chefredakteur des Senders an und lasse meinem Ärger freien Lauf. Der ORF gibt bereits bei der Aufzeichnung allen TV-Stationen das Live-Signal frei. Ein Techniker sieht die laufende Rede am Schirm und schaltet die Kurz-Rede sofort auf dem Portal live. Es war Gott sei Dank nur etwas mehr als eine Minute der Rede auf Sendung. Für meine oder unsere Professionalitätsansprüche dennoch eine Katastrophe. Nachdem sich alle – besonders ich – wieder beruhigt haben, setzt Kurz zum zweiten Anlauf an. Diese Kurz-Rede am Sonntag, dem 15. März 2020 um 20:00 Uhr, erzielt mit über 3 Millionen Zuschauern (inkl. Private; ORF 2,99 Mio.) die höchste Reichweite seit Beginn der elektronischen Messung im österreichischen Fernsehen.[41]

Während der Lockdown vorbereitet und im Parlament beschlossen wird, rauchen schon längst die Köpfe im Finanz- und Wirtschaftsministerium. Es wird Geld nötig sein, viel Geld, um diese schwere Krise wirtschaftlich zu stemmen. Nächtelang werden Modelle ausgearbeitet, und ein erster Schutzschirm wird aufgesetzt. Als Kurz, Fleischmann und ich nach einer der vielen Pressekonferenzen in den Kanzlertrakt zurückkommen, treffen wir einen sichtlich erschöpften Finanzminister. Gernot Blümel ist anzusehen, dass er lange nicht mehr geschlafen hat. Im Vorzimmer zu meinem Büro sitzt er am Boden, angelehnt an die Wand, und versucht für ein paar Minuten Ruhe zu finden. Blümel gibt Kurz ein Update zu den vorgesehenen Hilfsprogrammen. „Für den Anfang reicht es, aber wir brauchen noch mehr“, klärt er auf. „Daher stellt sich die Frage: Wie viel Geld sollen wir an den Finanzmärkten noch holen?“, so der Finanzminister Richtung Kanzler. „Ich glaube, es wird sehr hart werden. Hol, so viel du bekommst“, antwortet Kurz. Am 14. März wird ein Corona-Krisenfonds in Höhe von vier Milliarden Euro präsentiert. Nicht einmal vier Tage später wird ein 38 Milliarden Euro schweres Hilfs- und Rettungspaket geschnürt. Christoph Badelt, ehemaliger Rektor der Wirtschaftsuniversität Wien, Leiter des Wirtschaftsforschungsinstituts WIFO und später Präsident des Fiskalrates, ist als Spitzenökonom bei den Medien ein gefragter Interviewpartner. Er findet zum Hilfspaket viele lobende Worte. Es sei „wichtig und richtig, diese Zeichen zu setzen“. „Ich halte das für grundvernünftig. Man muss diesen Schritt gehen, whatever it takes. Alles andere würde in

Massenarbeitslosigkeit führen, und dann hätten wir nicht nur ein Gesundheitsproblem, sondern auch ein Sozialproblem, das eine Gesellschaft nicht aushalten kann."[42] „Sehr positiv, dass die Regierung 38 Milliarden verspricht, um Liquidität zu sichern"[43], meint Lukas Sustala von der Agenda Austria, der den Staat als Feuerwehr sieht, die den Brand löschen müsse. Auch die Opposition begrüßt geschlossen das umfangreiche Hilfspaket der Regierung. Die SPÖ hat Hilfen „von Anfang an gefordert", für die FPÖ darf es „keinen Deckel geben", sie bezeichnet das 38-Milliarden-Paket als „erste Etappe" und die NEOS bewerten den Schritt der Regierung als „notwendige Entscheidung"[44].

„Koste es, was es wolle", der Satz, der die milliardenschweren Hilfsprogramme prägt, ist nicht neu. Was die österreichischen Corona-Hilfen betrifft, so kann ich mich als Miturheber dieses Satzes outen. Kurz bittet mich zu nächtlicher Stunde per SMS, einen Satz zu kreieren, der die Milliardenhilfen für Wirtschaft und Arbeitsmarkt auf den Punkt bringt. Den Menschen, die um ihren Arbeitsplatz zittern, und den Unternehmen soll klar signalisiert werden, dass wir sie nicht im Stich lassen, dass sich jeder auf die Regierung verlassen kann und niemand im Regen stehen wird. Ich tippe zwei Vorschläge ins Handy: „Hilfe um jeden Preis" und „Koste es, was es wolle". Beide Sätze sind falsch und gehen komplett in die Gegenrichtung einer bürgerlichen Politik, somit auch gegen meine eigene politische Haltung und die der ÖVP. In Wahrheit stehen wir genau für das Gegenteil. Mehr privat, weniger Staat, lautet immer unser Anspruch. In dieser absoluten Ausnahmesituation ist aber der Staat mehr denn je gefragt. Wir werfen damit unsere politischen Ziele wie Nulldefizit und ein geordnetes Budget über Bord. Dieser eine Satz und das Paket werden im Nachhinein oft und massiv von Experten und vor allem von politischen Mitbewerbern kritisiert. Dabei vergessen viele, mit welch wohlwollenden Worten sie noch am Tag der Ankündigung die Hilfen begrüßt haben. Ich stehe heute noch zu diesen fünf Worten und würde sie bei der gleichen Situation erneut dem Bundeskanzler in eine Unterlage für eine Pressekonferenz schreiben, und ich würde sie heute auch wieder fett markieren und unterstreichen. Unsere Wirtschaft steht am Rande des Kollapses, hunderttausende Menschen bangen um ihren Arbeitsplatz, ganze Lieferketten brechen zusammen, Aufträge fallen aus, Bierzapfhähne in Wirtshäusern sind trockengelegt und Tourismusorte menschenleer. Wenn wir schon gegen das Virus kein Medikament haben und uns möglicherweise Menschen wie Fliegen wegsterben, muss es nicht auch noch ein Sterben von vielen Unternehmen und den Tod zigtausender Arbeitsplätze und Existenzen geben. In dieser Phase habe ich immer die Bilder meiner Ötztaler Heimat vor mir. Ich sehe Sölden, Obergurgl und Hochgurgl. Ansonsten voll von winterbegeisterten Gästen, jetzt sind die Orte wie ausgestorben. Im Gegensatz zu manchen Medien sehe ich bei diesen Bildern aber mehr als nur den einen Liftkaiser und die Handvoll Hoteliers. Ich sehe den Kellner, der in Kurzarbeit gehen muss. Ich sehe den Skilehrer, der keinen Gruppen mehr das Wedeln beibringen kann. Ich sehe die Bar, in der die Musik verstummt ist. Ich sehe den Bäcker, der die Gastronomie nicht mehr mit Brot beliefern kann. Ich sehe den Nebenerwerbsbauern, der keine Arbeit mehr hat. Ich sehe das Bauunternehmen, das eine Absage von Bauprojekten nach der anderen bekommt. Und all denen und vielen anderen soll man nicht helfen? Viele machen es sich heute sehr leicht, wenn sie das eine oder andere kritisieren und U-Ausschüsse fordern. Es läuft gewiss nicht alles am Schnürchen. Aber umfangreiche Hilfen sind unerlässlich und haben nicht nur eine finanzielle Wirkung, sondern auch eine psychologische. Kurz will nicht verantworten, dass das Land den Bach runtergeht. Wir sind der vollen Überzeugung, dass unbedingt und umfangreich geholfen werden muss. Wir können das auch deshalb, weil wir in den Jahren zuvor erstmals seit Jahrzehnten wieder ein Nulldefizit erreicht und ein finanzielles Polster geschaffen haben. Das wollen Linke in diesem Land nicht hören und auch nicht verstehen, aber es funktioniert: Ein Staat kann tatsächlich ausgeglichen wirtschaften und auch ohne ständige Schuldenmacherei auskommen. Dass sich der Staat so umfangreiche Hilfen leisten kann, ist unter anderem auch der Verdienst einer soliden Budgetpolitik der vergangenen Jahre.

Nach Hilfe ruft auch meine Frau. Corona hat mich bei der Arbeit in einen wahren Tunnel versetzt. In Deutschland kommen die Maßnahmen mit ein bis zwei Wochen Verzögerung. Meine Frau ahnt also schon sehr früh, was auf sie, unsere Kinder und ihre kleine Praxis zukommen wird. Meine viele Arbeit erschwert es zunehmend, mir Zeit für sie zu nehmen. Mehrmals muss ich Anrufe von ihr wegdrücken oder Telefonate abbrechen. Existenzängste und die wirtschaftliche Zukunft bereiten meiner Frau großes Kopfzerbrechen. Wie soll man Patienten behandeln, wenn man einen Abstand von 1,5 Metern einhalten soll? Viele Fragen sind auch in Deutschland ungeklärt. In solchen Situationen kochen auch die Emotionen hoch. Bei einem Telefonat mit ihr eskaliert das Gespräch. „Ich kann dir jetzt nicht helfen. Ich bin im Kanzleramt gefragt und muss mich um die Probleme der Republik kümmern", fauche ich ihr ins Handy und lege auf. Die ersten negativen Auswirkungen von Corona haben nach wenigen

Tagen auch unsere Ehe und unser Familienleben erfasst. Es ist ein schwerer Fehler, den ich mache. Nach etwas Beruhigung nehme ich mir Zeit und rufe sie zurück. Ich entschuldige mich dafür, dass ich die Fassung verloren habe. Wir beide sind am Telefon sehr emotional berührt. Die Kinder würden ständig nach mir fragen und machen sich Sorgen, ob ich jemals wieder heimkomme, und sie selbst hat die Sorge, ob sie diese Krise mit der Praxis überlebt. „Wir haben Ersparnisse, und auch in Deutschland wird es Wirtschaftshilfen geben", beruhige ich sie. Meine Frau meistert diese schwere Phase ohne meine Unterstützung und mit Bravour. Von den Soforthilfen, die sie vom deutschen Staat bekommt, rührt sie keinen Cent an und zahlt sie später wieder vollständig zurück.

Corona ist für mich körperlich keine Belastung, aber psychisch verlangt mir diese Zeit einiges ab. Die vielen Entscheidungen und die Auswirkungen auf das Land beschäftigen mich sehr. Gleichzeitig macht sich bei mir Einsamkeit breit. Ich bekomme sogar Heimweh. Während meine Arbeitskollegen am Abend kurz heimfahren, um ihre Kinder ins Bett zu bringen oder spät nach Dienstschluss noch einen Partner zu Hause haben, der auf sie wartet und mit dem sie reden können, habe ich niemanden. Auch an den Wochenenden, an denen es etwas ruhiger ist, bin ich allein. Treffen mit Freunden sind verboten. Also stürze ich mich voll in die Arbeit, und trotz der Herausforderung verspüre ich große Begeisterung am Job. Meine Familie ist in dieser Zeit das ausgedünnte Team im Kanzleramt. Durchgehend über mehrere Wochen bin ich jeden Tag im Einsatz. Wenn ich in den späten Nächten in meine leere Wohnung heimkomme, schaffe ich es nicht, gleich ins Bett zu gehen. Den 20 Dosen Bier sei Dank. Niemals davor und auch nicht danach habe ich allein daheim Bier getrunken. Im ersten Lockdown wird es zum Ritual. Was mich belastet, ist auch der Druck, dem wir im Kanzleramt ausgesetzt sind. „Nur keine Fehler machen und nicht versagen“, rede ich mir immer ein. Der viele Zuspruch aus meinem Bekanntenkreis und in den sozialen Netzwerken berührt mich so sehr, dass ich eines Morgens an der Bettkante sitze und weine. Mein emotionaler Ausbruch ist eine Mischung aus der Corona-Situation im Land, meiner Einsamkeit und den vielen positiven Reaktionen. Ich fühle mit den vielen Menschen, die abgesperrt in Krankenhäusern und Pflegeheimen sitzen. Ich leide mit Paaren mit, die ähnlich wie bei mir, voneinander getrennt sind. Aber ich richte mich auf und mache weiter. Dieser Virus wird uns nicht besiegen. Unser altes Leben holen wir uns wieder zurück. Dafür werde ich bis zum Umfallen arbeiten.

Auch im Bundeskanzleramt werden Maßnahmen ergriffen. Zum Dienst dürfen nur noch jene erscheinen, die vor Ort unbedingt benötigt werden, alle anderen gehen ins Homeoffice. Wir sind nur noch ein kleiner Haufen Mitarbeiter. Bedrückend wird es, als wir angewiesen werden, eine Reisetasche mit den notwendigsten Sachen wie Unterwäsche und Ersatzkleidung im Büro bereitzuhalten. Sollte es jemanden mit Corona treffen, dann wird auch das Kanzleramt abgeriegelt und alle gehen im Kanzleramt in Quarantäne, damit weitergearbeitet werden kann. In einem Büro nebenan stellt das Bundesheer für uns sogar Feldbetten auf. Für jeden Mitarbeiter gibt es einen Plastiksack mit einer Zahnbürste, Seife, einem Handtuch und einer Rolle Klopapier. „Sind wir jetzt im Krieg?“, frage ich meinen Kollegen. Das Feldbett wird Gott sei Dank nie benutzt. Einmal bin ich aber gegen 3:30 Uhr so erschöpft, dass ich mich in meinem Büro auf eine kleine Sitzbank hinlege und einschlafe. Im Halbschlaf bemerke ich nur noch, dass mich jemand zudeckt und das Licht abschaltet. Es ist Kurz, der mich beim Heimgehen sieht und eine Decke holt. Um 6:30 Uhr wache ich auf, mache mich frisch und arbeite weiter.

Für Medien wird die Arbeit auch immer schwieriger. Noch bevor es zu einem Lockdown kommt, monieren einige Journalisten, dass es bei den Pressekonferenzen im Kongresssaal keine Vorkehrungen gibt und alle Journalisten eng nebeneinandersitzen. Ein reglementierter Zugang heißt aber auch, dass nicht mehr alle Journalisten in einem Raum Platz haben. Bei der APA und dem ORF erkundigen wir uns, ob sie sicherstellen können, dass sie ihre Ton- und Videosignale allen anderen Medien zur Verfügung stellen können. Wir beschließen in Rücksprache mit ein paar Chefredakteuren, in Zukunft pro Medium nur noch einen Journalisten zu Regierungs-Pressekonferenzen zuzulassen. Der Aufschrei ist vorprogrammiert. Sogar von Medienzensur ist die Rede und einer neuen Form der Message Control, was natürlich absoluter Blödsinn ist. Der Vorwurf kommt genau von jenen Journalisten, die sich Tage zuvor noch über mangelnde Corona-Regeln beschwert haben. Erst als bei einem Kameramann der Verdacht einer Corona-Erkrankung auftritt, zeigen sich alle einsichtig. Aber es ist keine dauerhafte Lösung, nur eine gewisse Anzahl an Journalisten zuzulassen. Wir arbeiten unter Hochdruck an einem Modell, mit dem alle leben können. Schließlich stellen wir im Nebenraum einen weiteren Bildschirm auf und ermöglichen Journalisten, auch vom Raum daneben Fragen an die Regierung zu stellen.

Während wir im Presseteam uns mit solchen Themen beschäftigen, ist seit Beginn der Coronakrise ein anderer Mitarbeiter in ein Meer aus Zahlen vertieft. Kabinettschef Bernhard Bonelli kommt aus der Unternehmensberatung und trägt jede vorhandene Zahl und Erfahrungen aus anderen Ländern zusammen. Er bastelt tagelang vertieft an einer Excel-Tabelle, bis er uns anhand seiner Daten und Berechnungen eine mögliche Entwicklung der ersten Welle vorlegt. Er prognostiziert auf den Tag genau, wann der 1000. Coronafall in Österreich gemeldet wird und wann wir erstmals auch Todesopfer zu beklagen haben. Später kann uns Bonelli ohne Zuhilfenahme von Experten und Komplexitätsforschern punktgenau Inzidenzen, Spitalsbettenüberlastungen und Höhepunkte von Coronawellen und noch viele andere Aspekte voraussagen. Er liegt jedes Mal genau richtig. Intern erhalten seine Berechnungen die Bezeichnung „Bonelli-Kurve".

In der Zwischenzeit ist in Österreich absoluter Stillstand ausgebrochen. Ich fahre zum Teil in menschenleeren Straßenbahnen allein in die Innenstadt. Das sonst so lebhafte Regierungsviertel mit Touristen und Beamten ist wie leergefegt. Bei uns im Büro ist reger Betrieb. Aber auch uns werden die Grenzen des Lockdowns aufgezeigt. Nur der enge Kern des Teams sitzt im Büro. Das Zeitalter der Videokonferenzen bricht an. Die Kantine im Bundeskanzleramt wird geschlossen. „Wo gehen wir Mittagessen?" Die ersten Tage ernähren wir uns von Wurstsemmeln eines naheliegenden Billa. Dann schaffen wir uns einen Toaster an. Wochenlang ernähren wir uns im Kanzleramt von Schinken-Käse-Toast. In Großpackungen werden Schinken und Käse herbeigeschafft und Unmengen an Toastbrot verbraucht. Zwischendurch werden wir aber auch von Köstlichkeiten aus Wiener Gastrobetrieben überrascht, die gerade dabei sind, ihr System auf „take away" umzustellen. Begleitet von freundlichen Schreiben, wie gut wir unseren Job machen, werden uns am Eingangstor des Kanzleramtes Wiener Schnitzel, Tafelspitz und Schinkenfleckerl vorbeigebracht. Sogar selbstgemachte Kuchen von Bürgern werden abgegeben. Diese kleinen Gesten tun gut in dieser Phase, und nein, nicht einmal für die Zitrone am Schnitzel wurde eine Corona-Förderung beschleunigt, um das nicht unerwähnt zu lassen.

Auch dem Kanzler werden Regeln auferlegt. Im Kanzlerbüro wird jeder zweite Sessel vom Besprechungstisch herausgenommen. Die Anzahl jener, die sein Büro betreten dürfen, wird begrenzt. Auch wir halten alle untereinander Abstand und müssen beim Betreten des Kanzleramtes Fieber messen. Nicht immer gelingt es uns, auf Distanz zu bleiben, aber wir geben unser Bestes. Später folgen mehrere Schnelltests pro Woche.

Für die vielen Videokonferenzen werden zwei Räume mit entsprechender Ausstattung bereitgestellt. Tagelang wechselt Kurz im Stundentakt die Räume. Von Konferenzen mit der Bundesregierung, den Landeshauptleuten über EU-Runden bis hin zu Gesprächen mit Experten, Unternehmern und anderen Staats- und Regierungschefs reicht das TV-Programm. Dieses Format nutzen wir auch für Medien. Es finden unzählige Videokonferenzen von Kurz mit Medienvertretern des Landes statt. Zusammengefasst in Bundesländerzeitungen, „Wiener" Medien, Wochenmedien oder die vielen TV-Redaktionen wird in unterschiedlichsten Gruppen versucht, so viele Informationen wie möglich weiterzugeben.

Viele Videokonferenzen finden erst spät am Abend oder, wenn es internationale Gespräche sind, aufgrund der Zeitverschiebung in den frühen Morgenstunden statt. Wir schaffen sogar die Möglichkeit, dass Kurz in seiner Wohnung Videokonferenzen abhalten kann. Mit entsprechender Presserückwand des Kanzleramtes und flankiert von der österreichischen Flagge und der EU-Fahne konferiert Kurz manchmal vom Esstisch seiner Wohnung aus.

Im Außenministerium wird die größte Rückholaktion von Österreichern organisiert. Per Sonderflüge werden mit AUA-Maschinen aus allen Teilen der Welt Österreicher heimgeflogen. Einige wenige Akteure in der Medienbranche und ehemalige Politiker nutzen ihre direkten Kontakte, um ihre im Ausland weilenden Kinder, Verwandten oder Freunde heimzuholen. Wie gehe ich mit solchen Anliegen um? Ist das eine Bevorzugung oder einfach nur der Reflex in einer Notlage, wenn man sich um seine Liebsten Sorgen macht? Mich beschäftigt so etwas massiv, weil wir alle vor dem Virus schützen wollen. Würde ich in so einer Notsituation auch meine Kontakte für meine Kinder nutzen, wenn ich nicht schon im Kanzleramt sitzen würde? Ich denke schon, weil auch ich vermisse gerade meine Kinder.

Weltweit ist auch ein Wettlauf um Schutzmaterial ausgebrochen. Die Suche nach ausreichenden Masken und Medikamenten für die Bevölkerung sowie Ausrüstung für Krankenhäuser und Pflegeheime zeigt auch, wie verletzlich und unvorbereitet unser Kontinent ist. Man nutzt in dieser Phase jede Möglichkeit, an Material für unser Land zu kommen. Aus verschiedensten Ecken erhalten wir Hinweise und Angebote. Manche klingen tatsächlich eigenartig, aber in der Not geht man jedem Tipp nach. Auch ich erhalte einige Mails und Anrufe. Unkommentiert leite ich sie im Haus weiter, das es wiederum dem Gesundheitsministerium und dem Roten Kreuz weiterleitet, die für die Koordination des Beschaffungsvorgangs zuständig sind. Eine Maskenlieferung aus Asien wird später noch für Debatten sorgen. Diese Menge fühlt sich wie ein Lotto-Sechser an. Eine Prüfung der Masken nach der Auslieferung ergibt jedoch, dass sie nicht den Schutzstandards entsprechen. Anfänglich scheint das niemanden zu interessieren. Nur Wirtschaftsministerin Margarethe Schramböck schlägt Alarm. Um das negative Prüfergebnis zu bestätigen, schickt sie ihren Chauffeur mit einer Packung Masken ins Ruhrgebiet nach Deutschland. Eine Prüfstelle soll die Masken noch mal unter die Lupe nehmen. Völlig aufgelöst steht sie mit ihrem Kabinettschef vor dem Eingang ins Kanzlerbüro und erklärt mir das Problem mit den Masken. „Wir müssen die Verteilung stoppen", mahnt die Ministerin. Als gerade der Gesundheitsminister an uns vorbeigeht, spricht ihn die Ministerin auf das Maskenproblem an. Schramböck erläutert Anschober, dass die Masken in dieser Ausführung nutzlos sind und nicht den europäischen Standards entsprechen. Schramböcks Information stößt aber bei Anschober auf wenig Resonanz. Uns fehlen für ein paar Sekunden die Worte. Schramböck gibt, Gott sei Dank, nicht nach, und wir starten eine Rückrufaktion.

Das Corona-Management der ersten Wochen führt zu einem Umfragehöhenflug für die Regierung. Anschober und Kurz erreichen Top-Werte, und veröffentlichte Umfragen lassen vermuten, dass die ÖVP sogar an der absoluten Mehrheit kratzt. Vier Wochen nach dem ersten Lockdown sieht eine Umfrage des Wochenmagazins „profil" die ÖVP bei 48 Prozent.[45] In der Kanzlerfrage erreicht Kurz sogar einen Wert von 55 Prozent Zustimmung. Umfragen interessieren uns im Team in dieser schweren Phase sehr wenig. Einige Medien mutmaßen jedoch, dass Kurz die Corona-Krise nutzen wird und in Neuwahlen gehen könnte. Bei uns denkt kein Einziger an dieses Szenario. In einigen Telefonaten mit Journalisten werde ich sogar etwas aggressiv. Mit nur einem Argument kann ich die Journalisten überzeugen. „Wenn meine Kollegen oder ich jetzt heimgehen und unseren Partnern sagen, dass wir schon wieder wählen gehen, dann sehen wir uns alle gemeinsam beim Scheidungsrichter, weil bei uns zu Hause macht niemand mehr mit."

Die guten Werte einiger Akteure führen auch zunehmend zu Reibungen im Team. Und auch mit der Zeit gehen die Meinungen auseinander, wie mit der Pandemie weiter umgegangen werden muss. Die Fehler passieren auf beiden Seiten. Sowohl im Gesundheitsministerium als auch im Bundeskanzleramt. Wir im Kanzleramt sind fest davon überzeugt, dass wir schrittweise von staatlichen Vorschriften wieder auf die Eigenverantwortung übergehen sollen. Je weniger Regeln, desto besser. Wir machen auch den Fehler, dass wir zu früh glauben, dass wir Corona hinter uns haben. Nach den Öffnungsschritten im Frühjahr hoffen wir darauf, dass es nie mehr zu neuerlichen Maßnahmen kommen soll. Wir setzen alles auf die Karte Eigenverantwortung. Jeder Mensch im Land soll selbst entscheiden, wohin er geht, wie er sich verhält und wen er trifft. Nach den Wochen des Lockdowns wird jeder für sich selbst wissen, wie er mit dieser Gefahr umzugehen hat. Das kommunizieren wir recht offensiv und das entspricht auch unserem Menschenbild.

Das Gesundheitsministerium ist von Beginn an maßlos überfordert. Das ist kein Vorwurf, sondern das Ergebnis meiner Beobachtungen. Gesundheitsminister Anschober strampelt sich tatsächlich ab. Allerdings zeigt er für mich große Schwächen in der Führung des Ministeriums und seines Ministerkabinetts. Das Motto „Alles selber machen" kann in so einer Krise nur zum Desaster führen. Ich wundere mich oft, wieso ich bei der Abstimmung von gemeinsamen Pressestatements zwischen dem Bundeskanzleramt und dem Gesundheitsministerium oft stundenlang, wenn nicht sogar einen ganzen Tag auf eine Antwort warten muss. Mehrmals schicke ich meiner Sprecherkollegin bei Anschober einen Pressetext und bitte um Freigabe bzw. Änderung und Ergänzung sowie um Übermittlung eines Anschober-Zitates. Bei uns im Team ist das oft eine Aktion von Minuten. Überhaupt werden oft Zitate von Kurz verschickt, die ich ihm erst nachher zur Info vorlege. Bei Anschober ist das anders. Er bastelt und formuliert selbst an seinen Stellungnahmen und Wortspenden für Medien, erklärt mir eine seiner Mitarbeiterinnen. Das frisst Unmengen an Zeit, und Zeit ist im Frühjahr 2020 bei uns ein sehr kostbares Gut. So verzögert sich die Kommunikationsarbeit, und Medien beginnen zu Recht zu spekulieren, wieso es in der Regierung so lange dauert, um simple Informationen oder gemeinsame Stellungnahmen zu erhalten. Auch an den bekannten Infotafeln mit Grafiken, die Anschober bei seinen Pressekonferenzen der Öffentlichkeit präsentiert, arbeitet er teilweise bis spät in die Nacht, wie mir Mitarbeiter seines Kabinetts später erklären. Derartiges Mikromanagement und die Nichteinbindung seiner Mitarbeiter oder des Ressorts ist brandgefährlich. So entstehen auch Maßnahmen wie der bekannte „Oster-Erlass", den Anschober ohne gröbere Einbindung ankündigt. Der Erlass sollte Zusammenkünfte von Menschen an den Osterfeiertagen regeln. Maximal fünf Personen aus unterschiedlichen Haushalten dürfen sich in einem Raum versammeln, so der Erlass im Kern. Dass diese Verordnung nicht halten wird, ist jedem klar. Es hagelt massive Kritik von Experten, Juristen und natürlich der Bevölkerung. Der Oster-Erlass bildet auch die erste spürbare Bruchlinie im bisher so funktionierenden Schulterschluss der Regierung. Denn während wir darauf setzen, den Menschen Hoffnung und Optimismus zu vermitteln – Kurz spricht rund um Ostern von der Wiederauferstehung des Landes und der Rückkehr zu einer Art Normalität –, verfolgen Anschober und die Grünen weiter den Weg der Einschränkung. Diese zwei Wege kristallisieren sich über die Monate immer mehr heraus. Hier der Weg mit möglichst wenig Regeln, Eigenverantwortung und wieder Maßnahmen-Setzen nur im Notfall, dort das Prinzip, die Menschen weiter unter Kontrolle zu halten und ihnen zu sagen, wie sie zu leben haben. Der Oster-Erlass bringt auch für mich eine interessante Anekdote. Medienvertreter regen sich mir gegenüber wiederholt darüber auf, dass sie anscheinend nach 20:00 Uhr keine Antworten mehr aus dem Gesundheitsministerium bekommen würden. Der Minister und sein Büro würden auch einmal Ruhe brauchen, wird mir von mehreren Journalisten erzählt. Ja, jeder sehnt sich nach Ruhe. Auch ich. Aber es gibt ein enormes Aufklärungs- und Informationsbedürfnis, und das Land steckt in einer Krise. Also telefoniere ich mit Journalisten bis Mitternacht und versuche, jede Frage bestmöglich zu beantworten.

Kurz vor Ostern erlebe ich eine Überraschung im positiven Sinn. Es ist eine Phase, in der sich bei mir Erschöpfung breitmacht. Ich bin ausgelaugt, übermüdet und habe auch an Gewicht verloren. Ohne einen Tag Unterbrechung bin ich seit Ende Februar in Wien im Einsatz. Den langen Tag beendet Kurz mit einer der vielen Videokonferenzen. Er schaut mich an und sagt: „So, Frischi, jetzt kümmern wir uns um dich." Er ermöglicht mir, für ein Wochenende zu meiner Familie nach Hause zu fahren. Bei geschlossenen Grenzen ein Unterfangen. Die Rechtslage hilft mir jedoch, weil ich als Mitarbeiter der Regierung zur „kritischen Infrastruktur" zähle und dadurch von einigen Regelungen ausgenommen bin. Bei der bayerischen Staatskanzlei wird eine Einreise nach Deutschland angemeldet. Meinen Kurzurlaub daheim kündige ich meiner Familie nicht an. Es soll eine Überraschung werden. Als ich am Samstag zu Hause ankomme, entdeckt mich schon an der Haustür meine Tochter. Ein lautes „Papa“ ist noch zu hören, und dann läuft sie mir schon in die Arme. Ganz fest schmiegt sie ihren Kopf an meine linke Schulter, und wir stehen eine Minute wortlos im Eingangsbereich. Es ist ein emotionales Wiedersehen mit meinen Kindern und meiner Frau. Mir geht es gleich wie zigtausenden Menschen, die getrennt von ihren Liebsten leben müssen. Der Wert der Familie wird mir hier erst so richtig bewusst, aber auch das Ausmaß an Belastungen und Frust, den wir durch die vielen Maßnahmen angerichtet haben. Die Maßnahmen zu Beginn der Pandemie waren absolut notwendig. Die damit verbundenen negativen Auswirkungen tun mir sehr, sehr leid.

Meine dreitägige Erholung wirkt nur für ein paar Tage. Auch wenn es irgendwann Richtung Öffnungsschritte geht, werden die Tage und Nächte im Kanzleramt nicht kürzer. Ich bin beseelt davon, meine Arbeit gewissenhaft und richtig zu machen. Dass meine Familie so weit weg ist, ist für die Arbeit manchmal sogar ein Vorteil. Mein Fokus liegt voll auf Corona. Aber mein Körper und vor allem meine Psyche zeigen mir irgendwann Grenzen auf. Zunehmend leide ich an Schlafstörungen und komme morgens nur noch schwer aus dem Bett. Mein Appetit lässt nach, ich beginne oft zu zittern und bekomme Schweißausbrüche. Ein Surren im Ohr will nicht aufhören. Ich werde unkonzentriert und starre teilweise nur noch auf den Computerbildschirm. Wenn Kollegen mit mir ein Gespräch führen, muss ich sie mehrmals fragen, was sie gerade gesagt haben. Mein Kollege Rupi Reif übernimmt immer mehr Arbeiten von mir. Wenn ich meinen Gefühlszustand auf Google eintippe, wirft er mir einen Begriff aus: Burnout. Ich weiß, dass ein Burnout noch nicht voll zugeschlagen hat, aber wenn ich so weitermache, dann werde ich irgendwann vom Bürostuhl fallen. Die Reißleine ziehe ich selbst und offenbare dem Team und Kurz Anfang Juni 2020 meine massiven Probleme. Der Kanzler reagiert umgehend. „Einen Totalausfall von dir können wir uns nicht leisten. Du machst jetzt mal zwei Wochen Urlaub, und dann schauen wir weiter. Aber nur unter einer Bedingung: Du schaltest dein Handy komplett aus." Tatsächlich gelingt mir diese Form der Therapie. Das ausgeschaltete Handy lege ich für zwei Wochen in den Küchenschrank. Ich rühre es kein einziges Mal an. Die Zeit nutze ich für meine Familie und das, was jeder derzeit zu Hause macht: Herumbasteln und Arbeiten am Haus erledigen. In Deutschland haben Baumärkte geöffnet, und ich sehe, dass es doch funktionieren kann, Hornbach, Obi und alle anderen Märkte offen zu lassen. Zweimal meldet sich Kurz in den beiden Wochen am Handy meiner Frau und erkundigt sich nach meinem Wohlergehen. Als ich am letzten Urlaubstag mein Handy anschalte und mich wieder auf die Arbeit vorbereite, reißt mich ein dauerhaftes Handyvibrieren wieder zurück in den Corona-Modus. Am Handy scheinen über 8000 WhatsApp-Nachrichten, 7000 Mails und hunderte SMS auf. Ich lösche alle Nachrichten, ohne eine einzige davon zu lesen, und ich merke: Nichts verpasst, es geht auch ohne Handy und ohne mich.

Dass es mich so aus dem Alltag reißt, dafür ist neben den anstrengendsten Wochen meines bisherigen Lebens bestimmt auch ein Vorfall verantwortlich, der sich in meiner Corona-Geschichte als unvergesslich im Gedächtnis einbrennt und sozusagen der Tropfen ist, der mein emotionales Fass zum Überlaufen bringt.

Ich nenne es mein Waterloo im Kleinwalsertal. Heute sehe ich diese Episode mit viel Humor, zum Zeitpunkt des Geschehens bin ich tausend Tode gestorben und wollte meinen Job hinschmeißen. Was ist passiert?

In der Flut an Regelungen, Maßnahmen und Verordnungen wird übersehen, dass es in Österreich ein paar Orte und Regionen gibt, die nicht über das österreichische Staatsgebiet zu erreichen sind. Konkret das Kleinwalsertal in Vorarlberg und Jungholz in Tirol. Um dorthin zu gelangen, muss man zuvor durchs deutsche Allgäu fahren. Dem nicht genug, lerne ich als Tiroler während Corona dazu, dass es auch noch Hinterriß gibt, eine kleine Enklave der Gemeinde Vomp, mitten im Tiroler Inntal, und der Gemeinde Eben am Achensee. Das Rißtal ist von den beiden Gemeinden durch das massive Karwendelgebirge getrennt, und das kleine Tal mit seinen rund 35 Einwohnern ist ebenfalls nur über Bayern zu erreichen. Die Straße von den letzten Wohnhäusern von Hinterriß zum Gemeindeamt in Vomp kann da schon an die 80 Kilometer lang sein. Diese Regionen werden zu Beginn der Corona-Maßnahmen und der Grenzschließungen nicht gesondert berücksichtigt. Sie sind de facto abgesperrt. Erst mit den weiteren Verordnungen machen uns Vorarlberg und Tirol auf die Ausnahmesituationen in Kleinwalsertal, Jungholz und Hinterriß aufmerksam, und dass diese Sonderregelungen benötigen.

Als es Richtung erste Öffnungsschritte geht, wächst auch bei uns im Team die Sehnsucht, wieder hinauszugehen. Die Wochen im Kanzleramt ohne Kontakt zu den Ländern und den Menschen wollen wir hinter uns bringen. Wir suchen nach einem besonderen Ort, in den uns der erste Bundesländertag hinführen könnte. Angesichts der vielen Diskussionen um die entlegenen Regionen kommt Kurz selbst auf die Idee, ins Kleinwalsertal zu fahren. Die Menschen hätten dort im Vergleich zum restlichen Österreich eine besonders anstrengende Zeit gehabt, und der Besuch des Kanzlers bei den Verantwortlichen der Gemeinde scheint ein nettes Signal zu sein. Von Beginn an ist uns absolut klar, dass es kein offizieller Besuch im Kleinwalsertal werden soll und darf. Es wird kein öffentlichkeitswirksamer Besuch, und auch die Bevölkerung soll dezidiert nicht eingeladen beziehungsweise informiert werden, da bestimmte Abstandsregeln und Versammlungsverbote weiter aufrecht sind. Die Regeln für das Treffen werden mit dem Bürgermeister klar festgelegt: Im Walserhaus, dem Vereinszentrum der Gemeinde Mittelberg im Kleinwalsertal, wird eine große Tischtafel in quadratischer Form aufgestellt. Es finden zwei Gesprächsrunden mit dem Bürgermeister, dem Gemeinderat und Vertretern von Vereinen, Blaulichtorganisationen und Tourismus statt. Pro Format werden im großen Saal maximal 20 Personen mit ausreichend Abstand sitzen. Dass vom Protokoll abgewichen wird, zeigt der erste Umstand, dass auch Vorarlbergs Landeshauptmann Markus Wallner beim Besuch mit dabei sein möchte. Verständlich, wenn der Bundeskanzler in „sein“ Land kommt. Je mehr Leute aber vom Projekt erfahren, desto größer steigt die Wahrscheinlichkeit, dass der Besuch auch bis zu den Medien durchdringt. Unser Vorhaben, erst nach dem Besuch ein Foto zu veröffentlichen, ist nicht realisierbar. Wir sind also gezwungen, die Medien vom Besuch zu informieren. Nur informieren, aber nicht einladen. „Ich möchte mir direkt vor Ort in den Ländern und Regionen ein Bild machen und zunächst den Menschen meinen tief empfundenen Dank zum Ausdruck bringen“, erklärt Kurz den Start seiner Tour durch die Bundesländer in einer Medienmitteilung. Die Medien laden sich selbst ein und kündigen mir gegenüber der Reihe nach an, Kamerateams und Redakteure auch ins Kleinwalsertal zu schicken. Hier beginne ich am Besuch zu zweifeln. Die Sehnsucht, wieder hinauszugehen und durchs Land zu fahren, ist aber sehr groß. Wir beschließen, den Medien weiter keine Einladung zu schicken, aber Vorsorge für ein Medienstatement zu treffen. Direkt an der Grenze und am Eingang zum Tal, der Walserschanz, sollen die Medien auf einem Parkplatz die Möglichkeit für ein Statement des Kanzlers und Landeshauptmannes bekommen, sodass die Journalisten gar nicht ins Kleinwalsertal weiterfahren müssen.

Richtig unrund werde ich zwei Tage vor dem Besuch, als bekannt wird, dass der Bürgermeister von Mittelberg den Besuch des Kanzlers der Bevölkerung ankündigt. In einem Aufruf an die Einwohner des Tales äußert er sogar die Bitte um Beflaggung der Häuser und Bekundungen entlang der Straße. Dem Herrn Bürgermeister bin ich deshalb nicht böse, verstehe es, dass er der Bevölkerung beim ersten Besuch eines Bundeskanzlers seit Bruno Kreisky etwas bieten möchte. Aber es ist ein Schuss, der nach hinten losgeht. Begleitet von einem Fotografen und den Cobrabeamten, brechen wir Mitte Mai frühmorgens Richtung Kleinwalsertal auf. Ausgestattet mit Getränken und Kornspitzbroten, werden wir an der Grenze zu Bayern von einer Eskorte der bayerischen Polizei in Empfang genommen und bis ins Kleinwalsertal begleitet. Den Aufwand finde ich übertrieben. Von deutschen Polizeimotorrädern, Polizeiautos und zivilen Sicherheitsfahrzeugen begleitet, werden wir in der Kolonne durch den Freistaat gelotst. Hier lassen sich die Bayern nicht lumpen.

Schon der Medientermin am Eingang des Tales gerät aus den

Fugen. Dicht gedrängt, stellen sich Kamerateams und Journalisten bei unserer Ankunft auf. Unser Aufruf und die Bitte, sie mögen doch die notwendigen Abstände einhalten und sich an die Corona-Regeln halten, werden ignoriert. Nach dem Medienstatement äußert der Bürgermeister die Bitte, mit dem Kanzler gemeinsam im Auto die verbleibenden sieben Kilometer bis zum Besprechungsort in Hirschegg mitfahren zu dürfen. Ich bin dagegen, weil ich die Zeit im Auto nutzen möchte, um mit Kurz den weiteren Verlauf zu besprechen und ihn nachdrücklich darauf aufmerksam zu machen, dass wir uns an die strikten Corona-Regeln halten müssen, egal, was uns dort erwartet. Dem Herrn Bürgermeister kann ich aber nur schwer sein Anliegen verwehren. Ich hole meine Sachen aus dem Kanzler-BMW und wechsle in ein Begleitfahrzeug. Als sich die Wagenkolonne vom Medientermin ins Talinnere in Bewegung setzt, werden wir bereits an der ersten Kurve von einer kleinen Personengruppe mit einem riesigen Plakat und der rot-weiß-roten Fahne begrüßt. Der Bundeskanzler wird im Kleinwalsertal willkommen geheißen. „Das gibt es nicht!", sage ich im Fahrzeug, drei Autos hinter der Kanzlerlimousine. Ab hier beginnt so etwas, wie man es nur von der Tour de France kennt. Diese sieben Kilometer fühlen sich für mich wie eine 220-Kilometer-Etappe an. Immer wieder stehen Menschen am Straßenrand und applaudieren den vorbeifahrenden Autos. Kleine und große Österreichfahnen werden geschwenkt, manche Häuser sind tatsächlich beflaggt, und an den Balkonen entlang der Strecke stehen winkende Bewohner. Wir fahren an Menschengruppen vorbei, die sich am Straßenrand Klappstühle aufgestellt haben und auf die Vorbeifahrt des Bundeskanzlers warten. Ich traue meinen Augen nicht. Wann wurde in der jüngeren Geschichte ein Regierungschef mit wehenden Fahnen und klatschenden Menschen empfangen, die beide Straßenseiten säumen? Zuerst winkt Kurz nur aus dem geöffneten Autofenster, bei einem alleinstehenden Haus treffen wir auf eine fünfköpfige Familie. Das Kanzlerauto bleibt stehen, Kurz steigt aus und lässt sich unter Einhaltung der Abstandsregeln mit der Familie fotografieren. Ich versuche ihn anzurufen, aber vergeblich. Ich sehe uns in Zeitlupe einem medialen Desaster zusteuern. Es wird im Vorfeld ausgemacht, dass Kurz das Veranstaltungszentrum durch den Hintereingang betreten wird. Es soll so unaufgeregt wie nur möglich ablaufen. Als wir auf den Sitzungsort zusteuern, erblicke ich nur Menschen. Der gesamte Dorfplatz ist gefüllt. Es müssen über 200 Menschen sein. Ich beginne im Auto mit mir selbst zu reden. „Weiterfahren, weiterfahren, nur nicht stehen bleiben." Meine Hoffnung wird zerstört, als die Bremslichter des Kanzlerautos aufleuchten. „Sitzen bleiben und nicht aussteigen", sage ich wieder laut vor mich hin. Die Autotür öffnet sich, ich bekomme einen Schreianfall. Die rot-weiß-roten Absperrbänder werden von den Menschen durchbrochen, und viele gehen direkt auf den Bundeskanzler zu. Er und die Cobrabeamten versuchen zu signalisieren, Abstand zu halten. Ich weiß, dass ich jetzt nichts mehr tun kann, und lasse die kommenden Minuten über mich ergehen. Als ich zum Dorfplatz hinlaufe, sehe ich am Eingang des Veranstaltungszentrums eine aufgebaute Bühne mit Mikrofon und Beschallung. Wir wissen nicht, dass von Seiten der Gemeinde für eine Ansprache Vorkehrungen getroffen wurden. Hätten wir das gewusst, wären wir nie gekommen. Kurz weiß ab jetzt auch, dass wir eine mediale Katastrophe auslösen. Er drängt sich zunächst durch die Menschenmenge. Der Bürgermeister lotst ihn zum Mikrofon. Die Kanzlerrede fällt sehr knapp aus. Er freue sich, hier zu sein, ruft aber gleichzeitig auf, doch den Abstand einzuhalten. Schallendes Gelächter am Dorfplatz. Ich sehe nur glückliche und freundliche Gesichter. Viele Menschen erkennen mich als Mitarbeiter und sprechen mich an. Dass Kurz nach dem ersten Lockdown weither von Wien extra ins Kleinwalsertal kommt, wird von den anwesenden Einwohnern sehr geschätzt. Mit einem Zwangslächeln nehme ich das Lob und die netten Worte der Bevölkerung zur Kenntnis und lasse mir nicht anmerken, dass ich gerade am liebsten in einem Loch versinken würde. Ständig warte ich darauf, dass ich aus diesem Albtraum gerissen werde. Es ist aber die Realität. Videos und Bilder vom „Empfang" machen sofort die Runde. Die Twitterkanäle beginnen zu glühen, während sich Kurz noch beim Gespräch mit den Gemeindeverantwortlichen befindet. Am Ende wünschen sie sich noch ein Gruppenfoto mit dem Kanzler. Der Reihe nach stellen sie sich auf der Bühne des Saales auf, bis ich laut „Abstand!" rufe. Aber das ist jetzt auch schon egal. Der Schaden ist angerichtet, Österreich hat für die kommenden Tage ein Thema. Die Fahrt am Abend weiter nach Dornbirn ist geprägt von vielen Telefonaten und Schadensbegrenzung. Aber was will man eigentlich begrenzen? Bilder und Videos sprechen mehr als 1000 Worte. Der Kanzler merkt mir meine Frustration an. „Frischi, ja, es war falsch. Die Menschen hier waren wochenlang eingesperrt und von der Außenwelt abgeschnitten. Hast du gesehen, wie viele Menschen an der Straße gestanden sind? Ich werde nicht an 200 Leuten wortlos vorbeigehen oder einen Hintereingang benutzen. Was wäre ich für ein Kanzler?", macht mir Kurz im Auto sein Verhalten klar. So ist er, und das ist auch gut so.

Die mediale Ausschlachtung des Vorfalls ist natürlich um Dimensionen größer als der Corona-Verstoß des Herrn Bundespräsidenten, der während der Pandemie die Sperrstunde missachtet und nach Mitternacht mit seiner Frau gemütlich im Garten eines Wiener Lokals gesichtet wird. Ich finde beides nur menschlich. Gegen 2:00 Uhr früh kommen wir im Hotel in Dornbirn an. Ich schlafe in dieser Nacht keine Minute. Auch vom Frühstück, das wegen der Vorschriften vor die Zimmertür gestellt wird, nehme ich keinen Bissen zu mir. Wir haben die Lage vollkommen unterschätzt und mit einer gut gemeinten Idee einen Bauchfleck der Sonderklasse hingelegt. Das Kleinwalsertal wirft mich aus der Bahn und beschäftigt mich wochenlang. Heute, mit viel Abstand, erinnere ich mich mit einem Lächeln an diese Eskapaden, weil es nichts anderes als eine von vielen abartigen Geschichten während der Pandemie war. Mit Kurz habe ich ausgemacht, dass wir noch einmal ins Kleinwalsertal fahren werden. Zum Wandern, und damit ich mit meinem persönlichen „Corona-Trauma" endgültig abschließen kann.

Für Kurz ist der mediale Ausrutscher im Kleinwalsertal nach einem ZIB2-Auftritt einen Tag später mehr oder weniger erledigt. Ihn ärgern hingegen ganz andere Themen, und während der Pandemie erlebe ich ihn nur einmal stinksauer. Und zwar als sich herausstellt, dass die von der EU angeschafften Impfstoffmengen nicht gleichmäßig auf alle EU-Länder verteilt werden. Nach einem Gespräch mit der dänischen Premierministerin Mette Frederiksen hegt Kurz den Verdacht, dass es ein zweites EU-Vergabeverfahren gibt, von dem Österreich nicht Gebrauch macht. Für seine Verhältnisse sehr aufgelöst, berichtet er uns von diesem Gespräch und vermutet, dass Österreich weniger Impfstoff in Anspruch nimmt, als uns eigentlich zustehen würde. Kurz telefoniert mit einem Großteil der EU-Staats- und Regierungschefs. Daten aus allen

Ländern der EU werden erhoben und Übersichtslisten erstellt. Kurz konfrontiert auch EU-Kommissionspräsidentin Ursula von der Leyen mit den Zahlen, und es bestätigt sich, dass es neben der offiziellen Impfstoffvergabe auch noch eine Art „Basar" gibt, an dem sich die EU-Staaten weitere Impfstoffe holen können. Leider dringt diese Information bei einigen Ländern nicht bis zur Regierungsspitze durch, so auch in Österreich.

Wir befinden uns in der Phase, in der händeringend um jede Impfstoffdosis gekämpft wird. Früher oder später würde es an die Öffentlichkeit gelangen, dass Österreich weniger Impfstoff in Anspruch nimmt, als eigentlich verfügbar wäre. Den Ärger von Kurz verstehe ich. Er ist wirklich sauer. Monatelang müssen wir der Bevölkerung erklären, dass sie sich einschränken sollen, auf vieles verzichten müssen, und argumentieren es damit, dass es bald einen Impfstoff geben wird. Es kommt im Bundeskanzleramt zu einer Krisensitzung mit dem Gesundheitsminister und dem zuständigen Spitzenbeamten. Auch Rudi Anschober ist ob der Neuigkeiten und der erhobenen Zahlen irritiert. Er selbst weiß auch nichts von diesem zweiten Vergabetopf und dass ein Beamter diese Information der Regierung vorenthalten hat.[46]

Als wir die Medien darüber informieren, wird plötzlich Kurz kritisiert, weil er die Impfstoffverteilung der EU als „Basar" bezeichnet. Sofort wird ihm wieder Kritik an der EU und ein antieuropäischer Kurs angelastet. Die Pommes-Verordnung vom EU-Wahlkampf lässt grüßen. In Wirklichkeit ist diese Aussage weder eine Erfindung von Kurz noch von seinem Team. Wir verwenden das Wort, weil sogar im zuständigen EU-Gremium diese zweite Impfstoffvergabe als „Basar" bezeichnet wird.

Es stellt sich heraus, dass mehrere EU-Länder ungleich behandelt wurden, und der Kanzler bringt in Brüssel den Stein ins Rollen. Von der Leyen und der portugiesische EU-Ratsvorsitz müssen die Impfstoffverteilung korrigieren, und Österreich sowie eine Reihe anderer Länder bekommen jene Zahl an Impfstoffen zur Verfügung gestellt, die dem Bevölkerungsanteil Österreichs an der EU-Gesamtbevölkerung entspricht. So, wie es sich gehört.

Ungefähr zur gleichen Zeit muss sich der Gesundheitsminister nach einer Kreislaufschwäche ein paar Untersuchungen unterziehen.[47] Das Corona der vergangenen Monate hat auch bei ihm Spuren hinterlassen. Wen wundert's. Bei einer Telefonkonferenz informiert uns Kurz, dass Anschober für ein paar Tage ausfallen wird. Mein erster Gedanke: Sollte sein Krankenhausaufenthalt den Weg in die Medien finden, werden die Grünen uns dafür verantwortlich machen. Wir sind nur vier Personen auf Seite der ÖVP, die davon Bescheid wissen, und wir machen mit dieser Information nichts. Wenn Politiker gesundheitliche Probleme haben, ist das eine zutiefst persönliche Angelegenheit. Aber meine Befürchtung tritt leider ein. Alle Medien berichten vom Gesundheitsminister im Krankenstand. Ein paar Wochen später findet im Kanzleramt ein Umtrunk zwischen türkisen und grünen Regierungsverhandlern statt. Bei der Koalitionseinigung Anfang 2020 wird vereinbart, dass man sich nach einer Einarbeitungsphase der neuen Regierung zu einem Abendessen treffen wird. Corona verunmöglichte schließlich dieses Vorhaben. Eineinhalb Jahre später holt man es in Form eines Stehempfangs mit Brötchen und Getränken im Büro des Bundeskanzlers nach. Das Klima an diesem Abend ist trotz einiger Reibereien nach den vielen Corona-Monaten dennoch von Optimismus und guten Gesprächen geprägt. Die Impfkampagne läuft, und man hofft, dass man endlich in einen normalen Regierungsmodus mit Abarbeitung des Koalitionsabkommens kommt. Die Harmonie reicht bis zu später Stunde, als nur noch Stefan Steiner und ich sowie die Grüne Klubobfrau Sigrid Maurer und Koglers Kabinettschef an einem Tisch zusammenstehen – und endet abrupt. Ich muss mir dort vom Kabinettschef des Vizekanzlers anhören, dass ich die Medien über Anschobers Gesundheitszustand informiert hätte. Mit diesem Vorwurf konfrontiert, werde ich für meine Verhältnisse ungemein emotional, weil es einfach die Unwahrheit ist. Nichts liegt mir ferner, als in den Chor jener einzustimmen, die den Gesundheitszustand von Anschober medial trommeln. Ich bin so zornig, dass ich dem Vertrauten des Vizekanzlers am liebsten ins Gesicht springen würde. Aber ich ziehe es vor, einfach zu gehen. An diesem Abend habe ich persönlich mit den Grünen abgeschlossen. In diesen „Gutmenschen", wie sie sich immer geben, steckt oft nur die pure Abneigung gegenüber allem und allen, was nicht ihrer Ideologie entspricht.

Je länger die Pandemie dauert, desto weiter gehen auch die Meinungen in der Regierung auseinander. Maßnahmen werden zur Handelsware im koalitionären Poker. Wenn die einen die Schulen schließen wollen, wollen die anderen auch die Restaurants geschlossen haben. Bekommt ein Unternehmer Hilfe, muss man auch einem Arbeitslosen mehr geben. Ich gönne jedem Arbeitslosen sein Arbeitslosengeld. Aber ein Arbeitsloser, der bereits seit Ausbruch der Pandemie keine Arbeit hat, hat im Lockdown eigentlich keine schlechteren Auswirkungen zu befürchten als ein Angestellter, der um seinen Job zittert, oder ein Unternehmer, der um seine Existenz fürchten muss. So entwickelt sich die Pandemie zu einem koalitionären Bauchladen, bei dem eine vielleicht sinnvolle Maßnahme immer mit einer bestimmt sinnlosen Maßnahme am Koalitionsaltar gehandelt wird. Wie unter Rot-Schwarz. Beide Seiten lassen sich nur selten von ihren Standpunkten abbringen. Dass die Grünen gerne jedem vorschreiben, wie er zu leben hat, ist nicht neu. Corona hat meine Vorstellung davon jedenfalls weit übertroffen.

Corona im zweiten Jahr und später ist nicht *das* Corona der ersten Wochen und Monate im Frühjahr 2020. Wir machen viele Fehler. Wir. Türkise und Grüne. Der Schutz der Menschen stand retrospektiv aber immer an oberster Stelle. Mir tut es leid, was Corona aus uns allen gemacht hat und wie lange viele Menschen brauchen, um sich davon wieder zu erholen. Gesundheitlich wie psychisch. Der Spalt durch die Gesellschaft ist bis heute spürbar. Andererseits haben gerade die Wochen im ersten Lockdown gezeigt, wie sehr die Gesellschaft in einer Ausnahmesituation zusammensteht und aufeinander Rücksicht nimmt. Trotz Abstand und Distanz war man füreinander da. „Bleib g'sund" war keine leere Floskel, sondern ein ernstgemeinter Wunsch. Die alten Brettspiele versammelten wieder Familien am Esstisch. Viele Menschen machten sich ernsthafte Gedanken über Bekannte und Freunde, ob sie wohl gut durch diese Gesundheitskrise kommen. Menschen gehen am Abend auf den Balkon und klatschen für die Polizei, das Bundesheer, Pfleger, Gesundheitspersonal und freiwillige Helfer. Keiner von uns möchte noch einmal diese Zeit durchmachen, aber sie hat uns im 1. Lockdown daran erinnert, dass wir als Land und Gesellschaft zwar verletzlich sind, aber auch zusammenhalten können.

Beruflich war für mich Corona die Champions League. Ich habe am Spielfeld alles gegeben. Ich war motiviert, bin viel gelaufen, und die Fans an der Tribüne haben mich und uns zu

Beginn angefeuert. In der Verlängerung ging auch mir die Kraft aus. Es wurde gestolpert, Chancen wurden vergeben, viele Pässe kamen nicht mehr an, das Tor wurde oft verfehlt und vor allem: Der Teamgeist ging verloren. Trotz allem braucht Österreich in Sachen Corona-Management den internationalen Vergleich nicht scheuen. Das Gute wird oft schnell vergessen, der Ärger bleibt lange bestehen. Wir sollten nie außer Acht lassen, dass bei Corona Menschen mit Stärken und Schwächen in Verantwortung standen und jeder nach bestem Wissen und Gewissen agiert hat.

VON INFEKTIONEN ZU ERMITTLUNGEN

Die Pandemie zermürbt von Monat zu Monat nicht nur die Bevölkerung, sondern auch die Regierung. Corona-Ampel, regionale Corona-Regeln, Ost-Lockdown, Reisewarnung für Tirol, Impfstoffbeschaffung, Regeln für dieses und jenes, 2. Lockdown, Impfstart, der Wiener Weg, 3-G-Pflicht, keine Wintersaison, Home-Schooling und so weiter dominieren im Herbst 2020 und auch den darauffolgenden Winter/Frühjahr 2021 unser Leben und vor allem unsere Arbeit.

Wie bei Corona wird unser Team auch immer wieder in Wellen von Justizthemen und Chatveröffentlichungen eingeholt und tagelang beschäftigt. Die Befragung von Kurz im Ibiza-Untersuchungsausschuss im Juni 2020 ist bei all den Corona-Themen für uns nur ein Randthema, allerdings mit weitreichenden Folgen, wie wir heute wissen. Niemand von uns ahnt, dass es mitten in der ersten „Corona-Welle", mitten im ersten Lockdown, Parlamentarier der Opposition gibt, die sich mit Akten aus Ministerien, Anzeigen und der Desavouierung politisch Andersdenkender befassen, während wir uns Tag und Nacht der Bekämpfung des Virus widmen. Ich nehme zur Kenntnis, dass sich in einer Demokratie jeder die Schwerpunkte seiner politischen Arbeit selbst wählen kann. Ob es dem Vertrauen in die Politik, in unsere Institutionen und den allgemeinen Zusammenhalt im Land dienlich ist, sich nur an den Fehlern anderer abzuarbeiten und seine politische Haltung über Hass und Verachtung gegenüber politischen Mitbewerbern zu definieren, bezweifle ich sehr stark. Ein erstes Umdenken beginnt bei uns jedenfalls am 11. Februar 2021.

Es ist der Tag, an dem bei Finanzminister Gernot Blümel eine Hausdurchsuchung stattfindet. Die Meldung darüber ist kaum über den Agenturticker gelaufen, da kommen von SPÖ, FPÖ und NEOS bereits die Rücktrittsaufforderungen, ohne dass nähere Details bekannt wären. Das Parlament wird zu einer Sondersitzung einberufen. Blümel geht in die Offensive und kann glaubhaft erklären, dass an den Vorwürfen möglicher Parteispenden des Glücksspielkonzerns Novomatic an die ÖVP nichts dran ist. Erst zwei Jahre später soll er Recht bekommen, und alle Ermittlungen gegen ihn werden eingestellt. Blümel ist zu diesem Zeitpunkt längst nicht mehr Minister. Nichts bleibt übrig von der Luftburg, die aufgeblasen und von der Opposition befeuert wurde. Die Reflexe, mit denen in der Politik gearbeitet und reagiert wird, sind nicht gut, sondern gefährlich. Es wird der Eindruck vermittelt, als würde man jeden Tag nur darauf warten, sich wieder über etwas empören und mit dem Finger auf jemanden im Land zeigen zu können. Hier nehme ich keine Partei aus. Alle unterliegen der Verführung, die beste Schlagzeile machen zu wollen. Es ist eine Spirale, die niemand verlassen will. Es ist ein Politkampf ohne Rücksicht auf Verluste und ohne einen Gedanken daran zu verschwenden, dass hier Menschen und Familien öffentlich zur Schau gestellt und medial hingerichtet werden. Ist es das wirklich wert?

Die Hausdurchsuchung bei Blümel trifft uns im Team tief ins Mark. Spätestens jetzt wissen wir, dass wir mit noch mehr rechnen müssen und die Einschläge näherkommen und tiefer gehen werden. Das Ziel ist nämlich bestimmt nicht Blümel, sondern Kurz!

So dauert es nicht lange, bis auch Kurz erstmals ins Visier der Korruptionsbehörden gerät. Fast auf den Tag genau drei Monate nach Blümel wird auch Kurz als Beschuldigter geführt – wegen des

Verdachts der Falschaussage im Ibiza-Untersuchungsausschuss. Basis für die Ermittlungen bildet eine Anzeige der Opposition. Die Kommunikation über die Ermittlungen und den Beschuldigtenstatus machen wir selbst und aktiv. Kurz informiert die Medien noch am gleichen Tag vor einer Regierungssitzung. In seiner ersten Reaktion sagt er, dass er sich beim besten Willen nicht vorstellen kann, dass es zu einer Verurteilung kommt. Da wird er sich noch wundern, was alles möglich ist, ganz nach Norbert Hofer. Denn es kommt zu einer Verurteilung in erster Instanz. Kurz geht in Berufung. Was ich mir jedoch als Staatsbürger in jenem Moment und auch später beim besten Willen nicht vorstellen kann und will und was dennoch in diesem Land möglich ist, ist die Tatsache, dass der zuständige Richter während des Kurz-Prozesses sich selbst ein rechtskräftiges Urteil in einem Disziplinarverfahren wegen illegaler Informationsweitergabe an Peter Pilz einfängt. Und genau in diesem Zusammenhang stellt die Kurz-Verteidigung einen Befangenheitsantrag gegen den Richter, den dieser selbst abschmettert und somit de facto in eigener Sache einen Urteilsspruch tätigen darf.

Die Justizdebatten und der politische Schlagabtausch nehmen mir immer mehr die Lust an der Arbeit. Die ständigen Anfeindungen führen zu einem rauen bis brutalen Klima in der politischen Debatte. Die Motivation ist weg. Bereits zu Jahresbeginn 2021 überlege ich ernsthaft, aus dem Politikbetrieb auszusteigen. Corona hat sehr an mir gezehrt. Zumindest das Kanzleramt will ich verlassen und in eine hintere Reihe treten. Nachdem die Parteiarbeit aufgrund der Pandemie bei allen Parteien zum Erliegen gekommen ist, biete ich ÖVP-Bundesgeschäftsführer Axel Melchior an, in die Kommunikation der ÖVP-Bundespartei wechseln zu wollen. „Gerne, aber Sebastian wird das nie zulassen“, so seine trockene Antwort. Ich scheitere mit diesem Vorschlag. Passend zu meinen Wechsel-Gedanken erfahre ich im März 2021, dass mir mein privater Wohnungsvermieter aufgrund von Eigenbedarf die Wohnung mit Ende September 2021 kündigt. Jetzt habe ich einen guten Grund, auszusteigen. Statt mühsamer Wohnungssuche verlasse ich Wien gleich komplett und gehe nach Deutschland. Tagelang winde ich mich, meinen Rückzugsgedanken mit Kurz zu besprechen. Irgendwann ergibt sich die Gelegenheit, und ich bitte ihn um ein Gespräch. Meine Gedanken kann ich gar nicht vollständig ausführen, da unterbricht er mich schon. Er macht es geschickt und beginnt, auf mich einzureden und mich zu überreden. Wegen eines Wohnungswechsels müsse ich doch nicht gleich mein ganzes Arbeitsleben über Bord werfen. Er schätze meine Arbeit im Team sehr. Er hört sich meine Argumente an und nimmt sich lange Zeit für mich. Natürlich hat er Verständnis für meine private Lebenssituation, er bewundere meine Frau, wie sie es überhaupt mit mir aushalten würde. „Bitte bleibe bis zur nächsten Nationalratswahl, dann kannst du gehen.“ Per Handschlag gebe ich ihm dieses Versprechen, und er versichert mir umgekehrt, dass er mich dann gehen lässt. Letztlich kommt es anders, denn keiner von uns hat es in der Hand, wann wer das Kanzleramt verlässt.

Das klärende Gespräch löst in mir wieder einen Motivationsschub aus. Der Zeithorizont ist definiert, und bis zu meinem Abschied werde ich wieder mit ganzer Kraft meiner Arbeit nachgehen. Auch wenn Corona weiterhin das beherrschende Thema ist, werden zunehmend Ressourcen für klassische politische Arbeit frei. Das Wirtschaftswachstum und die Beschäftigung entwickeln sich bereits Mitte 2021 „deutlich schneller, als bisher erwartet“

(WIFO-Sommer-Prognose, 24. Juni 2021). Das IHS sieht es in seiner am gleichen Tag veröffentlichten Prognose ähnlich: „Mit den Erfolgen bei der Bekämpfung der Corona-Pandemie hat die österreichische Wirtschaft im Frühjahr kräftig an Fahrt gewonnen." Die vielen Corona-Hilfen wirken offenbar.

Auf meinem Schreibtisch liegt das über 300 Seiten starke türkis-grüne Koalitionsabkommen, das es nun abzuarbeiten gilt. Es muss wegen der Pandemie in weniger Zeit mehr umgesetzt werden. Ein Leuchtturm des türkis-grünen Programms ist die ökosoziale Steuerreform. Der Entlastungskurs für arbeitende Menschen, der bereits unter Türkis-Blau eingeschlagen wurde, soll auch in der mittlerweile nicht mehr neuen Regierung fortgesetzt werden. Für uns bedeutet dies auch eine schrittweise Rückkehr in den ursprünglichen Arbeitsmodus. Im Sommer werden die ersten Vorbereitungen zur Verhandlung der Steuerreform getroffen. Ziel ist eine Präsentation zu Herbstbeginn, damit alle parlamentarischen Fristen und Prozesse eingehalten werden und mit 1.1.2022 Teile der Reform in Kraft treten können. Als Pressesprecher wird man erst in der Endphase solcher Vorhaben eingebunden. Zwar vermeldet man zwischendurch Wasserstandsberichte zu den laufenden Verhandlungen, so richtig in Fahrt kommt die Medienarbeit aber erst, wenn das „Gansl knusprig" wird, wie man im Osten Österreichs gerne sagt. Bis dahin braucht es noch einiges an Zeit.

Wie jedes Jahr nehme ich im August für zwei bis drei Wochen Urlaub. Wieder verbringe ich mit meiner Familie 14 Tage in Südfrankreich. Die Region ist mir nach so vielen Urlauben vertraut. Jeden Urlaub steige ich aufs Mountainbike und mache entlang des Canal du Midi allein meine Radtouren. Verschwitzt trinke ich in einem zum Stammlokal gewordenen Café in einer kleinen Hafenstadt meinen Radler. Diesmal gönne ich mir den Luxus, dass ich sogar den Bundesparteitag der ÖVP in St. Pölten mit der Wiederwahl von Kurz zum neuen Parteichef schwänze. Das Hochamt der Partei ohne mich? Das wäre früher unvorstellbar gewesen, aber ich lerne loszulassen. Dennoch bringe ich mich im Urlaub in die Vorbereitung des Parteitages ein. Völlig entspannt, tippe ich bei Sonnenschein im Café in Südfrankreich meine Vorschläge, Ideen und möglichen „Sager" für die Parteitagsrede von Kurz in mein Handy und schicke sie nach Wien. Nach all den Vorkommnissen mit Corona, den Ermittlungen und Chatveröffentlichungen hält Kurz seine bis dahin wohl persönlichste Rede. Er spricht über die Tage, als er über sein Verfahren wegen Falschaussage informiert wurde. Er habe „alles infrage gestellt" und sich gefragt, „ob er da wirklich richtig sei", „ob es das ist, was man im eigenen Leben möchte, und wie lange man so was aushält." Er skizziert in seiner Parteitagsrede aber auch den Kurs einer bürgerlichen Politik unter seiner Kanzlerschaft und was „wirklich wichtig" sei im Land. Kurz möchte „eine Gesellschaft, in der die Menschen die Ärmel hochkrempeln und nicht nur die Hand aufhalten". Bevor man im Staat verteilt, müsse man sich zuerst alles erarbeiten, und jene, die arbeiten, sollen entlastet werden, besonders die Bezieher von niedrigen und mittleren Einkommen. Die Parteitagsrede von Kurz höre ich mir auf der Heimreise vom Urlaub via Livestream im Auto an. Mit seiner Rede und seiner Arbeit wird er von den Delegierten mit 99,4 Prozent für weitere vier Jahre als Parteiobmann der Volkspartei bestätigt.

Im September rückt die Steuerreform in großen Schritten näher. Gleichzeitig erhalte ich von Journalisten immer mehr Anrufe über anstehende Hausdurchsuchungen im Umfeld der ÖVP. Die Arbeit ist daher etwas bedrückend, dennoch wollen wir eine ordentliche Reform mit einem spürbaren Entlastungsvolumen präsentieren. Zum Start der Herbstarbeit laden der ÖVP-Parlamentsklub und die Bundespartei jedes Jahr zu einem Heurigenabend. Die Vorbereitungen zur Präsentation der Steuerreform haben mich fest im Griff, sodass ich gar nicht zum Heurigenabend am 29. September, einen Tag vor meinem 41. Geburtstag, gehen will. Ich bin bereits in meiner neu bezogenen Wohnung und mache es mir auf dem Sofa gemütlich, als mich Kurz anruft. Beim gemeinsamen Abend mit der Partei und allen ÖVP-Abgeordneten und Ministern nicht zu erscheinen, würde er mir nicht verzeihen. Ich soll doch bitte auch kommen. Schließlich ziehe ich mich um und gehe aufs Fest in Neustift am Walde am Stadtrand von Wien. Gegen Mitternacht wechselt die ganze Gesellschaft in ein Wiener Innenstadtlokal. Mit einer kleinen Runde stoße ich noch beim Heurigen auf meinen Geburtstag an. Als ich im Innenstadtclub eintreffe, warten auf mich alle mit Leuchtkerzen und Leuchtspritzern zu den Klängen von Happy Birthday. Was für eine schöne Überraschung. Es wird die letzte Party für viele von uns sein.

Am ersten Oktoberwochenende zeichnet sich ein Verhandlungsende zur Steuerreform ab. Im Presseteam bereiten wir sämtliche Unterlagen auf. Ich erarbeite einen Kommunikationsplan und avisiere den Medien, dass die Einigung demnächst verkündet wird. Sie sollen sich jedenfalls am Samstag oder Sonntag bereithalten. Davor bringt Kurz die zuständigen Beamten im Finanzministerium aber noch gehörig ins Schwitzen. Mehrmals werden Rechenmodelle und Beispiele präsentiert, wie hoch die Entlastung auf einzelne Einkommensgruppen ausfallen wird. Die „Billa-Verkäuferin“ wird für Kurz zur Richtschnur für die Steuerreform.

„Erst wenn die Billa-Verkäuferin ordentlich entlastet wird, sind wir fertig“, so sein Credo. Als neuerlich nachjustiert wird, setzt Kurz noch eins drauf: „Und wie viel bekommt eine *alleinerziehende* Billa-Verkäuferin?“ Erneut werden im Finanzministerium die Rechner angeworfen.

Am Freitag stehe ich gehörig unter Druck, weil ich alle Infos für die Medien sowie die Unterlage für die Pressekonferenz fertig machen will. Seit Monaten habe ich meiner Familie einen Besuch im Europapark in Rust an der deutsch-französischen Grenze versprochen. Der zweitägige Familienausflug fällt genau mit der Vorstellung der Steuerreform zusammen. Das Familienwochenende musste schon einmal verschoben werden, ein weiteres Mal geht auf gar keinen Fall. Kurz zeigt dafür Verständnis, und ich übergebe am Freitagabend alle Unterlagen meinen Kollegen im Kanzleramt. Wie so oft in den vergangenen Jahren, bin ich auch im Europapark nur zum Teil anwesend. Die 45-minütige Zeit in der Warteschlange zur Silverstar-Achterbahn nutze ich für zahlreiche Telefonate mit Journalisten, während im Kanzleramt immer noch verhandelt wird. Am Sonntag um 4:45 Uhr reißt mich mein Handyklingelton aus dem Schlaf. Im Dunkeln gehe ich in dem als spanisches Schloss ausgestatteten Familienzimmer ins Bad, um telefonieren zu können, damit niemand aufgeweckt wird. Es ist Kurz. „Frischi, entschuldige den frühen Anruf. Du bist auf Lautsprecher gestellt, der Werner steht neben mir. Wir sind gerade mit der Steuerreform fertig geworden und möchten mit dir die Kommunikation besprechen.“ Auf der Klomuschel sitzend und noch etwas im Halbschlaf empfehle ich dem Kanzler und dem Vizekanzler vorerst, mit niemandem die Einigung zu kommunizieren. Jeder soll jetzt nach Hause gehen und sich ausschlafen. Erst am späten Vormittag werden wir die Medien über die Einigung informieren und auf 14:00 Uhr zur Pressekonferenz ins Bundeskanzleramt einladen. Sie wollen wissen, wieso ich nicht gleich in der Früh die Medien informieren will. Ich begründe es damit, dass sonst viele Journalisten vorab Details zur Reform haben wollen und kommunikativ ein Chaos ausbrechen würde. Es würde Reaktionen von Opposition, Sozialpartnern und Interessensvertretern geben, noch bevor die Regierung einen Eckpunkt präsentiert hat. Der Erstaufschlag und die Deutungshoheit müssen in der Hand der Regierung bleiben, erkläre ich. „So machen wir es", stimmen beide zu. Um 11:00 Uhr meldet die APA „Steuerreform fertig – Präsentation heute Nachmittag". Vorab erhalten die Medien wieder alle wichtigsten Punkte der Reform, mit denen sie die Berichterstattung ab 14:00 Uhr starten können. Im Minutentakt gehen die Meldungen hinaus: „Familienbonus steigt von 1.500 auf 2.000 Euro pro Kind", „Über 18 Milliarden Euro Entlastung bis 2025", „2. und 3. Steuerstufe werden stufenweise gesenkt", „KöSt-Senkung von 25 auf 23 Prozent bis 2024" und so weiter. Die Kronen Zeitung schreibt am Tag danach in einem Kommentar: „Steuerreform ist ein Erfolg für Sebastian Kurz". Aber es gibt auch Kritik, angeführt von der Opposition über die Gewerkschaft, Arbeiterkammer und NGOs bis hin zum Gemeinde- und Städtebund – die Üblichen im politischen Spektrum. In Sachen Kommunikation ist die Präsentation der ökosozialen Steuerreform wieder ein Glanzstück. Es ist unser letztes. Drei Tage später klingelt es um 6:02 Uhr an meiner Wohnungstür.

DER TIEFE FALL ... IN DIE ARME MEINER FAMILIE

45 Sekunden. Alle 45 Sekunden blinkt ein rotes Licht an meiner Schlafzimmerdecke. In der Dunkelheit starre ich nur auf diesen Punkt. Ob es Minuten oder Stunden sind, keine Ahnung. Es ist der Brandmelder. Keine Chance, dass ich einschlafe. Ich bin zu aufgewühlt, zu fertig, ja, zu müde, um jetzt einschlafen zu können. Die Gedanken kann ich kaum ordnen. Was ist heute passiert? Vorwurf der Untreue, der Bestechung und der Bestechlichkeit wegen Inseratengeschäften und Umfragen. Ich? Wann werde ich aus diesem Albtraum herausgeholt, oder wann kommt jemand, der mich rüttelt und sagt: „Frischi, alles nur ein schlecht gemeinter Spaß." Es ist real, leider real. Mein Kopf gleicht einem Narrenhaus. Ein Gedanke löst den anderen ab. Ich bekomme Herzrasen, dann schwitze ich, Adrenalin flutet alle fünf Minuten durch meinen Körper, nach Weinkrämpfen kommt wieder die Phase der Ruhe. Erst in den Morgenstunden schlafe ich ein, bin aber um 7:30 Uhr schon wieder wach. Wie anbetoniert liege ich im Bett. Mir fehlt die Kraft, mich aufzurichten. Es dauert mehr als eine halbe Stunde, bis ich es schaffe, an der Bettkante zu sitzen. Wieder kommen mir die Tränen. Ich muss mich übergeben.

Es fühlt sich an, als wäre ich in einem anderen Körper und in einer anderen Welt. Ich weiß, dass vieles nicht mehr so sein wird, wie es war. Die tägliche Medienschau durch alle Zeitungen und Onlineportale, mit der ich die letzten Jahre jeden Tag bereits im Bett gestartet habe, fällt heute aus. Erstens fehlen mir am neuen Handy noch alle Zugänge, um zu den intern erstellten Pressespiegeln zu kommen, und zweitens will ich meine Seelenlage nicht noch weiter quälen, indem ich die Berichterstattung über die Hausdurchsuchungen lese.

Wortlos sitze ich am Küchentisch und trinke eine Tasse Kaffee. Zum Reden habe ich niemanden, also starre ich einfach beim Fenster hinaus. An diesem Morgen hinterfrage ich alles, wirklich alles. Mein ganzes Leben stelle ich infrage und ständig kreist in meinem Kopf die eine Frage: Was habe ich falsch gemacht oder vielleicht übersehen? Das Gefühl, vor dem Scherbenhaufen meines beruflichen Lebens zu stehen, ist unbeschreiblich. Es wird einem alles genommen, was man noch Tage und Wochen zuvor mit so viel Liebe, Leidenschaft, Herzblut und Engagement gemacht hat. Als würde man einem Bäcker das Mehl nehmen, dem Tischler das Holz und dem Busfahrer den Bus. Ich spüre, dass mir gerade die Politik genommen wird. Das, wofür ich seit 20 Jahren brenne, wofür ich jeden Tag aufstehe, was ich so gerne tue und dem ich alles in meinem Leben untergeordnet habe. Bis vorgestern bin ich noch als politischer Mitarbeiter für dieses Land mit vorangegangen, nun habe ich Angst, dass das Land mich verfolgt. Fotos von mir sind seit bald 24 Stunden in allen Medien zu sehen. Was tun und wie damit umgehen, wenn mich auf der Straße, im Supermarkt oder in der Straßenbahn jemand erkennt? Gott sei Dank gibt es die Maskenpflicht, und ich bin nur dieses eine Mal der Wiener Stadtregierung dankbar, dass sie die Maskenpflicht noch Monate aufrechterhält.

Der Handyklingelton reißt mich aus meiner Lethargie. Es ist meine Frau. Für sie ist es schlimm, gerade jetzt nicht bei mir zu sein. Ich stammle ein paar Worte ins Telefon, tue so, als müsste sie sich keine Sorgen machen. In Wirklichkeit bräuchte ich sie mehr denn je. Sie weiß, dass es mir nicht gut geht.

Neben meinem persönlichen Zustand geht es aber auch noch um ein paar andere Dinge: den Kanzler und die Partei. Nur mühsam ziehe ich mich um und mache mich auf den Weg ins Kanzleramt. Die Straßenbahn betrete ich durch die hinterste Tür, was ich auch die folgenden Monate ausnahmslos mache. In einer Ecke senke ich meinen Kopf und verharre so, bis ich an der Ringstraße ankomme.

Vor dem Kanzleramt stehen schon die ersten Kamerateams für Liveschaltungen in den Morgennachrichten. Für Medien ist sozusagen gerade Hochsaison. Die anwesenden Redakteure erblicken mich. Keiner von denen hastet gleich mit dem Kameramann auf mich los, wie wir es aus politischen Hollywoodfilmen kennen. Sie kennen mich und wissen, wie ich ticke. Ein ORF-Redakteur, mit dem ich über die Jahre gut und professionell zusammengearbeitet habe, senkt sein Mikro und kommt mit betroffener Miene auf mich zu. „Frischi, es tut mir so leid." Wenn er könnte, würde er mich jetzt umarmen, aber das wäre ja gleich der nächste (Medien-) Aufreger. Er bietet mir seine Hilfe an und meint, ich könne mich jederzeit bei ihm melden. Die Worte tun gut, denn in den letzten 24 Stunden habe ich von ein paar Journalisten auch andere Seiten kennengelernt.

Im Bundeskanzleramt geht es mittlerweile um den Kampf um den Kanzlersessel. Die Rücktrittsaufforderungen gegen Kurz sind bereits am Tag zuvor von allen Seiten auf uns eingeprasselt. In der Phase der Schwäche erkennt man auch die eigenen Leute. Der Pressesprecher des Vorarlberger Landeshauptmannes ruft mich an und erklärt mir am Telefon unverblümt, dass wir im Kanzleramt Platz machen sollten. Einzig meine Kollegen aus Tirol und Niederösterreich zeigen sich mir gegenüber bis heute unterstützend und freundlich. Landeshauptmann Markus Wallner ist in diesen Tagen auch der erste Landeschef aus den eigenen Reihen, der auf Distanz zu Kurz geht. Der Dominoeffekt lässt nicht lange auf sich warten. Interessant wird es, als Monate später Landeshauptmann Wallner selbst zur Zielscheibe der WKStA wird, als auch gegen ihn Ermittlungen laufen. Auch bei ihm werden Rufe nach Rücktritt gleich laut. Was solche Vorwürfe aus einem Menschen machen, spürt Wallner am eigenen Leib. Für mehrere Wochen muss er sich aus gesundheitlichen Gründen zurückziehen und übergibt für diese Zeit sein Amt an seine Stellvertreterin.[48] Ich habe diese Möglichkeit nicht. Vielleicht weiß er heute, wie sich das bei mir oder uns in einer ganz anderen Dimension anfühlt. Ich hätte jedenfalls niemals seinen Pressesprecher angerufen und gesagt, dass sie im Landhaus Platz machen sollen, so wie sie es uns ausgerichtet haben. Für Wallner freue ich mich, dass in seiner Causa die Ermittlungen eingestellt werden, es ihm wieder gut geht, er wieder sein Amt normal ausführen kann und ihm viel erspart bleibt. Einen derartigen Höllenritt verstehen nur jene, die ihn selbst erlebt haben. Und wir sehen: Es kann jeden (im bürgerlichen Lager) treffen.

Eine normale Arbeit ist nicht mehr möglich. Ich kann auch nicht arbeiten. Alle paar Minuten schießt Adrenalin durch meinen Körper. Phasen der Depression und der absoluten Niedergeschlagenheit wechseln mit Glücksgefühlen und dem Eindruck, dass alles wieder gut wird. Es dauert drei Tage, bis ich in der psychischen Lage bin, mit meinen Kindern zu telefonieren. Sie wollen unbedingt via Facetime mit mir sprechen. Ich weiß, dass ich das nur schaffe, wenn ich wieder einmal von positiven Gefühlen geleitet werde. Im Innenhof des Kanzleramtes rufe ich meine Frau an und telefoniere mit meinen Kindern. Die Tochter ist noch zu klein, um den Sachverhalt zu verstehen, der Mittlere ist sich etwas unsicher, weiß aber, dass etwas nicht stimmt. Unser großer Sohn kann die Dinge schon ein wenig einordnen. Von ihm werde ich schließlich auch gefragt: „Papa, es steht so viel über dich im Internet. Musst du ins Gefängnis?" Das ist der absolute Tiefpunkt. Mein Sohn fragt mich, ob ich in den Knast muss. Ich spiele es herunter, beruhige ihn und verspreche ihm, dass alles wieder gut wird. In Wirklichkeit würde ich lieber weinen. Wenn einem der eigene Sohn diese Frage stellt, ist jeder weitere Erklärungsversuch in der Öffentlichkeit sinnlos. Das Urteil ist schon gefällt worden. Nicht von unseren unabhängigen Gerichten, sondern von der veröffentlichten Meinung.

Für das Wochenende haben sich zehn meiner Jugendfreunde in Wien angekündigt. Es soll mein 40. Geburtstag nachgefeiert werden, der ein Jahr zuvor aus Corona-Vorsicht nicht gefeiert wurde. Also holen wir das Fest knapp nach meinem 41. Geburtstag nach. Freitagabend habe ich den Stammtisch in meinem Stammlokal, dem „Kolin", reserviert. Aufgrund der Ereignisse wollen meine Freunde ihren Wien-Trip absagen, aus Rücksicht auf mich. „Nein. Ihr kommt. Gerade jetzt brauche ich euch", sage ich einem Freund am Telefon.

Während meine Freunde im Zug nach Wien fahren, kämpfen wir im Kanzleramt um die politische Zukunft. Alle Minister des ÖVP-Regierungsteams stellen sich hinter Kurz. Der Koalitionspartner wittert allerdings Morgenluft und weiß, dass diese schmale offene Tür nun genutzt werden kann, um Kurz aus dem Amt zu hebeln. Vizekanzler und Grünen-Chef Kogler ruft der Reihe nach unsere Landeshauptleute an und übt Druck auf sie aus, wie uns aus mehreren Bundesländern berichtet wird. Es tritt das klassische ÖVP-Phänomen ein, das wir offenbar seit der Gründung am 17. April 1945 in unseren Genen haben. Ein guter ÖVPler glaubt zunächst den anderen, bevor er zuerst intern mal nachfragt und sich die Fakten anschaut. Es wird den anderen geglaubt, und der Kampfanzug bleibt im Schrank, statt aufzustehen und sich dagegen zu wehren. Wie oft habe ich das schon erlebt. In diesen Stunden spürt man leidvoll, was Parteifreunde in Wirklichkeit sind. Sie spüren es später aber auch, als sie bei den Landtagswahlen der Reihe nach ein Minus nach dem anderen einfahren. Für die vielen Freiwilligen, Ehrenamtlichen und Funktionäre tut mir das sehr leid.

Am späten Freitagnachmittag steht erstmals der Rücktrittsgedanke im Raum, und es fällt erstmals der Name des Außenministers Alexander Schallenberg als Nachfolger. Es wird im Kreisky-Zimmer emotional und heftig diskutiert. Ich bin gegen einen Rücktritt und würde eine neuerliche Wahl in Kauf nehmen. Meine „Geburtstagsfeier" am Abend, zu der ich auch Wochen zuvor Kurz, ein paar Minister und das Team eingeladen habe, bietet sich als gutes Ablenkungsmanöver an, um im Hintergrund die Rücktrittsfrage näher zu erörtern. Also gehe ich in einem völlig jenseitigen und depressiven Zustand zu meiner Feier, während Kurz daheim mit dem Team weiterberät.

Als meine Freunde eintreffen und ich sie sehe, würde ich am liebsten jedem um den Hals fallen. Die Situation ist bedrückend. Aber ich bin froh, dass sie jetzt hier sind. Vier dieser zehn Freunde standen bereits im September 1998 vor meiner Haustür. Es ist mein 18. Geburtstag, drei Wochen nach dem Tod meines Vaters. „Wir wissen, dass dir heute nicht zum Feiern zumute ist, aber wenn du auf deinen 18. anstoßen willst, wir sind für dich da."

Jetzt sind sie wieder für mich da. Genau mit diesen vier Freunden entsteht auch viele Jahre später ein gemeinsames Foto. Jedem davon schenke ich damals an Weihnachten einen Abzug davon, beigelegt mit einer handgeschriebenen Karte. „Wo befreundete Wege zusammenlaufen, sieht die Welt für eine Stunde wie Heimat aus" (Hermann Hesse). Diesmal hat der Weg meiner Freunde bis nach Wien geführt, und noch nie in den vielen Jahren hat sich Wien für mich mehr wie Heimat angefühlt als an diesem Abend. Was für ein Geschenk, solche Freunde über so lange Zeit zu haben!

Trotz der inneren Aufwühlung, der Ungewissheit und meiner körperlichen Ab- und Angeschlagenheit kann ich für einige Stunden abschalten. Es stoßen Landwirtschaftsministerin Elli Köstinger, Innenminister Karl Nehammer mit seiner Frau sowie Außenminister Alexander Schallenberg zur Feier. Es ist keine Feier, aber ich weiß, die Minister kommen, um für mich da zu sein. Auch Paul Ronzheimer, stellvertretender Chefredakteur der deutschen Bildzeitung, schaut vorbei. Es wird getrunken und gelacht, gemeinsam singen wir alle „Dem Land Tirol die Treue". Schallenberg ergreift zu später Stunde das Wort und garantiert mir vor allen Freunden seine volle Unterstützung und Solidarität. Er habe mich über die Jahre kennengelernt und wisse, was für „ein guter Mensch" ich sei. Wie wohltuend, und er hält bis heute sein Wort. Der Noch-Außenminister bleibt bis nach Mitternacht, als ihn ein Anruf von Kurz ereilt. Er muss die Party verlassen. Ich ahne, was nun auf ihn zukommt.

Die finale Entscheidung, als Kanzler zurückzutreten, fällt meiner Beobachtung nach erst am Samstagmorgen. Es ist eine emotionale Telefonkonferenz von Kurz mit seinem engsten Team, die gegen 9:00 Uhr stattfindet. Kurz hat die Entscheidung getroffen.

Er will gehen. Ich spreche mich dagegen aus. Kämpfen wir das durch. Lassen wir uns von den Grünen nicht rauskicken, schreie ich ins Handy. „Frischi, Frischi! Ich kann die Bevölkerung nach 2017 und Ibiza nicht nochmal zur Wahlurne bitten. Das ist zu viel. Das geht nicht. Außerdem ist immer noch Corona da", sagt Kurz in gewohnt ruhiger Art, als würden wir über ein harmloses Thema reden. Es ist entschieden. Wir vereinbaren, dass wir uns um 13:30 Uhr im Kanzleramt treffen.

Bereits für 11:00 Uhr habe ich eine Führung durch das Kanzleramt mit meinen Freunden ausgemacht. Ich zeige ihnen alle wichtigen Räume. Wir sitzen am Ministerratssitzungstisch, stehen am Rednerpult für Pressekonferenzen im Kongresssaal und versammeln uns im Kreisky-Zimmer um den Besprechungstisch von Kurz. Es werden Fotos gemacht. Ich tue so, als wäre der Tag völlig normal. In Wirklichkeit ist es auch mein letzter Gang durch alle Räume des Kanzleramtes. In meinem Büro trinken wir noch ein Bier. Gegen 13:00 Uhr bitte ich alle zu gehen und argumentiere, dass ich noch etwas im Büro erledigen muss, später aber in der Stadt zu ihnen dazustoßen werde. Es ist eine Notlüge. Noch einmal genieße ich die Ruhe im Kanzleramt, bevor sich alle zum letzten Aufgebot versammeln.

Mit Alexander Schallenberg sitzen wir im Kreisky-Zimmer und besprechen alle Vorkehrungen, die nun zu treffen sind. „Hast du das gestern schon gewusst?", fragt mich Schallenberg. „Wissen wäre übertrieben, aber ich habe gewusst, dass es auf dich möglicherweise hinauslaufen wird", antworte ich ihm. Wir holen seine Pressesprecherin dazu, die auch am Vorabend bei der Feier im „Kolin" dabei war. Claudia Türtscher ist mir über die Jahre in Wien zu einer guten Freundin und Kollegin geworden, wir kennen uns noch aus unserer gemeinsamen Zeit im Finanzministerium. Mit der Sache sind an diesem Nachmittag alle ein wenig überfordert. Es gibt aber mit Bernhard Bonelli und Stefan Steiner neben Kurz zwei Menschen, die auch mit dieser Situation gut umgehen können.

Am Abend tritt Kurz vor die Medien und erklärt, dass er „zur Seite" tritt. Er übergibt das Kanzleramt an Außenminister Alexander Schallenberg und bleibt weiterhin Parteichef. Sein Pressestatement gibt Kurz auch dieses Mal sehr professionell ab. In seinem Büro ist die Stimmung am Tiefpunkt angelangt. Direkt vom Medienstatement kommt er ins Büro zurück, in dem sich mittlerweile an die 20 enge Mitarbeiter aus dem Kanzleramt und der Partei versammelt haben. Manche sitzen am Besprechungstisch, andere lehnen an der Wand und starren ins Leere, andere schluchzen und weinen Arm in Arm. Ich stehe neben dem Kamin, an die Wand gelehnt, und bin diesmal sehr gefasst. Kurz spricht zu uns. Wie in einem Town-Hall-Meeting hält er für seine Mitarbeiter eine Motivationsrede, wie wir sie aus seinen besten Wahlkampfzeiten kennen. Alles habe einen Sinn, es seien die besten Jahre seines Lebens gewesen, wir seien ein großartiges Team, aber wir alle sollten jetzt loslassen. Wenn sich eine Tür schließt, öffnet sich eine neue. Es habe ihn gefreut und sei ihm eine Ehre gewesen, mit uns zusammenzuarbeiten. Es ist eine seiner stärksten Reden an seinem schlimmsten politischen Moment.

Für mich ist nun auch Zeit zu gehen, auch wenn mich Schallenberg im Team gerne behalten möchte. Das geht aber nicht, weil ich nicht möchte, dass ich zu einer Belastung für Schallenberg werde, der gerade zu Beginn seiner Kanzlerzeit keine weitere Altlast braucht. Zumindest aus der Schusslinie möchte ich mich nehmen, weil Medien in den kommenden Tagen bestimmt wissen wollen, ob mit Kurz auch seine Mitarbeiter gehen. Dem möchte ich vorgreifen und spreche Gerald Fleischmann an. „Ich glaube, Gerald, wir zwei sollten jetzt auch gehen." Ich werde zunächst meinen Resturlaub aufbrauchen. Er sieht es ähnlich. Im Hintergrund stehe ich Schallenberg und seinem Team weiter zur Verfügung und helfe, wenn ich um meine Meinung oder Unterstützung gefragt werde. Wenige Tage später schreiben Medien, dass ich vom Kanzleramt „beurlaubt" worden sei. Das stimmt nicht. Ich habe so viel Verantwortungsbewusstsein mir selbst gegenüber und die Courage, selbst darüber zu entscheiden und zu handeln. Heute bewundere ich die vielen Politiker, egal welcher Parteifarbe, die ebenso wie ich Beschuldigte in einem Verfahren sind, aber trotzdem weiter ihre politischen Ämter ausüben und zumindest nach außen hin so tun, als wäre alles in Ordnung. Ich bin dazu nicht in der Lage. Es ist aber auch ein Beleg dafür, dass jeder Mensch unterschiedlich mit solchen Situationen umgeht. Es gilt die Unschuldsvermutung, und man sollte jedem Beschuldigten in unserem Rechtsstaat dieses Recht auch einräumen, dass er weiterhin seinen Beruf ausüben kann und in der Gesellschaft akzeptiert ist, bis ein unabhängiges Gericht entscheidet. Mich reißen die Geschehnisse der vergangenen Tage in ein derart tiefes Loch, dass ich selbst manchmal daran zweifle, wieder heil herauszukommen.

Am Sonntag sitze ich wieder nach einer durchzechten Nacht allein im Büro. Es fließt viel Alkohol in den Nächten dieser dunklen Oktobertage im Jahr 2021. Er löst kein einziges Problem, aber er mildert meine seelische Notsituation. Wieder packe ich die Fotos meiner Kinder und ihre Basteleien aus Kindergarten und Schule in meinen Umzugskarton. Emotionslos räume ich meine zwei Schränke im großen Metternich-Zimmer leer. Ich werfe die Schreddermaschine an und lasse symbolisch das türkis-grüne Koalitionsabkommen Seite für Seite in tausende Teile zerlegen. Ich weiß mittlerweile, dass das Wort und der Handschlag der Grünen in der Politik nicht einmal ein Papierfutzel wert sind.

Am Abend treffe ich noch mal Paul Ronzheimer. Er ist ein Profi, der die Dinge gut trennen kann. Zuerst die Berichterstattung und nach Redaktionsschluss ein Freund, der zum Reden und Zuhören zur Verfügung steht. Dafür muss ein Deutscher nach Wien kommen. Danke, Paul!

Die Tage nach dem Kanzlerrücktritt von Kurz verbringe ich viel allein in meiner Wohnung. Eine Heimreise ist noch nicht möglich, weil noch viele Dinge zu erledigen sind. Die Schlafstörungen wollen nicht aufhören, sondern nehmen zu. Existenzängste und Zukunftsfragen quälen mich Tag und Nacht. Mein Körper lässt immer mehr nach. Ich verlasse kaum das Bett. Die Adrenalinausschüttungen, der regelmäßige Pulsanstieg, meine Panikattacken und Schweißausbrüche nehmen mir die letzte Kraft. Wie ferngesteuert wandle ich durch meine Wohnung. Es sind die Telefonate mit meiner Frau, die mich jetzt über Wasser halten.

„Hast du dir überlegt, professionelle Hilfe zu holen? Mach das, es wird dir helfen“, gibt mir jener Arbeitskollege den Tipp, der zwei Jahre zuvor durch die Schredderaffäre landesweite Berühmtheit erlangte. Er schickt mir die Nummer jener Ärztin, die ihm damals geholfen hat. Gleich am nächsten Tag bekomme ich einen Termin. Ich stehe dieser Behandlung sehr aufgeschlossen gegenüber. Alles in sich hineinfressen, nützt nichts. Ich muss reden, brauche Hilfe, und vor allem macht mein Körper nicht mehr lange mit.

Meine Sitzung bei der Psychotherapeutin offenbart ein paar

Dinge. Während des Gesprächs und der Feststellung meines Zustands kommt sie um das eine Thema nicht herum. Ob mir in den vergangenen Tagen auch Gedanken an Suizid gekommen seien, will sie wissen. Wortlos nicke ich. Natürlich kam mir der Gedanke, ob nicht der Sprung in die Donau einfacher wäre. Was mich davon abgehalten habe, bohrt sie nach. Sie entlockt mir für ein paar Sekunden ein Lächeln. „Weil ich zu feig bin. Ich würde das nie hinbekommen. Und weil ich drei Kinder habe und eine Frau. Ich habe mit ihnen noch viel vor. Ich will sehen, wie sie aufwachsen und was aus ihnen wird. Jetzt davonzulaufen, würde eine noch viel größere Tragödie anrichten", sage ich mit zittriger Stimme. Es ist bedrückend, über dieses Thema sprechen zu müssen. Überrascht bin ich noch viel mehr, als sie von mir wissen möchte, ob ich schon einmal einer solchen Stresssituation ausgesetzt war. Ich erzähle ihr vom Tod meines Vaters vor mehr als 23 Jahren. Je länger ich darüber mit ihr spreche, je mehr ich darüber erzähle, umso tiefer falle ich in einen depressiven Zustand. In dieser einen Stunde Therapie muss ich mir eingestehen, dass ich den Verlust meines Vaters nie richtig aufgearbeitet habe.

Die Ärztin macht mit mir Übungen und spritzt mir ein Mittel. Ob sie mir tatsächlich etwas spritzt oder nur ein Placebo verabreicht, weiß nur sie. Nachher fühle ich mich jedenfalls so gut, dass ich am liebsten die ganze Welt umarmen möchte. Ich bitte die Psychotherapeutin, mir pflanzliche Mittel gegen die Schlafstörungen und die innere Unruhe zu verschreiben. Auf harte Psychopharmaka will ich bewusst verzichten. Sie schreibt mir eine lange Liste zusammen mit Empfehlungen für Kapseln, Tropfen und Pulver. Auch etwas gegen die Übersäuerung meines Körpers empfiehlt sie mir. Für den Notfall verschreibt sie mir auch ein Antidepressivum.

„Aber wirklich nur einnehmen, wenn es Ihnen sehr schlecht geht, und nur eine halbe Tablette“, ermahnt sie mich. Die Stunde bei ihr hat mir sehr geholfen. Wir bleiben in telefonischem Kontakt. Vor Weihnachten schaue ich bei ihr nochmal vorbei, um mich richtig auf die Feiertage vorzubereiten.

Zehn Tage nach der Hausdurchsuchung kann ich endlich nach Hause fliegen. Nun habe ich auch Zeit, ausführlich mit meiner Frau sprechen zu können. Den ganzen Abend erzähle ich ihr, was in den letzten Tagen passiert ist. Sie ist der Fels und jener Anker, der mich bei Laune und am Leben hält.

Die Zeit zu Hause versuche ich zu genießen, soweit es mir möglich ist. Ich nehme mir vor, drei Wochen daheim zu bleiben und der Wiener Aufregung zu entfliehen. In Deutschland bin ich mehr oder weniger anonym unterwegs. Ein paar Freunde und die Nachbarn wissen Bescheid, ansonsten bin ich einer unter 80 Millionen Deutschen. Ich versuche auch, keine Zeitungen zu lesen.

Kurz ruft mich jeden Tag an und erkundigt sich, wie es mir geht. Wir reden viel und richten uns gegenseitig auf. Er mehr mich als umgekehrt. Daheim beginne ich, mich um jene Dinge zu kümmern, die ich die 13 Jahre davor nicht zwingend machen musste. Ich koche jeden Tag für die Familie, wasche, bügle, räume im Haushalt auf, gehe einkaufen, bringe die Tochter in den Kindergarten und hole sie ab und so weiter. Am Vormittag begleite ich meine Schwägerin bei ihrem täglichen Spaziergang mit ihrem Baby. Wir spazieren über Wiesen und durch den Wald. Die Zeit wirkt auf mich wie Entschleunigung und Neustart, es ist eine gute Ablenkung. Die Gespräche mit meiner Frau sind die beste Medizin.

Den Nationalfeiertag nutze ich für einen Besuch bei meiner

Mutter. Dank der Herbstferien wird es ein kleiner Familienurlaub. Bei meiner Mutter hat sich die Aufregung vom Tag der Hausdurchsuchung längst wieder gelegt. Aber ihre Sorge um mich ist weiterhin groß. Mittlerweile zeigt sie auch wieder Humor und schiebt mir einen USB-Stick über den Küchentisch. Den habe die WKStA bei der Hausdurchsuchung nicht gefunden. „Soll ich den Stick der Staatsanwaltschaft schicken?“, fragt sie mich. „Was ist auf dem Stick?“, frage ich zurück. „Nach einem Rohrbruch machte das Unternehmen eine Aufnahme über den Zustand der alten Abwasser- und Kanalrohre. Wenn sie sich schon die ganze Zeit mit ähnlichen Dingen beschäftigt, dann würde ihnen dieses Video sicher auch gefallen“, meint sie lächelnd. Mir entlockt es ein kleines Grinsen.

Während ich zu Hause bin, stirbt im Ort der Vizebürgermeister. Ich kenne ihn seit meiner Kindheit, seine Tochter ist eine alte Schulfreundin von mir und nur ein paar Tage älter als ich. Seine Beerdigung wird für mich der große Test. Zuerst will es meine Familie nicht verstehen, dass ich mich wirklich der Öffentlichkeit zeigen möchte. Ein Dorf ist eben immer noch ein Dorf und keine Großstadt. Mir ist bewusst, dass ich mich dem ganzen Ort stelle, wenn ich zur Beisetzung des Vizebürgermeisters gehe. Jeder kennt jeden, jeder spricht über jeden. „Ja, das will ich jetzt machen und muss ich machen. Ich werde mich nicht ein Leben lang verstecken.“ Auch wenn es mir innerlich dreckig geht, mache ich mich auf den Weg. Als ich über den Dorfplatz gehe, sind Dutzende Augen auf mich gerichtet. Das ganze Dorf ist auf den Beinen, der Vizebürgermeister war sehr beliebt. Ich lasse mir nichts anmerken, gehe aufrecht über den Platz und grüße die Menschen, so wie immer. Mir kommen von allen Seiten freundliche Grüße zurück. Das hat noch nichts zu bedeuten, aber die Gesichtsausdrücke und Blicke der Menschen sagen viel. Natürlich sind auch ein paar wenige darunter, die mir wohl am liebsten an den Kragen gehen wollen. Das sind aber die Üblichen, denen ich schon vorher nie gepasst habe, die auch nie ÖVP gewählt haben. Für mich auch okay. Umso mehr haben sie jetzt etwas zum Reden.

An diesem Tag kommt mir eine überraschend große Welle der Unterstützung und Solidarität entgegen. Es gehen Menschen auf mich zu, von denen ich niemals erwartet hätte, dass sie mich ansprechen würden. Viele Leute zeigen mir zwei geballte Fäuste, um zu signalisieren, dass sie mir die Daumen drücken. Andere wiederum empören sich, dass so etwas in der Republik möglich ist, und bedauern den Rücktritt von Kurz. Da ist wenig gespielt, ich kenne die Leute. Aber ich weiß auch, dass es Menschen gibt, die es natürlich völlig anders sehen. Das sind bestimmt auch nicht wenige.

Im Anschluss an die Beerdigung gehe ich auch zum Dorfwirt. Das Lokal ist voll von Einheimischen. An diesem Tag mache ich nur am späten Abend eine negative Erfahrung, als mich ein junges Mitglied eines örtlichen Vereins anspricht und mich fragt, ob ich ihm aus meiner Sicht die Situation erklären könnte. Ich mache es und skizziere in groben Zügen, was so passiert ist. Er quittiert es lediglich mit einem Satz: „Okay, alles gut und recht. Es würde aber dennoch nicht schaden, wenn du und die anderen jetzt einmal eine gewisse Zeit in einer Justizvollzugsanstalt verbringen würden." Harte Worte, wenn man sie direkt ins Gesicht gesagt bekommt. Aber auch er ist einer, der nach Corona von der Politik offenbar enttäuscht ist, wie mir später erzählt wird, und mit mir ein gutes Ventil gefunden hat. Mich der Dorfgemeinschaft zu stellen, war jedenfalls eine richtige Entscheidung. Ich gehe erst nach

Mitternacht nach Hause und bin vollgepackt mit vielen motivierenden Worten und Zeichen der Unterstützung. Dafür werde ich diesen Menschen immer dankbar sein.

Nur schleppend gelingt es mir in diesen Wochen, einen erträglichen Rhythmus zu finden. Die depressiven Phasen halten an, kommen jedoch seltener. Nach wie vor wache ich nachts auf und wandle durch unser Haus. Ich bin Katholik, besuche selten einen Gottesdienst, bin aber gläubig und hadere nach diesen Wochen nun auch mit Gott. Mein Frust sitzt so tief, dass ich sogar aus der Kirche austreten will, was in der Familie für Aufregung sorgt. Aber das erste seelische Tief ist dank meiner Frau, meinen Kindern, meiner Mutter, meinen zwei Schwestern, den Schwiegereltern sowie meiner Schwägerin und meinem Schwager mit ihren Familien überstanden. Langsam ruft auch wieder Wien nach mir. Der neue Bundeskanzler möchte mich treffen. Ich besuche ihn im Bundeskanzleramt. Die vergangenen Wochen habe ich fast jeden Tag aus Deutschland telefonisch oder per SMS im Hintergrund bei der Medienarbeit mitgeholfen. Das Treffen mit Alexander Schallenberg ist von einer freundschaftlichen Atmosphäre geprägt. Er macht sich ernsthafte Sorgen um mich und will mir mit aller Kraft helfen. Ich winke aber dankend ab. Meine Zeit in der Politik ist vorbei, versuche ich ihm zu erklären. Und ich möchte kein Bremsklotz bei seiner täglichen Arbeit sein. Was ich allerdings in Zukunft machen soll, ist mir Mitte November 2021 auch noch nicht klar. Überleben ist zunächst einmal das Wichtigste.

Ende des Monats erhalte ich gegen 5:00 Uhr früh von Kurz eine SMS. „Bei Susanne sind die Wehen losgegangen", schreibt er in die Gruppe. Keine drei Stunden später vermeldet er die Geburt seines Sohnes Konstantin. Alle im Team gratulieren ihm per SMS.

Am späten Vormittag rufe ich ihn noch direkt an, um ihm auch persönlich zu gratulieren. Dieses Telefonat ist deshalb so einprägsam, weil ich einen anderen Kurz höre als die Jahre zuvor. Am Wochenende sage ich zu meiner Frau, dass etwas mit Kurz nicht stimme. „Ich glaube, er schmeißt jetzt komplett hin", mutmaße ich.

Und so kommt es drei Tage später. Wieder vegetiere ich förmlich in meiner Wiener Wohnung vor mich hin, als mich Kurz gegen 16:00 Uhr anruft. Ob ich sitzen würde und Zeit hätte, ihm zuzuhören, meint er zu Beginn des Gesprächs. Die Geburt seines Sohnes hätte in ihm etwas ausgelöst. Er möchte sich komplett aus der Politik zurückziehen und auch als Parteichef der ÖVP zurücktreten. Kurz bittet mich, vorerst nichts zu sagen und zuerst darüber nachzudenken. Er werde sich in einer Stunde wieder melden, was er auch pünktlich macht. „Es ist richtig, jetzt zu gehen. Noch kannst du selbst darüber entscheiden. Irgendwann nimmt dir aber jemand diese Entscheidung ab, also ist es besser, jetzt zu gehen", erkläre ich ihm. Kurz lacht. „Bei dir habe ich noch gerechnet, dass du dich gegen einen Rücktritt aussprichst." Wahrscheinlich hätte ich das noch ein paar Wochen zuvor getan. Mein Punkt, die Politik zu verlassen, war aber schon längst erreicht. Noch einmal formiert sich das Team von Kurz und bereitet seinen Abschied aus der Politik vor. Eine Telefonliste mit über 300 Leuten wird angelegt, die vor seinem Medienstatement informiert werden müssen. Wir kategorisieren alle Personen und teilen ein, wer wen und wann anruft. Gerald Fleischmann und ich geben einen Tipp ab, zu welcher Uhrzeit der Rücktritt von Kurz den Weg in die Medien finden wird. Wir liegen nur drei Minuten daneben, bis die erste Tageszeitung bei uns anruft.

„Ich bin weder ein Heiliger noch bin ich ein Verbrecher", ist für mich der zentrale Satz seiner Rücktrittserklärung an der Politischen Akademie. Dieser Satz sagt viel und bringt nicht nur das politische Wirken von Kurz auf den Punkt, sondern erklärt auch einfach, wie Politik funktioniert. Und auch Medien. Es sind alle keine Heiligen, aber auch keine Verbrecher!

Mit seinem endgültigen Rückzug aus der Politik müssen die Weichen in der Regierung und in der Partei völlig neu gestellt werden. Kanzler Schallenberg kehrt wieder ins Außenministerium zurück. Innenminister Karl Nehammer wird zum neuen ÖVP-Chef designiert und am Nikolaustag zum neuen Bundeskanzler angelobt.

Der Tag der Angelobung ist für mich schwer zu ertragen, weil es die erste Regierungsangelobung seit meinem Wechsel nach Wien ist, bei der ich keine Rolle mehr habe. Ich sitze an diesem Montag um 7:00 Uhr früh im Flugzeug auf dem Weg nach Wien und frage mich im Flieger, was ich eigentlich in Wien tun soll. Es ist der erste Tag, an dem ich absolut im Abseits stehe, weder etwas zu tun habe noch nach etwas gefragt werde.

Mein Handy ist am Vormittag de facto tot. Im TV läuft live die Angelobung. Ich muss abschalten. Ein sichtlich gut gelaunter Jungvater ruft mich an und fragt mich, wie es mir geht. „Heute geht's mir wirklich dreckig. Ich weiß nicht, was ich machen soll", antworte ich Kurz. „Gib mir deine Adresse, ich schau am Abend bei dir vorbei." Eigentlich sollte es an diesem Tag Kurz schlecht gehen. Es ist die Angelobung des neuen Kanzlers, und an diesem Tag wird endgültig sein Ende in der Innenpolitik besiegelt. Stattdessen steht er am Abend in Jeans, T-Shirt und einem Sixpack Bier vor meiner Wohnungstür. Mehrere Stunden sitzen wir an meinem Küchentisch. Kurz richtet mich auf. Wir beide seien noch sehr jung, könnten noch so viel machen. Auch wenn jetzt die Lage nicht die beste sei, hätten wir noch so viele Möglichkeiten, uns zu entfalten. Schon jetzt habe er nach wenigen Tagen seines Rücktritts so viele Jobangebote aus der Privatwirtschaft und dem Ausland erhalten. Alles werde gut, und auch das Strafverfahren würden wir irgendwie über die Bühne bringen. Ich solle mich loslösen von der Politik und dem Gedanken, wegen der Hausdurchsuchung ein schlechter Mensch zu sein. Ich selbst würde doch am besten wissen, dass ich unschuldig sei und welche Stärken und Fähigkeiten ich habe. Das alles solle ich wegen der Ermittlungen nicht über Bord werfen. Und ich solle nie vergessen, dass ich eine großartige Frau habe, die mich jetzt zu Hause unterstützen würde.

Dieser Abend ist ein erster kleiner Wendepunkt nach vielen Wochen tiefer Depression, Verzweiflung und dem kurzen Gedanken, allem ein Ende zu setzen. Er fordert mich heraus, wieder unter die Leute zu gehen, Menschen zu treffen und aufzuhören, in gebückter Haltung durch Wien zu laufen und mich zu verstecken. Noch am gleichen Abend gehen wir in der Stadt mit Freunden auf einen Drink.

Mit der neuen Regierungsspitze und meinem Abschied aus dem Kanzleramt steige ich auch aus der WhatsApp-Gruppe aller Pressesprecher des ÖVP-Regierungsteams aus. Es ist das Forum, in dem jeden Tag über kurzem Weg Infos weitergegeben und ausgetauscht werden. Alle Sprecherkollegen wurden über die Jahre zu Freunden. Das Schöne an dieser Gruppe und diesen Menschen: Jeder hat jeden immer uneingeschränkt unterstützt und ihm geholfen, wenn wieder einmal an der Medienfront Feuer am Dach war oder sich eine ungemütliche Geschichte anbahnte. Auf jede

Sprecherin und jeden Sprecher konnte ich mich immer verlassen. Sie waren mir eine enorm große Unterstützung. Dafür danke ich ihnen. Zum Abschied schreibe ich in die Gruppe: „Liebes Team, für mich ist es an der Zeit, hier nun aus der Gruppe auszusteigen. Danke für die gemeinsame Zeit. Danke für die vielen schönen Momente. Danke für eure Leidenschaft. Sorry für meine Launen. Ihr seid mir alle sehr ans Herz gewachsen. Wir sehen uns. Alles Gute euch allen. LG Frischi". Für 20 Minuten bleibe ich noch in der Gruppe und lese die Reaktionen, die mich sehr berühren.

Das Kanzleramt liegt hinter mir, und ich beziehe vorübergehend im ÖVP-Parlamentsklub ein Büro und komme an jene Wirkungsstätte zurück, in der 2008 meine ersten Jahre in Wien begonnen haben. Viele Mitarbeiter kenne ich noch aus dieser Zeit und werde dementsprechend herzlich von allen aufgenommen. Ich kann mich sofort unterordnen, etwas anderes bleibt mir auch nicht mehr übrig. Nun bin ich nicht mehr der Dirigent des täglichen Medienorchesters der ÖVP. Aber ich tue mir schwer, mich allen Mitarbeitern zu zeigen. Nur wenn ich mir einen Kaffee hole, verlasse ich das Büro. Ich igle mich ein und suche wenig Kontakt. Im ÖVP-Klub bin ich nach wie vor mit der tagespolitischen Arbeit konfrontiert. Ich kann und will aber nicht mehr. Daher suche ich ein Betätigungsfeld, bei dem ich in Ruhe arbeiten und trotzdem dem Klub einen Mehrwert liefern kann. Nach dem Jahreswechsel steige ich in den vollen Dienstbetrieb ein und wechsle in Klubräumlichkeiten im Palais Epstein. So entkomme ich dem klassischen Klubbetrieb und kann mich auf meine neue Arbeit im Redaktionsteam des Klubblogs „Zur-Sache" konzentrieren. Der neue Blog wurde zu unserer Zeit gegründet und wird vom ehemaligen Chefredakteur der Tiroler Tageszeitung und Furche, Claus

Reitan, geleitet. Für mich ist das nach den hektischen, turbulenten und aufreibenden Jahren der ideale Ort, um runterzukommen und mein Leben neu zu ordnen. Vor allem tauche ich aber ab, verschwinde von der politischen Bühne und nehme mich aus dem medialen Schussfeld. Mit Claus Reitan finde ich über die Monate den geeigneten Partner für zahlreiche Gespräche. Er hilft mir sehr bei der Aufarbeitung der Situation.

Mit Weihnachten 2021 beginnt für mich auch eine Art emotionale Wende. Ich bin diesmal froh, dass wir erneut wegen der Corona- und der Quarantäneregeln bei unseren schulpflichtigen Kindern nicht nach Tirol fahren können. So verbringen wir erstmals seit sehr vielen Jahren Weihnachten nur als Familie alleine in Deutschland. Mir kommt das gelegen. Ich möchte Ruhe haben und das Thema Strafverfahren und weitere Zukunft an diesen Tagen ausblenden und nicht jedes Mal mit der Familie, Verwandtschaft und Freunden darüber und über meinen Seelenzustand reden müssen. In den Weihnachtsferien ruft mich Kurz jeden Tag an. Er ist bereits viel weiter über den Berg als ich und steckt mich mit seinem Optimismus an. Er hilft mir Tag für Tag, immer weiter aus dem tiefen Loch zu kommen. Gleichzeitig rede ich viel mit meiner Frau. Die Silvesternacht wird für mich daher wirklich der Moment, mit all dem Alten abzuschließen. Auch wenn ich weiß, dass mich das Verfahren und die Ermittlungen gewiss Jahre begleiten werden, versuche ich, das Beste daraus zu machen. Erster Neujahrsvorsatz: Ich setze alle Beruhigungsmittel ab und finde wieder Freude am Leben. Als ich in der zweiten Jännerwoche in Wien wieder meine Arbeit aufnehme, setze ich mich am Abend an den Küchentisch und formuliere auf Post-its persönliche Ziele. Zum einen schreibe ich mir Ziele auf, die meine innere Haltung stärken sollen, und zum anderen setze ich mir einen Zeithorizont, auf den ich mich beruflich hinentwickeln möchte. Die Post-its klebe ich auf die Kühlschranktür. Jeden Morgen, bevor ich in die Arbeit gehe, trinke ich bewusst eine Tasse Kaffee, was ich früher nie gemacht habe, stelle mich vor den Kühlschrank und verinnerliche die Botschaften auf den Post-its: „Würde", „Stolz", „Freude", „Familie", „Liebe am Leben". „Ziel 2023: Selbstständig".

Meine gesellschaftliche Integration fällt mir aber weiterhin sehr schwer. In Wien gehe ich nach der Arbeit immer gleich nach Hause. Ich lese Bücher und verfalle in nächtelange Netflix-Serien. Aber es geht mir von Tag zu Tag besser. Zunächst treffe ich nur Freunde und ehemalige Arbeitskollegen. Mit der Zeit entstehen auch wieder Kontakte zu Journalisten. Man kann es fast mit einer Resozialisation vergleichen.

Unabhängig von meiner positiven psychischen Entwicklung muss ich mich aber auch den Ermittlungen und dem Strafverfahren stellen. Mein Rechtsanwalt bittet mich, endlich einmal den Strafakt zu lesen. Monatelang bin ich dazu nicht in der Lage, aber ich muss nun in die Gänge kommen. Je mehr ich im Strafakt lese, desto mehr Widersprüche zeigen sich für mich. Ich vertiefe mich über Nacht in die Unterlagen und werde zu einem kleinen „Inspector Columbo". Mit der Justiz, den Staatsanwaltschaften und den Gerichten hatte ich bisher nichts zu tun, und ich bin unbescholten. Einmal musste ich eine Zeugenaussage machen, und das liegt viele Jahre zurück. Dementsprechend stark geht mir die Angelegenheit an die Psyche, weil ich auch nur ein Laie bin und mich bei derartigen Justizthemen nicht auskenne.

Jedenfalls lerne ich im Jahr 2022, mit der Sache richtig umzugehen. Diesen (schweren) Rucksack trage ich ständig mit mir, und ich weiß, dass ich ihn auch nicht schnell loswerde. Aber in der Zwischenzeit öffne ich den Rucksack nur noch, wenn es absolut notwendig ist.

Ich bitte die Leserinnen und Leser dieses Buches um Verständnis, dass ich hier auf die erhobenen Vorwürfe nicht im Detail eingehen kann. Auch auf Anraten der Anwälte werde ich mich diesbezüglich hier zurückhalten. Gerne würde ich darüber sprechen und der Welt erzählen, wie, was, wann abgelaufen ist und dass die erhobenen Vorwürfe nicht stimmen. Die WKStA hat mich bis zum Schreiben dieser Zeilen noch nicht einvernommen. Ich glaube aber nach wie vor an die Institutionen und unser System. Ich glaube an dieses Land, für das ich so lange arbeiten durfte, und an die Gerechtigkeit. Ich glaube an die Justiz. Zwar mögen aus meiner subjektiven Perspektive ein paar wenige Staatsanwälte der WKStA eine eigene Agenda verfolgen – und diesen Eindruck lasse ich mir von niemandem ausreden oder verbieten, schon gar nicht nach dem Aktenstudium von aberzigtausenden Seiten –, doch funktioniert unser Justizsystem als Ganzes. Ich habe nicht die geringsten Zweifel an der Unabhängigkeit der Richterschaft, an den Damen und Herren im Talar, die im Namen der Republik über Recht und Unrecht, Schuld oder Unschuld entscheiden. Auch wenn die mediale Berichterstattung, wie in vielen anderen sogenannten „clamorosen Fällen", der Causa öffentlich bereits eine starke Schlagseite gegeben hat, vertraue ich den Richterinnen und Richtern, dass sie unvoreingenommen und neutral den Fall betrachten und meinen Darstellungen folgen werden. Selbst wenn das Verfahren trotz all der Widersprüche und Zweifel im großen Schwurgerichtssaal des Wiener Landesgerichts enden sollte, wird wohl keiner der engagierten Oberstaatsanwälte der WKStA mit dabei sein, die den Fall ins Rollen gebracht haben. Im Verlauf der Ermittlungen haben sie sich laut Medienberichten der Reihe nach aus der Organisation verabschiedet.[49] Wie ich dieses „Finale“ durchstehe? Keine Ahnung.

Bereits im Frühjahr 2021, als ich das Kanzleramt verlassen wollte, registrierte ich mich im Gewerberegister als „PR-Berater“ und meldete dem Kanzleramt meine Nebenbeschäftigung. Ich traf damals schon Vorsorge für meinen Weg in die Selbstständigkeit. Ein Jahr später reift dieser Gedanke, und ich fasse den Entschluss, Anfang 2023 mit meinem kleinen Unternehmen zu starten. Die Entscheidung ist richtig, und ich bereue es bis heute nicht. Das Jahr 2022 wird für mich in Summe zu einem Jahr der Veränderung. Schritt für Schritt lasse ich die Politik immer mehr hinter mir. Bleiben wird immer etwas. Gleichzeitig blühe ich als Familienvater richtig auf. Der einzige Vorteil der vielen Ereignisse ist der, dass ich nun sehr viel Zeit für meine Frau und meine Kinder habe. Die verlorenen Jahre kann ich nicht mehr zurückholen, aber ich kann versuchen, ihnen jetzt der Vater und Ehemann zu sein, der ich bin und sein will. Die Anrufe, Telefonkonferenzen und die vielen SMS sind Geschichte. Erst jetzt merke ich, wie viel Zeit mit den Kindern von der Politik aufgefressen wurde. Das war ein hoher Preis, den ich bezahlte.

Die vergangenen Jahre waren für mich eine Grenzerfahrung. Ich habe die Grenzen meines Körpers und meiner Psyche kennengelernt. Ich habe gelernt, wie belastbar eine Ehe sein und wie viel Liebe man von seiner Partnerin erhalten kann. Gelernt habe ich auch, wer zu mir steht und wer sich abwendet, welche Freundschaft Bestand hat und welche auseinandergeht, wer mir hilft und wer mich fallen lässt.

Ich wäre fast an den Ereignissen des Herbstes 2021 zerbrochen, habe viel mit mir selbst gehadert und in den einsamen Stunden gegen die dunkelsten Gedanken angekämpft. Heute, drei Jahre später, geht es mir gut. Ich kann gut damit umgehen und auch wieder lachen. Langsam beginne ich wieder, anderen Menschen zu vertrauen. Es stimmt: Man muss im Leben immer einmal öfter aufstehen, als man umfällt. Fast wäre ich nicht mehr hochgekommen. Die tiefen Wunden in meinem Inneren sind verheilt, die Narben bleiben bestehen, für immer.

Eines kann ich jedenfalls sagen: Das, was mir widerfahren ist und mir möglicherweise blüht, wünsche ich niemandem. Wirklich niemandem. Nicht einmal jenen politischen Gegnern, die erbittert mit Anzeigen derartige Verfahren ins Rollen bringen und ständig das politische Klima im Land vergiften.

WAS ICH NOCH SAGEN WILL

Würde ich heute etwas anders machen? Ein paar Dinge sicher. Habe ich Fehler gemacht? Ja, bestimmt viele. Bin ich ein Krimineller? Gewiss nicht!

Die Jahre in Wien und die Zeit im Bundeskanzleramt waren die besten meines beruflichen Lebens. Ich habe viele Freunde gefunden und besonders in den vergangenen drei Jahren eine dicke Haut entwickeln können, die mich besser schützt. Ich bin gelassener geworden und ruhiger. Aber ich gebe zu, es hat etwas mit mir gemacht. Ich bin nicht mehr der, der ich noch vor vier, fünf oder sechs Jahren war. Ähnlich sieht es mein ältester Sohn, aber aus einem anderen Blickwinkel. Im Sommerurlaub 2024 will er von mir wissen, wie es damals war, als das Ibiza-Video die Regierung sprengte. Als ich ihm davon erzähle, meint er: „Das waren echt krasse Zeiten, Papa. Als Pressesprecher von Kurz hattest du in jedem Urlaub und an allen Wochenenden immer nur das Handy in der Hand. Heute bist du viel lustiger und viel chilliger." Zum Lachen war mir die letzten drei Jahre nicht oft, aber heute kann ich zumindest meinen Kindern ein Lächeln entlocken. Das macht mich glücklich.

Was mir hilft und mich stolz macht: Ich habe mich niemals vom süßsauren Parfüm verleiten lassen, mich am Beruf und an der einhergehenden Macht zu berauschen und mein Wesen zu verändern, wie ich es bei anderen wahrgenommen habe. Keiner von uns im Team ließ sich von der Macht verführen. Heute gehe ich genauso durchs Dorf wie noch vor zehn Jahren. Ich wollte immer einer vom Dorf sein und einer bleiben. Der Glanz des Scheinwerferlichts, das Privileg des Kanzleramts, hat mich natürlich beeindruckt. Das hatte ohne Zweifel etwas Besonderes. Primär wollte ich aber immer einen Beitrag für das Land leisten, egal wo. Ob mit Scheinwerfer oder ohne.

Wenn ich etwas bereue, dann den Umstand, dass ich mich im Sog der Arbeit, im Eifer meines Engagements und im vollen Einsatz für das Land manchmal im Ton vergriffen und Menschen beleidigt habe. Die Belastung und Erwartungshaltung, der man im Job ausgesetzt ist, und manchmal auch nur das Verlangen, anderen etwas beweisen oder sie beeindrucken zu wollen, sind dafür keine Entschuldigung. Es ist aber die Luft, die immer dünner wird, je höher der Druck steigt, und auch die Haut, die immer empfindlicher wird. Es war bei mir aber nicht die Hybris oder der Rausch der Macht, sondern meine Emotionalität und die Sturheit, die uns Ötztalern manchmal nachgesagt wird. Nachgeben tun wir jedenfalls ungern. Das tut mir sehr leid, und dafür möchte ich mich auch entschuldigen.

Umgekehrt musste auch ich viel einstecken und war als Pressesprecher von Kurz für viele das Ventil, um Dampf abzulassen. Kabinettschefs, Pressesprecher und Kabinettsmitarbeiter sind die erste Anlaufstelle für Kritik sämtlicher Art und in jeder Form – aus allen Ecken der Republik –, wenn man etwas beim Minister oder Bundeskanzler deponieren will, es ihnen aber nicht persönlich ins Gesicht sagen möchte – warum auch immer. Die Beleidigungen und Beschimpfungen, die ich mir über die Jahre anhören musste, waren heftig und schmerzlich. Ich habe sie immer sehr persönlich genommen und nicht selten deshalb eine schlaflose Nacht verbracht. Vielleicht habe ich meinen Job zu ernst genommen. Halbherzige Arbeit wäre für mich aber auch nie eine Option gewesen.

Bleibt für viele Leserinnen und Leser wohl wie für mich selbst die Frage, wie ich Sebastian Kurz nach diesen Jahren, geprägt von Wahlen, Ibiza, Corona, Klimawandel, Terrornacht, Ermittlungen und Rücktritt einordne. Ohne Verklärung: Er ist ein guter Mensch und war ein feiner Chef. Es stimmt, Kurz hatte immer einen Schutzmantel um sich. Einblicke in sein Innerstes gewährte er nur sehr selten. Ich denke, das ist seiner harten Zeit zu Beginn als Staatssekretär geschuldet, als er mit erst 24 Jahren medial durch Sonne, Mond und Sterne geschossen wurde. Das hat ihn geprägt und gleichzeitig auch stark gemacht. Er hat als Bundeskanzler viele Vorkommnisse in der Tagespolitik besser und stärker verkraftet als wir im Team. Sein Anspruch war immer zu arbeiten und zu liefern. Er war der Ruhepol, und gleichzeitig hat mich seine Ungeduld manchmal zur Verzweiflung gebracht. Unsere Professionalitätsansprüche waren sehr hoch, zu hoch. Jeder von uns hat alles gegeben. Natürlich haben wir manchmal übertrieben und übers Ziel hinausgeschossen. Aber das war unser Zugang: gewählt zu werden, um für das Land zu arbeiten und das umzusetzen, was man versprochen hat. Das Regierungsprogramm war für uns keine Textwüste mit Lippenbekenntnissen, sondern die Betriebsanleitung und To-do-Liste unserer täglichen Arbeit. Kurz sehnte sich auch immer nach Gerechtigkeit, er ist ein zutiefst sozialer Mensch und sehr leistungsorientiert. Das ist kein Widerspruch. Gegenseitige Wertschätzung und ein respektvoller Umgang waren und sind ihm wichtig. Egal, wen er im Bundeskanzleramt empfangen hat, jeder wurde mit der gleichen Anerkennung behandelt, und er nahm sich, egal für welches Anliegen, immer sehr viel Zeit. Wenn es der dichte Terminkalender noch erlaubte, begleitete er bei der Verabschiedung jeden Gast persönlich bis zum Haupteingang am Ballhausplatz.

Als er Christian Kern im Kanzleramt ablöste, setzte er sich dafür ein, dass enge Mitarbeiter seines schärfsten Politrivalen eine berufliche Zukunft finden. Auch nach dem Ibiza-Video sorgte er sich um einige vom blauen Personal. Er griff sogar selbst zum Handy und kümmerte sich um freiheitliche Mitarbeiter, die plötzlich über Nacht ohne berufliche Perspektive dastanden.

Der größte Kritiker von Kurz war Kurz selbst. In den vergangenen 20 Jahren durfte ich für viele Spitzenpolitiker arbeiten und habe keinen kennengelernt, der sich laufend so kritisch hinterfragt hat wie Kurz. Keine Spur von Selbstherrlichkeit, Selbstüberschätzung und Besserwisserei, wie wir es bei Politikern immer wieder miterleben. Er war getrieben davon, Tag für Tag zu hinterfragen, ob man den selbst gestellten Ansprüchen und jenen der Menschen im Land gerecht wird.

Ging gelegentlich mal etwas schief, suchte er zuallererst bei sich den Fehler und nicht bei Mitarbeitern, Partei, Mitbewerbern oder den Medien. „Das war mein Fehler" oder „Es tut mir leid" habe ich intern auch von keinem Politiker so oft gehört wie von ihm. Kurz war daher auch kein Illusionist oder Träumer. Sein Verstand war klar und sein Visier war immer scharf. Dass er öffentlich mehrmals dafür gerüffelt wurde, bei verschiedensten Themen keine Einsicht zu zeigen oder auch manchmal dafür, keinen Fehler zuzugeben, hat auch damit zu tun, dass wir hinter den Kulissen viel Zeit für Reflexion und Kritik aufbrachten. Wir waren außerdem fest von der These überzeugt, dass das Land nach der taumelnden und dauernd streitenden großen Koalition einen Kanzler an der Spitze haben sollte, der mit beiden Füßen stabil auf dem Boden steht, professionell agiert und keine Schwächen zeigt. Die Menschen wollten keine jammernde Regierungsspitze mehr sehen, die sich nur selbst bemitleidet und sich gegenseitig die Schuld für den Stillstand gibt. Es war die Sehnsucht nach einer starken Persönlichkeit da, die Probleme beim Namen nennt, das Land führt und Entscheidungen trifft. Das verdrängte natürlich die menschliche Seite von Sebastian Kurz.

Und endlich wurde Österreich unter Kurz auch wieder international ernst genommen. Österreich war auf der politischen Landkarte wieder präsent. Die Menschen waren zufrieden mit der Regierungspolitik, besonders unter Türkis-Blau. Mit seiner klaren Linie ging etwas weiter, aber er polarisierte dadurch auch.

Kurz war nie auf Krawall gebürstet, scheute aber auch nicht die politische Auseinandersetzung. Er suchte sie sogar, um den Menschen zu zeigen, wofür er kämpft, wofür er steht und weshalb ihn die Menschen gewählt haben. Die Jahre unter Kurz waren trotz der vielen Aufregungen gute Jahre für Österreich. Steuerentlastungen für jene, die arbeiten, stärkere Pensionserhöhungen für kleine und mittlere Pensionsbezieher, Förderung der Familien, ein starker Wirtschaftsstandort, ein geordneter Staatshaushalt und ein harter Migrationskurs sind nur ein paar wenige Beispiele. Ja, wir wollten das Land ins Positive verändern und alte Strukturen aufbrechen. Unser Ziel war, das Land aus der großkoalitionären rot-schwarzen Lethargie herauszuholen und aus Österreich einen modernen und leistungsstarken Staat zu machen, in dem die Schwächeren nicht zurückgelassen werden und jene, die anpacken, am Monatsende mehr am Konto haben. Was wir nicht wollten und auch nicht machten, war das System als Ganzes in Frage zu stellen oder gar Institutionen zu untergraben, wie uns so oft unterstellt wird. Aber diese Erzählung ist den Gegnern gelungen.

Das ist wahrscheinlich auch das, was wir am meisten unterschätzt haben: Dass in den Augen von einigen eine – wie 2017 – von mehr als drei Millionen Wählern unterstützte Regierungspolitik noch lange keine Legitimation zur positiven Veränderung des Landes bedeutet. Weil nämlich nicht sein kann, was nicht sein darf. Für Akteure des linken Flügels unserer Gesellschaft war und ist er das Feindbild schlechthin. Kurz hat mit Rückhalt der Bevölkerung den Linken das genommen, was sie als ihr Eigentum empfunden haben: das Kanzleramt mit einem roten Bundeskanzler. Das musste korrigiert werden, egal mit welchen Mitteln. Daher schmerzt es mich, dass Kräfte und bestimmte Gruppierungen in unserem Land nur nach dem Schwarzweiß-Muster denken und urteilen, zwischen Gut und Böse einteilen und darüber entscheiden, worüber noch diskutiert werden darf und worüber nicht. Dass es auch eine Welt dazwischen mit vielen Farbschattierungen gibt, wird ausgerechnet von jenen Teilen unserer Gesellschaft ignoriert, ja sogar abgelehnt, die sich sonst immer Gleichberechtigung und Meinungsfreiheit auf ihre politischen Fahnen heften. Dabei sollte man doch den Diskurs führen und das nützen, was Kurz in Österreich in den Jahren 2016 und 2017 ausgelöst hat: nämlich eine Phase der enormen Politisierung. Das war eigentlich ein positiver Impuls und eine Auffrischung für ein demokratisches System, das im großkoalitionären Mittelmaß steckengeblieben und, noch schlimmer, selbstzufrieden geworden ist. Deshalb hoffe ich, dass das bürgerliche Lager in der politischen Debatte nicht immer so schnell klein beigibt und mehr denn je für seine Ideale kämpft, und dass es aufhört, gleich jeder dahergelaufenen linken Erzählung zu glauben.

Kurz erkannte Trends, sprang nicht immer sofort auf den Mainstream auf, hatte ein gutes Gespür für die Themen und war eingebettet in ein Team, das Tag und Nacht für ihn zur Verfügung stand. Die Ermittlungen machten alles zunichte.

Erst nach seinem Rücktritt erlebe ich Kurz von seiner sehr persönlichen Seite. Endlich finden wir Zeit für längere Gespräche. Wir sprechen viel und offen über Probleme, Familie und wie es einem geht. Wir treffen uns im Urlaub am Gardasee, wo er sich mit meiner Tochter das Abendessen teilt. Gemeinsam gehen wir in den Ötztaler Bergen auf die Wildspitze, und wir besuchen das Formel-1-Rennen in Abu Dhabi. Wir wandern auf die Rax, oder er überrascht meine Buben zum Geburtstag mit Tickets für ein Fußballspiel. 2017 kannte ich Kurz praktisch nicht. Nach intensiven Jahren der beruflichen Zusammenarbeit mit Siegen und Rückschlägen ist unser Verhältnis fünf Jahre später ein sehr persönliches geworden.

Die Politik ist in weite Ferne gerückt, neue Interessen und spannende Projekte dominieren unsere Arbeitstage. Klar, wir politisieren noch und sprechen über Politik. Mal mehr, mal weniger, aber doch verständlich, wenn man es mit einem *homo politicus* zu tun hat.

Auch in mir steckt nach wie vor das Politische, das nun etwas andere Politische. Stressfrei beobachte ich die politische Lage Österreichs, und besonders jene in Deutschland, wo eine Dreierkoalition gerade die größte Volkswirtschaft Europas abwirtschaftet, die Bevölkerung gegen sich aufbringt und gegenseitige Blockaden jeden Fortschritt verunmöglichen – eine gefährliche Entwicklung für ganz Europa. Aber vor allem schaue ich hinaus in die Welt und interessiere mich für das, was zwischen Washington, Peking, Moskau, Kiew und Tel Aviv passiert. Manchmal ärgere ich mich, dann leide ich mit, und ich freue mich, wenn zwischendurch auch mal gute Nachrichten zu lesen sind.

Ich habe sehr lange Zeit gebraucht, um mich zurechtzufinden und mich neu zu orientieren, auch wenn die Belastung weiter da ist. Die Menschen, die mir dabei geholfen haben, habe ich bereits in der Einleitung und in verschiedenen Kapiteln erwähnt.

Dieses Buch hat mir auch sehr geholfen. Vom ersten Satz bis zu den letzten Zeilen ist knapp ein Jahr vergangen. Es war ein tiefes Eintauchen in eine aufregende Zeit und auch eine Achterbahnfahrt der Gefühle. Bei manchen Passagen sind Tränen über meine Wangen geflossen, an anderen Stellen konnte ich ein Grinsen nicht verkneifen. Aber ist es nicht genau das, was das Menschsein ausmacht?

Den Großteil dieses Buches verfasste ich im Flugzeug bei meiner wöchentlichen Reise zwischen meinen zwei Welten. Woche für Woche schrieb ich meine Gedanken im Flugzeug am Handy nieder und übertrug sie später aufs Notebook. Ich saß beim unvergesslichen Vorrundenspiel der Fußball-Europameisterschaft zwischen Österreich und Holland im Berliner Olympiastadion und tippte auch dort meine Überlegungen ins Handy, wie in der Straßenbahn, oder wenn mir in der Sauna ein Gedanke kam. Viel Zeit verbrachte ich auch an den Wochenenden daheim an unserem Küchentisch. Das Notebook war immer offen, und wenn mir danach war, schrieb ich wieder an einem Kapitel.

Die Lust am Schreiben verging nie, aber sie kam immer in Wellen. Anfang 2024 ließ ich das Projekt für mehrere Monate liegen. Nennen wir es mal eine Schreibblockade, die sich nicht lösen wollte. Ausgerechnet beim Kapitel „Message Control" ;-). Mein enges Umfeld ermutigte mich aber immer wieder weiterzuschreiben. Es waren nur sehr wenige Menschen eingebunden. Aber es sind genau jene, die mir in meinem privaten und beruflichen Leben viel bedeuten.

Einem Zufall geschuldet, führte mich im September meine abschließende „Schreibklausur“ für letzte Korrekturen und Änderungen an diesem Buch ausgerechnet zu meinen Wurzeln. Dort, wo ich aufgewachsen bin und wo politisch für mich alles begann. Ich erinnere mich noch gut an jenen Abend im März 1999, als sich eine kleine politikinteressierte Gruppe Jugendlicher zur Neuformierung der Jungen ÖVP in einem Wirtshaus versammelte. 25 Jahre später endet hier nun die Geschichte mit diesem Buch, und ich verspüre tiefe Dankbarkeit.

Ein besonderer Dank gilt Vera Regensburger und Stefan Steiner. Beide waren mir beim Faktencheck sämtlicher Vorkommnisse und niedergeschriebener Momente eine besondere Stütze und wiesen mich auch auf wichtige Details hin. Sollte sich dennoch ein Fehler eingeschlichen haben, so war es keine böse Absicht und geht natürlich auf meine Kappe.

Ohne meine Frau Anja, die mir bei diesem Projekt wieder jeden Freiraum ermöglichte und mir gelegentlich beim Schreiben über die Schulter blickte, wären diese Seiten nie entstanden. Mehr als nur hilfreich war auch meine Schwiegermutter Jutta. Sie ist vollkommen unpolitisch, dafür aber eine wahre Leseratte. Ihr drückte ich das fertige Manuskript vor Drucklegung in die Hände, mit dem Wissen, dass jedes noch so harte Feedback ehrlich und deshalb richtig ist.

Danken möchte ich auch Sebastian Kurz, den ich erst bei der Halbzeit meines Schreibens über das Buch einweihte. Er hat mir die Möglichkeit gegeben, das zu machen, was mir Spaß macht: politische Kommunikation. Ohne ihn hätte ich nie die Macht und Ohnmacht erlebt, von der diese Zeilen erzählen, die Teil der politischen Geschichte dieses Landes sind. Sie sind auch Teil meines

Lebens – vielleicht die wichtigsten Jahre meines beruflichen wie privaten Lebens.

Herzlich danken möchte ich auch der Austria Presseagentur (APA), die mir die Erlaubnis gab, aus ihrem riesigen Agenturfundus Meldungen zitieren zu dürfen und somit die Geschichte noch lebhafter und realitätsnaher erzählen zu können.

Zu guter Letzt möchte ich auch dem Seifert Verlag und speziell Maria Seifert für das Vertrauen und die vollumfängliche Unterstützung zur Realisierung meines Buchs danken. Als ich bei unserem ersten Telefonat in ein paar Sätzen den Inhalt meiner Geschichte skizzierte, meinte sie sofort: „Wir verlegen es."

Die Zeit, in der Politik und für unser Land arbeiten zu dürfen, war fantastisch, und ich kann allen jungen Menschen nur eines empfehlen: Seid politische Köpfe, lasst es euch nicht egal sein, wohin sich Österreich entwickelt. Kämpft mit Leidenschaft, Herz und Begeisterung für die Sache und die Politik. Egal in welcher Partei: Geht respektvoll miteinander um, und wenn ihr die Chance bekommt, politisch oder journalistisch tätig zu sein, dann macht etwas daraus. Nehmt die Dinge nie persönlich, kontrolliert eure Emotionen, letztlich ist es eben doch *nur* Politik, denn es gibt auch noch Wichtigeres im Leben – spätestens jetzt weiß ich das. Kleiner Tipp: Vergesst nie eure Freunde und jene Menschen, die ihr liebt!

QUELLENVERZEICHNIS

Anmerkung: Alle Links zu den Onlinequellen wurden vor Drucklegung zur finalen Überprüfung zwischen 12. und 16. September 2024 abgerufen.

[1] „Flucht von der türkisen Titanic“, in „Falter“ Nr. 45/2021 vom 10. November 2021, Seite 16

[2] „Cyberangriff auf Außenministerium läuft noch immer“ vom 6. Jänner 2020, https://kurier.at/politik/inland/cyberangriff-auf-aussenministerium-laeuft-noch-immer/400718463

[3] „Die Chatprotokolle. Gelesen vom Ensemble des Burgtheaters“ vom 16. Oktober 2021, https://www.derstandard.at/story/2000130446911/burgschau-spieler-tragen-aus-chatprotokollen-vor

[4] „Ärger in der ÖVP vor Kanzler Kerns Rede“, in „Die Presse“ vom 9. Jänner 2017, Seite 4

[5] „SPÖ-Wahlkampfberater Tal Silberstein verhaftet“ vom 14. August 2017, https://kurier.at/politik/inland/spoe-wahlkampfberater-silberstein-verhaf-tet/280.531.938

[6] „Silberstein-Affäre: wofür die SPÖ 536.000 Euro bezahlt hat“ vom 5. Oktober 2017, https://kurier.at/politik/inland/wahl/silberstein-affaere-wofuer-die-spoe-536-000-euro-bezahlt-hat/290.212.313

[7] „Wahl 17: ORF informierte insgesamt 5,6 Millionen, bis zu 1,409 Millionen sahen TV-‚Runde der Spitzenkandidaten‘“ vom 13. Oktober 2017, https://www.ots.at/presseaussendung/OTS_20171013_OTS0145/wahl-17-orf-infor-mierte-insgesamt-56-millionen-bis-zu-1409-millionen-sahen-tv-runde-der-spit-zenkandidaten

[8] Huber, Markus, „Die letzte Ausfahrt“, 2017, Seite 59

[9] „SPÖ-nahe Facebook-Seite vergleicht Kurz mit Hitler“ vom 4. Oktober 2017, https://www.oe24.at/oesterreich/politik/wahl2017/spoe-nahe-facebook-seite-vergleicht-kurz-mit-hitler/302456191

[10] „Kurz gegen Kern: Finale ohne Freundlichkeiten“ vom 11. Oktober 2017, https://kurier.at/politik/inland/wahl/kurz-gegen-kern-finale-ohne-freundlich-keiten/291.514.477

[11] „Beschimpfungen und Rempeleien unter Genossen im Bundeskanzleramt“ vom 11. Juli 2017, https://www.diepresse.com/5230258/beschimpfungen-und-rempeleien-unter-genossen-im-bundeskanzleramt

[12] Vgl. Strache, Heinz-Christian, „Das Ibiza Attentat“, 2021, Seite 78f.

[13] „Steirisches Lob für neue Deutschkurse“, Kronen Zeitung, Ausgabe Steiermark, vom 24. Jänner 2018, Seite 20

[14] „Ein Jahr Türkis-Blau: ÖVP bei 34 Prozent, FPÖ stabil“ vom 13. Oktober 2018, https://kurier.at/politik/inland/ein-jahr-tuerkis-blau-gute-noten-fuer-regierungsarbeit-und-kanzler-kurz/400145045

[15] „Neustart oder Neuwahl“, Profil 1/2017 vom 2. Jänner 2017, Seite 11

[16] „Vertrauen ist Privatsache“, in „Der Standard“ vom 4. Jänner 2016, Seite 6

[17] „Arbeitszeit: 12 Stunden-Aktion gegen den 12 Stunden-Tag“ vom 11. Oktober 2018, https://www.diepresse.com/5511238/arbeitszeit-12-stunden-aktion-gegen-den-12-stunden-tag

[18] „SPÖ und ÖGB sehen im Zwölfstundentag ‚Schweinerei‘ und ‚Verrat‘“ vom 14. Juni 2018, https://kurier.at/politik/inland/spoe-und-oegb-sehen-im-zwoelfstundentag-schweinerei-und-verrat/400051307

[19] „Arbeitnehmervertreter empört über Zwölfstundentag“ vom 15. Juni 2018, https://www.derstandard.at/story/2000081591440/koalition-einigt-sich-auf-modell-fuer-arbeitszeitflexibilisierung

[20] „Zwölf-Stunden-Tag: Regierung fährt über Arbeitnehmer drüber“, 18. Juni 2018, https://www.vol.at/zwoelf-stunden-tag-regierung-faehrt-ueber-arbeitnehmer-drueber/5828233

[21] „Rund 100.000 bei ÖGB-Demo gegen neue Arbeitszeit“ vom 30. Juni 2018, https://www.kleinezeitung.at/service/newsticker/5456284/Rund-100000-bei-OeGBDemo-gegen-neue-Arbeitszeit

[22] „Mit Armin Wolf im Wirtshaus“, NÖN, Ausgabe Purkersdorf, Nr. 15/2019 vom 10. April 2019, Seite 34

[23] „Kurz gegen Impfpflicht“ vom 31. Mai 2020, https://orf.at/stories/3167856/

[24] „ÖVP und FPÖ: Eine fast perfekte Fassade“ vom 15. Dezember 2018, https://www.derstandard.at/story/2000093984551/oevp-und-fpoe-eine-fast-perfekte-fassade

[25] „Türkis-Blaue Regierung: Das sagen die Experten nach einem Jahr“ vom 9. Dezember 2018, https://www.vol.at/tuerkis-blaue-regierung-das-sagen-die-experten-nach-einem-jahr/6026563

[26] „Morgenpost„, Newsletter der Kleinen Zeitung vom 12. Oktober 2018, https://www.kleinezeitung.at/meinung/5511894/Morgenpost_Gestern-Nacht_Hintergrundgespraech-mit-dem-Bundeskanzler

[27] „Morgenpost“, Newsletter der Kleinen Zeitung vom 21. Juli 2019, https://www.kleinezeitung.at/meinung/5662742/Morgenpost_Kurz-will-zu-jeder-Sekunde-wissen-wer-ihn-liebt-und-wer

[28] Pressekonferenz der Bundesregierung zur Zusammenlegung der Sozialversicherungsträger vom 14. September 2018; https://www.youtube.com/watch?v=GTwEh3I-6Bw&t=16s

[29] Stenographisches Protokoll der Parlamentsdirektion, Dringlichen Anfrage vom 24. Oktober 2018; https://www.parlament.gv.at/dokument/XXVI/NRSITZ/43/fnameorig_753794.html - Seite_0132.html

[30] „ZIB2 spezial" vom 26. Mai 2019, https://www.youtube.com/watch?v=QttsXEzppd0

[31] „Bierlein bestätigt: ‚Schreddern war legitim'" vom 26. August 2019, https://www.krone.at/1984623

[32] „Sondierungen: Kurz und Hofer führten ‚sehr gutes Gespräch'" vom 8. Oktober 2019, https://orf.at/stories/3140157/

[33] „Meinl-Reisinger legt Kurz ihre ‚roten Linien' dar" vom 9. Oktober 2019, https://orf.at/stories/3140271/

[34] „Per Traumschiff auf die türkis-grüne Reise", in „Kurier" vom 30. Dezember 2019, Seite 2

[35] „Mysteriöse Lungenkrankheit: Erstes Todesopfer in China" vom 11. Jänner 2020, https://orf.at/stories/3150599/ - 15473

[36] „Krawalle im Flüchtlingslager auf Lesbos nach tödlicher Messerattacke" vom 17. Jänner 2020, https://www.zeit.de/gesellschaft/zeitgeschehen/2020-01/lesbos-griechenland-fluechtlingslager-moria-ausschreitungen-messerattacke

[37] „Bundespräsident: ‚Das kann uns nicht kaltlassen'" vom 4. März 2020, https://www.krone.at/2110599

[38] „Kurz: Keine weitere Aufnahme von Frauen und Kindern" vom 4. März 2020, https://www.nachrichten.at/politik/innenpolitik/kurz-keine-weitere-aufnahme-von-frauen-und-kindern;art385,3235491

[39] „Italien: 133 Tote an einem Tag, 622 geheilt" vom 8. März 2020, https://www.rainews.it/tgr/tagesschau/articoli/2020/03/tag-Italien-Coronavirus-Tote-0bcf4b80-7dc1-4f1b-9ec8-da832ac15054.html

[40] „Rechnungshof forderte jahrzehntelang Akutbetten-Reduktion" vom 3. April 2020, https://www.sn.at/politik/innenpolitik/rechnungshof-forderte-jahrzehntelang-akutbetten-reduktion-85766977

[41] „Ein Monat ORF-Sondermaßnahmen zur Corona-Krise in Österreich" vom 15. April 2020, https://der.orf.at/unternehmen/aktuell/coronavirus_berichterstattung100.html

[42] „Hilfspaket stößt auf positive Resonanz", vom 19. März 2020, https://orf.at/stories/3158416/

[43] „Staat als Feuerwehr", in „Kleine Zeitung" vom 19. März 2020, Seite 3

[44] „Hilfspaket stößt auf positive Resonanz", vom 19. März 2020, https://orf.at/stories/3158416/

[45] „profil-Umfrage: ÖVP bei 48%, SPÖ und Grüne gleichauf, FPÖ und NEOS im Tief" vom 18. April 2020, https://www.ots.at/presseaussendung/OTS_20200418_OTS0007/profil-umfrage-oevp-bei-48-spoe-und-gruene-gleichauf-fpoe-und-NEOS-im-tief

[46] „Impf-Bestellung: Nicht einmal Anschober wusste über Optionen Bescheid – Auer zieht sich zurück“ vom 15. März 2021, https://kurier.at/politik/inland/anschober-zieht-spitzenbeamten-auer-aus-impfprogramm-ab/401218266

[47] „Anschober nach Kreislaufschwäche im Krankenstand“ vom 10. März 2021, https://www.kleinezeitung.at/politik/innenpolitik/5948886/Gesundheitsminister_Anschober-nach-Kreislaufschwaeche-im-Krankenstand

[48] „Vorarlbergs Landeshauptmann Wallner in mehrwöchigem Krankenstand, Rücktritt aber ‚derzeit ausgeschlossen‘“ vom 22. Juni 2022, https://www.derstandard.at/story/2000136780180/vorarlbergs-landeshauptmann-wallner-in-mehrwoechigem-krankenstand-ruecktritt-aber-derzeit-ausgeschlossen

[49] „Der nächste Staatsanwalt verlässt die WKStA“ vom 27. Juli 2024, https://www.krone.at/3473290

MELDUNGEN DER AUSTRIA PRESSEAGENTUR (APA)

15. Oktober 2017:

10.06 Uhr: APA0071 „NR-Wahl – Strolz: Haben alles getan, was zu tun ist"

10.16 Uhr: APA0078 „NR-Wahl: Lunacek bei Stimmabgabe zuversichtlich"

10.53 Uhr: APA0101 „NR-Wahl: Kern will lange feiern".

11.20 Uhr: APA0110 „ NR-Wahl: Peter Pilz, wählt und zittert"

11.29 Uhr: APA0114 „NR-Wahl – Van der Bellen: Viel möglich"

12.12 Uhr: APA0135 „NR-Wahl: Riesen Medienandrang bei Kurz-Stimmabgabe"

28. Oktober 2017:

12.15 Uhr: APA0090 „Koalition: Clustersprecher für Verhandlungen festgelegt"

15. Dezember 2017:

20.35 Uhr: APA0591 „Neue ÖVP-FPÖ-Regierung steht – Koalitionsverhandlungen abgeschlossen"

22. März 2018:

9.00 Uhr: APA0075 „100 Tage Regierung - Umfragewerte für ÖVP und FPÖ unverändert gut"

5. Jänner 2018:

19.51 Uhr: APA0482 „Arbeitslosengeld – Hartinger rudert zurück"

12. Mai 2019:

6.00 Uhr: APA0037 „EU-Wahl - Kurz fordert Ende der ‚Bevormundung' durch Brüssel"

18. Mai 2019:

16.23 Uhr: APA0242 „Strache geht, Kurz zaudert"

22. Mai 2019:

12:18 Uhr: APA0253 Neuwahl –Ludwig vermisst „vertrauensbildende Maßnahmen" von Kurz

31. Dezember 2019:
11.04 Uhr: APA 0092 „Mysteriöse Lungenkrankheit in Zentralchina ausgebrochen“

1. Jänner 2020:
21.03 Uhr: APA0262 „ÖVP und Grüne einig“
23.34 Uhr: APA0286 „Prosit Türkis-Grün“

14. Jänner 2020:
9.55 Uhr: APA0100 „Virusforscher: Neuer Erreger in China ist SARS-Virus“

23. Februar 2020:
20.43 Uhr: APA0331 „Coronavirus: ÖBB-Zug am Brenner mit zwei Verdachtsfällen angehalten“

4. März 2020:
11.29 Uhr: APA0202: Flüchtlinge – Kurz: Keine weitere Aufnahme von Frauen und Kindern

13. März 2020:
10.42 Uhr: APA0178 Coronavirus – FPÖ fordert „Lockdown“ Österreichs

3. Oktober 2021:
11.00 Uhr: APA0075 „Steuerreform fertig – Präsentation heute Nachmittag“
14.08 Uhr: APA0142 „Familienbonus steigt von 1.500 auf 2.000 Euro pro Kind“
14.09 Uhr: APA0143 „Über 18 Milliarden Euro Entlastung bis 2025“
14.11 Uhr: APA0144 „2. und 3. Steuerstufe werden stufenweise gesenkt“
14.11 Uhr: APA0145 „KöSt-Senkung von 25 auf 23 Prozent bis 2024“

6. Oktober 2021:

10.23 Uhr: APA0112 „U-Ausschuss – Hausdurchsuchung in ÖVP-Zentrale in Wien“

10.35 Uhr: APA0122 „U-Ausschuss – Hausdurchsuchungen in Wiener ÖVP-Zentrale und BKA“

10.53 Uhr: APA0138 „U-Ausschuss – Hausdurchsuchungen in Wiener ÖVP-Zentrale und BKA“